KB120014

당신이
힘든 이유는
감정
때문이다

당신이 힘든 이유는 감정 때문이다

초 판 1쇄　2018년 09월 11일

지은이 전우형
펴낸이 류종렬

펴낸곳 미다스북스
총　괄 명상완
편　집 이다경

등록 2001년 3월 21일 제2001-000040호
주소 서울시 마포구 양화로 133 서교타워 711호
전화 02) 322-7802~3
팩스 02) 6007-1845
블로그 http://blog.naver.com/midasbooks
이메일 midasbooks@hanmail.net
유튜브 https://www.youtube.com/channel/UCK3E7P9kvuNGb4dbqMqEfkw
페이스북 https://www.facebook.com/midasbooks425

© 전우형, 미다스북스 2018, *Printed in Korea*.

ISBN 978-89-6637-601-8 03190

값 15,000원

미다스북스는 다음세대에게 필요한 지혜와 교양을 생각합니다.

당신이
힘든 이유는
감정
때문이다

전우형

미다스북스

프롤로그

당신이 아픈 이유는 감정 때문이다

어느 순간부터 우울증이 내 삶을 좀먹고 있었다

지난날 어느 아침의 고통스러운 기억이 떠오른다.

아침에 눈을 뜬다. 머리가 온통 복잡하고 몸은 축 처지고 무겁다. 어제 밤늦게까지 남아서 하던 그 일은 결국 마무리 짓지 못했다. 요즘 들어 이유 없이 하는 업무들마다 해결되기는커녕 계속 꼬이고 어지러워지는 느낌이다. 결국 더 이상 진행하는 것을 포기하고 무거운 마음으로 퇴근해서 잠이 들었다. 하지만 아직 남겨둔 일에 대한 생각들로 머릿속이 어지럽기만 했다. 당연히 제대로 잠은 오지 않았다. 한참을 뒤척이다가 깜빡 잠들었는데 눈을 떠보니 창문 밖으로 동이 터오고 있다. 입가가 실룩여지며 한숨이 터져 나온다. 오늘 다시 그 지옥 같은 곳으로 가야만 한다는 사실이 내 마음을 짓누른다.

'그 상사는 또 나를 보며 어떤 말들을 던져댈까? 나는 대응도 하지 못한 채 입이 얼어붙은 채로 그 화살 세례를 고스란히 맞게 되겠지.'

문득 옆을 돌아본다. 아내와 아이들은 고른 숨을 내쉬며 잠들어 있었다. 그들을 보며 이대로 주저앉아서는 안 된다고 다시 한 번 다짐했다. 나는 한 가정의 가장이자 세 아이의 아빠였다. 그 책임감에 몸부림치며 끝없는 내면의 전쟁을 하고 있었다. 그렇지만 자꾸 나도 모르게 이 빌어먹을 상황으로부터 벗어나고 싶다는 아우성이 불쑥불쑥 솟아오른다. 가장 나를 힘들게 하는 것은 내게는 그 어떤 선택지도 없다는 현실이었다. 앞이 막막하고 두렵고 힘들었다. 그러나 누구에게도 그때의 내 심정을 털어놓을 수 없었다. 그저 터질 듯이 답답한 마음을 꾹 누르며 느릿느릿 출근 준비를 할 뿐이었다. 내 인생에 가장, 아빠, 직책, 계급은 있을지언정 '나'는 이미 온데간데없었다.

사관학교에서 4년, 해군장교로 11년. 참 긴 시간 동안 어울리지 않는 옷을 입고 생각과 사상을 맞추며 살아왔다. 꿈도 많고 희망찼던 시절도 분명히 있었다. 처음에는 직업군인으로서 갖추어야 할 애국심이나 국가관 같이 명확한 동기는 부족한 편이었다. 하지만 분명히 내가 원하고 선택해서 출발한 길이었다. 빨리 집에서 독립해 부모님께 부담주지 않으며 대학생활을 하고 싶은 욕망 때문이었다. 그래서 힘든 순간도 많았지만 무던히 이겨냈고 그 결과 다른 사람들에게 인정받았던 순간도 많았다.

생도 시절 사랑하는 아내를 만나 4년 동안 뜨겁게 연애했고, 24살에는 많은 친구들과 동기들에게 축하받으며 결혼도 했다. 결혼이 이른 같은 군인들 중에서도 나의 결혼은 더 빠른 편이었다. 사회로 나간 친구들이나 아직 대학도 졸업하지 못한 친구들에게 부러움을 사기도 했다. 친구들은 나를 무척 어른스럽게 여겼다. 그 또한 나에게는 기쁨이었다.

국가에서 지원하는 관사제도가 있어 거주지에 대한 불안도 없었다. 내가 군인의 삶을 그만두지 않는 이상 쫓겨날 걱정은 없었다. 아내가 아이들을 무척 좋아해서 아이도 3명이나 낳았다. 30대 중반에 접어든 지금은 첫째 딸아이의 나이가 벌써 두 자릿수가 되었다. 참 금슬도 좋고 가정도 화목했다.

부모님은 빠르게 직업을 찾아 가정을 이루고 안정적으로 살아가는 내 모습을 보며 뿌듯해하셨다. 가끔 만나는 사회 친구들에게도 나는 주로 부러움을 사는 편이었다. 친구들 사이에서 내가 맡은 역할은 그들이 아직 겪어보지 못한 결혼생활과 직장생활에 대한 이런저런 궁금증을 해소해 주는 멘토였다.

나름대로 청운의 꿈을 품고 남들이 기피하는 잠수함 부대를 지원해서 들어가기도 했다. 그 안에서도 나는 나름 평판은 괜찮았고 커리어도 잘 쌓아가고 있었다. 원래 성격도 무던하고 부지런해서 사람들과 갈등을 잘 일으키지 않았다. 그리고 지시받은 일은 반드시 깔끔하게 완료하는 것을 원칙으로 삼았던 나는 조직생활에서 평점이 괜찮은 편이었다.

액면으로 봐서 나는 참 괜찮은 인생을 살고 있었다. 직장, 가정, 시간, 환경 이 모든 것들이 나에게 맞추어 자연스럽게 흘러가는 듯했다. 당시의 삶은 안정적이었고 앞으로의 내 삶에는 아무런 문제가 없을 것 같았다. 그런데 왜 나는 우울증에 시달리게 된 걸까?

어느 순간부터 우울증이 내 삶을 좀먹고 있었는지 그 시작도 잘 알 수 없었다. 하지만 나는 지금으로부터 3년 반쯤 전, 어떤 사건을 겪게 되었다. 그것은 하루에 수십 번도 더 마주쳐야 하는 한 상사와의 깊은 갈등이었다. 약 3개월의 기간은 이미 지쳐 있던 나를 완전히 무너지게 했다.

사실 나는 내 감정을 속이고 누르기만 하며 살고 있었다. 그동안의 군 생활에서 이미 많은 스트레스를 안고 살아가고 있었다. 그래서 그 사건이 일어났을 때 나는 그동안 가까스로 나를 지탱하던 기둥들이 완전히 무너져 내리는 느낌을 받았다. 30살 평생 살아온 내 인생의 가치와 직업군인으로서의 자부심을 송두리째 잃어버렸기 때문이었다.

하지만 생각해보면 그 상급자가 내게 모질게 대하긴 했어도, 내가 그 정도로 무너질 사람은 아니었다. 이미 그전에도 그만한 사람은 수없이 겪어봤다. 하지만 문제는 이미 약해질 대로 약해진 나였다. 내가 외면하고 돌보지 않아 이미 '나'라는 존재는 많이 지치고 힘을 잃은 상태였다. 그래서 내가 조금 더 극한의 상황에 처한 순간, 홍수에 강둑이 유실되듯 나는 무너져 내렸던 것이다.

내 마음의 면역력인 자존감이 바닥을 치는 순간, 그동안 잠재되어 있던 우울증이라는 녀석이 불쑥 수면 위로 올라왔다. 출근하던 어느 날 이유 없이 계단에서 굴러 정신을 잃었다. 어떻게 계단을 구르게 되었는지 기억조차 하지 못했다. 그때부터 상황은 무척 급박하게 변해갔다. 나는 가벼운 말 한마디도 제대로 하지 못했고 그 후로도 2번이나 아무 이유 없이 쓰러져서 응급차에 실려 갔다. 전화벨 소리에도 소스라치게 놀랐고 너무 불안하고 답답해서 사무실에 10분 이상 앉아 있지 못했다. 극심한 두통으로 CT, MRI 촬영도 해봤지만 뇌에는 아무 이상이 없었다. 이런 증상들은 쉽게 가라앉지 않았다.

우연한 기회에 부대 상담관을 찾아가 이야기를 나누게 되었다. 나는 그 자리에서 하염없이 눈물을 흘리며 1시간 반 동안 넋두리와 같은 이야기를 했다고 한다. 사실 그때 무슨 이야기를 했는지 기억조차 잘 나지 않는다. 그 후 상담사의 권고에 따라 정신과 진료를 받았고 중증 우울증 진단을 받게 되었다.

그대로 우울증에 지기 싫었던 나는 이후 3년 동안 우울증 약을 복용하며 치료를 위해 노력했다. 하지만 사람이 바뀌고, 장소가 바뀌고, 하는 일이 바뀌어도 나의 우울증은 완전히 치료되지 않았다. 호전되었다가 다시 나빠지기를 반복할 뿐이었다. 몇 번이나 이런 과정이 반복되자 나는 영원히 우울증에서 벗어나지 못할 것이라는 암울한 절망감에 사로잡혔다. 결국 3번이나 근무지를 옮기고도 끝내 우울증을 극복하지 못한 나는 계속된 부담감으로 지칠 대로 지쳤다. 부대에 휴직 신청을 하고 집에서 쉬는 신세가 되었다. 당시 나에게는 아무런 희망이 없었다.

감정은 극복이 아니라 이해를 해야 한다

쉬는 동안 가벼운 마음으로 평소 좋아하던 글이나 써볼까 하던 중에 우연히 '한책협'과 인연이 닿게 되었다. 막연한 이끌림으로 참석했던 일일특강에서 김태광 대표와 이야기를 나눌 수 있었다. 나보다 더 힘든 상황을 이겨내고 책 쓰기로 지금의 성공을 일궈낸 김태광 대표와의 짧은 대화는 내게 새로운 희망을 주었다. 잠시 내 상황을 전해 들은 김태광 대표는 나에게 이렇게 말했다.

"감정과 사고방식에 대해 공부하고 그에 대한 책을 써야 합니다. 저도 과거에 누구보다 힘든 일을 많이 겪었지만 그 시기를 책 쓰기와 사고방식을 바꾸면서 극복해낼 수 있었습니다. 그 과정에서 자신을 되돌아볼 수 있고 전 작가님의 우울증은 자연히 치유될 것입니다."

나는 당시에 반신반의했지만 이미 바닥까지 떨어진 인생, 밑져야 본전이라는 생각으로 책 쓰기에 뛰어들었다. 그리고 이게 내 마지막이라는 절실한 마음으로 나의 과거를 정리하고 감정에 대해 공부하며 책을 썼다. 그로부터 정확히 3개월. 나는 우울증에서 완전히 벗어날 수 있었다. 누군가는 이 말을 믿지 않을지도 모른다. 완치라는 말을 함부로 쓰지 말라고 비난을 퍼부을지도 모르겠다. 물론 나도 지금 이 순간이 믿어지지 않을 때가 많다. 하지만 지금, 나는 분명하게 느낀다. 나를 그동안 철저하게 옭아매고 있었던 그 징그러운 녀석으로부터 완벽하게 벗어났음을 말이다.

복용하던 우울증 약도 2개월 전에 완전히 끊었다. 진료를 받던 정신과 의사에게 이제 더 이상 진료 받지 않아도 될 것 같다는 의사를 전달했다.

주치의는 약에 대한 내성 때문에 마지막 한 달은 더 복용해야 한다며 한 달 치 약을 더 지어주었지만 나는 더 이상 복용하지 않았다. 그리고 지금 나는 그동안 살아왔던 내 어떤 과거의 순간보다 행복하고 가슴 뛰는 삶을 살아가고 있다.

3개월의 시간 동안 치열하게 감정과 심리학, 우울증에 대한 책들은 물론 각종 의식서적과 성공학 서적들을 섭렵했다. 그 과정에서 그동안 나의 사고방식에 어떤 문제들이 있었는지 정확하게 진단할 수 있었다. 나는 우울증을 극복하려 하기보다 나를 이해하고 내 감정을 있는 그대로 쳐다보려고 노력했다. 그리고 나의 내면을 정확하게 진단했고 내가 힘들고 아픈 것이 어디서부터 비롯되었는지 명확하게 알 수 있었다. 사고방식을 개선하고 부정적인 감정들을 극복하는 방법들을 하나씩 실천하기 시작하자 자연스럽게 우울증은 자취를 감췄다.

이 책은 나의 과거 성향과 우울증으로 힘들었던 사연들, 그리고 감정에 대한 공부를 통해 내면의 문제에 다가가고 그것을 극복하는 이야기를 가감 없이 담은 책이다. 쓰면서 눈물도 많이 흘렸고 부끄러운 생각도 많이 들었지만 결코 숨기지 않았다. 한 장면도 미화하거나 재구성하지도 않았으며 있는 그대로 민낯의 나를 표현했다. 그것이 이 책을 집어든 여러분에게 할 수 있는 나의 최대한의 예의라고 생각했다. 그리고 나처럼 감정을 누른 채, 나를 죽이면서 살아가는 이 시대의 직장인들에게 자신감을 주고 동기부여를 주고 싶은 마음 때문에라도 더 그럴 수밖에 없었다. 나처럼 우울증이 심각했던 사람도 극복해냈다는 사실을 전달하고 싶었다.

나는 심리학의 권위자도 아니고, 정신과 의사도 아니며, 우울증 상담가도 아니다. 이제 막 이 분야에 발을 들여놓았을 뿐이다. 아직 전문적인 내용은 알지도 못하고 그런 내용은 담으려고 노력도 하지 않았다. 하지만 나는 실제로 극심한 직장 우울증으로 인해 삶의 바닥까지 겪어본 사람이다. 그래서 누구보다 자신도 모르는 사이에 감정노동으로 힘든 상황으로 자신을 몰아가는 직장인들의 아픔을 공감할 수 있다. 그리고 감정을 누르고 자신을 공격하는 사고방식이 얼마나 우리의 인생에 악영향을 미칠 수 있는지 체험적으로 알고 있다.

모든 것을 딛고 극복의 과정을 거친 사람으로서 지금 당면한 문제에 대해 가장 쉽고 현실적인 조언을 해주고 싶다는 마음으로 책을 집필했다. 당장 베개에서 머리를 떼는 것조차 힘들고 문을 열고 한 발짝 내딛는 것조차 힘든 사람들도 실천 가능한 방법들을 담고자 노력했다.

내가 감정을 극복하고 최종적으로 우울증을 떨쳐낼 수 있었던 데에는 어렵고 과학적이고 의학적인 법칙들은 아무 소용이 없었다. 호르몬을 조절해서 인위적으로 불안 같은 부정적인 감정을 완화시키는 약들도 큰 의미가 없었다. 다만 죽지 못해 사는 삶을 조금 연장시켜줄 뿐이었다. 물론 당시에 이런 약물들의 도움조차 없었다면 나는 최악의 선택을 했을지도 모르겠지만 말이다.

우리가 지금 힘들고 아픈 것은 감정의 문제 때문이다. 내가 어떤 감정을 느끼는지, 나는 그 감정들을 어떤 식으로 처리하고 혹은 방치하고 있는지, 내가 지금 겪고 있는 삶의 문제들이 어디서 비롯되었는지. 이런 부분들을 알고 변화하고자 하는 노력을 실천에 옮길 때 지금의 아픔도 분명히 끝이 나게 되어 있다. 나는 그것을 장담할 수 있다. 방법을 모른 채 막연하게 힘들어만 하고 있다면 마음 편히 내게 연락하기 바란다. 목숨 걸고 함께 치유해갈 의지만 가지면 안 될 일은 없다. 아마 나에게 연락해보려는 마음을 가진 분들이라면 분명히 한 번쯤 차라리 죽고 싶다는 생각을 해봤을 것이다. 그렇게 하찮게 버릴 목숨, 미련을 버리고 새로운 도전을 위해 과감하게 쓰길 바란다.

나를 태어나게 해주신 부모님께 감사드린다. 어머니는 환갑이 넘으신 지금 이 순간에도 더운 여름 온몸이 땀에 절어서 초등학교에서 청소일을 하고 계신다. 결혼하고 내 가족 챙기느라 바빠 제대로 신경써드리지도 못했지만 섭섭한 말씀 한 번 하지 않으셨다. 너무 빨리 독립해버린 아들에게 서운한 감정도 있으셨을 테지만 여전히 나의 가장 열렬한 후견인으로 마음 든든하게 지켜주신다. 또한 한순간의 오해로 15년간 일방적으로 연락을 끊었던 배은망덕한 아들을 갑작스러운 연락에도 불구하고 눈물로 반겨주셨던 아버지께 마음을 담아 죄송하다는 말씀을 드리고 싶다. 내가 우울증을 극복하면서 받은 가장 큰 선물 중 하나는 마음속에서 잃어버린 아버지를 다시 찾았다는 점이다. 더불어 흔들리는 사고뭉치 가장을 끝까지 믿고 의지해준 나의 아내에게도 감사를 전한다. 그리고 투고 후 얼마 지나지 않아 초보 작가인 나의 원고를 믿고 멋진 책으로 펴낼 수 있게 도와준 미다스북스의 관계자 여러분께도 깊은 감사의 마음을 전한다.

나에게 있어 인생 최대의 귀인은 '한책협'과 김태광 대표이다. 그는 내가 인생의 나락에 빠져 있을 때 다시 심장 뛰는 삶을 살 수 있도록 나를 이끌어주었다. 더불어 감정을 극복할 방법과 새로운 인생을 개척할 책 쓰기라는 길을 알려주었다. 아마 그를 만나지 못했다면 나는 아직도 허송세월하며 지나간 과거와 앞으로의 불안을 곱씹으며 서서히 늙어갔을 것임에 틀림없다. 인생의 귀인을 만난 덕분에 나는 이제 온전한 한 사람의 인간으로 다시 일어설 수 있게 되었다. 나를 태어나게 해주신 분이 부모님이시라면, 내가 새로운 생명을 얻을 수 있게 도와준 분은 김태광 대표이다. 나는 기적적으로 그분을 만났고 내 인생을 완벽하게 다시 그릴 수 있었다. 나는 그분을 생명의 은인으로 부른다.

나는 이제 메신저라는 새로운 비전을 향해 나아갈 동력을 얻게 되었다.

이 저서는 내 새로운 삶의 축포를 터트릴 신호탄이 될 것이다. 이 시대의 감정으로 고통받는 모든 직장인들에게 이 책을 바친다. 그들이 이 책을 읽으며 무거운 어깨를 털어내고 잠시 위안을 얻을 수 있었으면 좋겠다. 그리고 다시 마음을 굳히며 자신을 바로 세울 수 있다면 나는 더 바랄 것이 없을 것이다.

2018년 8월

전우형

차례

프롤로그 당신이 아픈 이유는 감정 때문이다 ················ 4

1장

나는 나의 감정을 제대로 모른다

01 감정을 속이고, 감정에 속고! ···························· 025
02 정말 아무 것도 두렵지 않은가? ····················· 034
03 내가 뭘 좋아했는지 모르겠다 ······················· 041
04 사는 건 왜 이렇게 힘든 걸까? ····················· 049
05 아무리 지쳐도 쉬면 안 된다니 ····················· 057
06 나는 이기적이면 안 되는 줄 알았다 ··············· 064
07 늘 가까운 사람에게서 상처받는다 ··············071

2장

내 마음속 '가짜 감정'의 정체 알기

01 도대체 이 감정은 어디에서 왔을까? ················ 083

02 내 안에는 가짜 감정이 너무 많다 ················ 091

03 나만 특별히 불행하다는 착각에서 벗어나라 ·········· 099

04 스스로를 감정의 주인이라고 여기지 마라 ·········· 107

05 나쁜 감정과 적당한 거리를 두라 ················ 114

06 쉽게 가라앉지 않는 감정을 적어보라 ·············· 122

07 무슨 일이든 절대 남 탓하지 마라 ················ 130

08 무조건 참기만 하면 언젠가는 터진다 ·············· 137

3장

주변의 시선이 만든 감정에서 벗어나기

01 무엇보다 자존감이 답이다 ···················· 149

02 완벽한 '척', 괜찮은 '척' 그만해라 ················ 157

03 칭찬받고 싶은 마음을 버려라 ··················· 165

04 나 자신부터 위로하고 보듬어주라 ················ 173

05 기대감 버리기 연습을 하라 ···················· 182

06 주위 사람의 평가에 휘둘리지 마라 ··············· 189

07 조금은 이기적이어도 괜찮다 ··················· 197

08 외모 성형보다 자존감 성형이 먼저다 ············· 205

4장
스스로 왜곡한 감정에서 자유로워지기

01 원하는 대로 될 거라고 생각하지 마라 ·················· 217

02 자기 자신과 적극적으로 소통하라 ················· 226

03 지금 느끼는 감정에서 달아나지 마라 ·············· 236

04 감정을 통제하기보다 변화시켜라 ·················· 243

05 지금 느끼는 감정의 원인을 찾아라 ················251

06 감정을 조절하는 주체가 되라 ················· 258

07 우리 모두 스스로의 감정이 버겁다 ················· 266

5장
감정은 더 이상 나를 힘들게 할 수 없다

01 분노, 우울감은 나의 선택일 뿐이다 ·················277

02 감정의 감옥에서 벗어나라 ··················· 284

03 지금 느끼는 감정에도 끝이 있다 ················· 292

04 힘든 순간이 바로 터닝포인트다 ················· 300

05 내게 중요한 감정에만 집중하라 ················· 307

06 다른 사람보다 나 자신에게 집중하라 ··············314

07 당신은 이미 충분히 아름답다 ················321

에필로그 감정에서 자유로워져야 진정 행복이 온다 ··· 330

우리가 지금 힘들고 아픈 것은 감정의 문제 때문이다.
내가 어떤 감정을 느끼는지, 나는 그 감정들을 어떤 식으로 처리하고 혹은 방치하고 있는지, 내가 지금 겪고 있는 삶의 문제들이 어디서 비롯되었는지.

1장

01 : 감정을 속이고, 감정에 속고!

02 : 정말 아무 것도 두렵지 않은가?

03 : 내가 뭘 좋아했는지 모르겠다

04 : 사는 건 왜 이렇게 힘든 걸까?

05 : 아무리 지쳐도 쉬면 안 된다니

06 : 나는 이기적이면 안 되는 줄 알았다

07 : 늘 가까운 사람에게서 상처받는다

고개 숙이지 마세요.
세상을 똑바로 정면으로 바라보세요.
- 헬렌 켈러(미국의 사회사업가)

01 : 감정을 속이고, 감정에 속고!

순간순간 사랑하고 순간순간 행복하세요.
그 순간이 모여 당신의 인생이 됩니다.
- 혜민 스님

나는 감정이 무엇인지 잘 몰랐다. 4년간의 사관학교 생활 동안 감정을 죽이는 법을 배웠기 때문이었다. 그 후 10년, 직업군인으로 생활하면서도 그 가르침을 충실히 따라왔다. 이런 가르침들을 말이다.

'힘들어도 내색하면 안 된다. 무서워도 두려워하면 안 된다. 사관생도로서, 직업군인으로서 품위를 지켜야 한다. 경박스럽게 감정을 솔직하게 드러내선 안 된다.'

사관학교 1학년 초반이었을 것이다. 당시에는 '매칭'이라는 것이 있었다. 같은 중대 1~4학년까지 2명 정도씩 묶어서 서로 힘들 때 조언을 주고 끌어당겨주는 역할을 하는 소그룹 같은 것이었다. 5주간의 가입교 기간이 끝나고 처음으로 생도생활을 시작하는 1학년은 '바텀'이라고도 불린다. '바닥'이라는 뜻이다. 아무 것도 모르는 채로 시작한 생도생활의 모든 것이 두려웠다. 그러던 어느 날 매칭 모임이라는 것을 했다.

"힘든 것 있으면 말해봐. 내가 도와줄 수 있는 것은 도와줄게."

그때 처음으로 '의지할 만한 사람들이 있구나.' 하고 생각했다. 그래서 나도 모르게 조금 감정을 조이는 끈을 놓고 말았다. 4학년 선배의 말에 내가 느끼는 힘들고 괴로운 감정들을 가감 없이 털어놓고 말았다. 그날 저녁 나는 2학년 선배들에게 호되게 훈련을 받았다. 왜 내가 훈련을 받는지 이유도 모른 채로 온몸이 땀으로 범벅이 되었다. 그만큼 모질게 훈련을 받았다. 끝나고서야 어렴풋이 알게 되었다. 지나가던 선배가 한마디 던지고 갔기 때문이었다.

"여기서 누구한테도 함부로 힘들다는 이야기 같은 거 하면 안 돼. 비밀은 없어."

그날 이후로 나는 말을 아꼈다. 특히 선배들이 묻는 말에는 의식적으로 준비된 대답을 했다.

"괜찮습니다! 알겠습니다! 힘들지 않습니다!"

그렇게 나는 감정을 죽여나갔다.

어린 시절에 나는 무척 자유분방한 아이였다. 장난도 아주 심한 편이었다. 얼마나 개구쟁이였는지 4살 무렵에는 높은 곳에서 거꾸로 떨어졌던 일도 있었다. 바닥에는 돌부리가 하나 튀어나와 있었는데 거기에 턱을 찍어 뼈가 드러날 정도로 심한 상처가 생겼다. 그 상처는 지금도 얼굴 아래쪽에 선명하게 남아있다. 그러면서도 참 겁이 많았다. 8살 때까지도 엄마가 화장실에 가면 그 앞에서 엉엉 울던 소심한 아이였다. 낯도 무척이나 많이 가리는 편이었다. 외동으로 자랐기 때문이었다. 학교에서 처음 만난 짝꿍에게 일주일 동안 말도 걸지 못할 정도였다. 천성적으로 친해지는 데 시간이 오래 걸리는 조금 피곤한 성격이었다.

그런 내가 13살이 되었을 때 처음으로 형제가 생겼다. 12살 차이가 나는 띠동갑 여동생이었다. 너무나 소중했고 사랑스러웠다. 하지만 어떻게 표현해야 할지 몰랐다. 그 무렵 사촌형이 놀러왔다. 형이 장난처럼 엄포를 놓았다.

"조심해. 까불면 네 동생 내가 데려가버린다!"

나는 그 말이 진짜인 줄 알고 밤새 동생 곁을 지켰다. 그만큼 순진했고 잔정이 많았다. 그랬던 내가 20대를 살면서 감정을 잃어버리고 표현하는 법도 잃어버린 채 많이 변했다.

어떤 방법으로든 자신의 감정을 표현할 줄 알아야 한다

사회생활이나 조직생활을 하면서 힘들지 않은 사람은 거의 없을 것이다. 물론 일에 치여서 힘든 경우도 많을 것이다. 하지만 대부분의 경우 인간관계 때문에 많은 어려움을 겪는다. 감정의 문제 때문이다. 낯선 존재에 대한 두려움, 새로운 관계에 대한 막연한 불안감. 그리고 실제로 일어나는 고통스러운 사건들. 그래서 우리는 서서히 마음의 문을 닫아버리게 된다. 그렇게 감정이 없는 로봇이 되어가는 것이 이 시대 직장인들의 현실이다.

이런 현상은 비단 직장에서만 벌어지는 일이 아니다. 부모, 자식 간의 관계에서도 마찬가지다. 나는 세 아이를 키우는 아버지이다. 힘들고 지친 몸을 이끌고 집에 가면 또 다른 감정들과 다투게 된다. 쉬고 싶지만 부모로서 해야 할 의무감에 떠밀려 내 감정을 속인다. '아이들에게 풀죽은 모습을 보이면 안 되지. 든든한 아빠가 되어야지.' 이런 생각들로 나를 치장한다. 하지만 내 감정을 속이는 만큼 나 자신에게는 부담이 되는 것이 사실이다.

이러한 감정적 부담요소들은 곧장 직접적인 스트레스로 이어진다. 의무감이 아닌 순수한 마음으로 행동할 수 있다면 참 좋을 텐데. 그것이 현실에서 실현되기는 어렵다는 것이 문제다. 예측하기 힘든 많은 문제들이 곳곳에 도사리고 있기 때문이다. 다른 사람과의 관계에서 상처 받는 일도 무척 많다. 서로 생각하고 느끼는 바가 다르기 때문이다. 이런 여러 가지 문제들 때문에 타인에게 나의 감정을 솔직하게 드러내기는 점점 더 어려워지고 있다.

하지만 그럴수록 더욱 더 우리는 자신의 감정에 솔직해져야 한다. 감정은 자연스러운 것이기 때문이다. 흘러가는 물을 막으면 잠깐은 가둬둘 수 있다. 하지만 어느 순간이 되면 넘치고 만다. 폭우나 장맛비에 저수지나 댐이 범람하는 것처럼 말이다. 감정도 마찬가지다. 계속해서 만들어지는 감정들을 무작정 가둬두기만 해서는 안 된다. 그렇게 하다가는 언젠가 우리의 감정주머니가 터져버리고 만다.

보통 이런 경우에 사람들은 격앙된 감정을 여과 없이 드러내게 된다. 다른 사람들 입장에서는 '안 그러던 사람이 갑자기 왜 이러지? 무슨 문제라도 있나?' 이상하다는 식으로 받아들이게 된다.

댐은 적정 수위 이상이 되면 물을 방류해서 수위를 조절한다. 최악의 사태를 막기 위해서다. 우리의 감정도 그런 과정을 거쳐야 한다. 물론 어느 정도 정제해서라도 완곡하게 표현하는 것은 필요하다. 그것은 연습이 필요한 부분이다.

어떤 방법으로든 자신의 감정을 표현할 줄 알아야 한다. 때로는 그로 인해 조금 불편한 과정을 겪는 경우도 있겠지만 너무 신경 쓰지 말자. 그것은 감정을 표현한 우리의 잘못이 아니라, 받아들이는 사람의 비뚤어진 사고방식 때문이니 말이다.

의식과 사고를 바꾸는 연습이 필요하다

그리고 또 한 가지. 하늘에서 내리는 비는 우리가 조절할 수 없다. 하지만 우리는 감정의 생성과 억제를 어느 정도까지는 조절할 수 있다. 하지만 그러기 위해서는 여러 가지 연습을 해야만 한다. 특히 의식과 사고를 바꾸는 연습을 통해 행동을 습관화해야 한다.

나는 3년 넘게 우울증에 시달렸다. 조금씩 우울증의 생활패턴이 점점 더 내 삶을 갉아먹어갔다. 어느 순간부터는 삶 자체가 고역이었다. 우울증에 걸리는 사람들은 그런 감정을 만들어내는 특유의 사고방식을 갖고 있다. 나 또한 마찬가지였다. 지독하게 고지식했고 남이 하는 말에 고분고분 따르려 노력했다. 일이 잘못되면 자책부터 했다. 내가 나를 죽이고 있었던 것이다. 당연히 자존감은 바닥을 쳤다. 또 다른 일을 시작하는 것이 너무 두려워졌다. 새로운 도전은 당연히 불가능했다. 더불어 일상적으로 하던 일들도 점차 힘들어졌다.

직장은 기본적으로 일을 하기 위해 만들어져 있다. 그런데 일상적인 업무도 힘들어하고 제때 끝마치지 못하는 사람이 편하게 있을 수 있겠는가. 당연히 주변 사람들의 눈총이 따가웠다. 대부분의 경우 어느 한 사람이 제 역할을 못하면 조직의 구성원들에게 업무가 분산된다. 좋은 말로 표현했지만 다른 사람들의 입장에서는 폭탄 맞는 격이다. 이런 상황에서 우울증에 힘들어하는 사람들은 더 깊은 동굴 속으로 들어가게 된다. 나도 마찬가지였다.

내가 나를 몰라서 몰아붙이기만 했다

누구보다도 내가 나를 더 이해하지 못했다. 의지가 약하다며 나를 몰아붙였다. 그러다보니 어느 순간부터 나도 모르게 쓰러지기 시작했다. 기억을 잃어버리는 순간도 잦아졌다. 몸이 버텨내지 못하게 된 것이었다. 결국 정신과를 찾아갔고 약을 먹게 되었다. 그렇게 시작된 기간이 3년이다. 이미 우울증이 그만큼 악화되는 데까지 걸린 시간은 얼마인지조차 모른다. 그 기간들까지 생각하면 실질적으로 내가 우울증 증상으로 고통받았던 시간은 그보다 훨씬 더 오래되었을 것이다.

건강문제로 휴직한 나는 감정에 대해 공부했다. 그리고 철저하게 과거의 나를 되돌아봤다. 그 과정에서 많은 것을 느낄 수 있었다. 내가 원래 어떤 사람이었는지, 지금의 나는 어떤 사람이 되었는지, 그 과정에 무슨 일들이 있었는지, 그때 벌어진 일들이 내 사고방식에 어떤 영향을 미쳐왔는지, 그렇게 형성된 사고방식들은 어떤 감정을 주로 만들어냈는지, 결과적으로 나는 감정의 문제들에 어떻게 대처해왔는지.

이런 과정을 통해 나의 우울증은 서서히 치료되고 있다. 나는 단순히 우울증 치료에 대한 이야기를 하고 싶은 게 아니다. 나는 그 분야에 대한 어떠한 전문지식도 갖고 있지 않다. 그저 아무것도 모른 채 우울증 때문에 힘들어했던 한 사람일 뿐이다.

내가 하고자 하는 이야기는 감정에 대한 것이다. 인간이 자연스럽게 느끼는 감정. 그 감정을 어떻게 받아들이고 어떻게 하면 우리 삶에 도움이 되는 방향으로 이끌어갈 수 있는지에 대한 내 경험담을 전달하고 싶을 뿐이다. 하지만 분명히 전달하고 싶은 메시지는 당신이 지금 힘든 것은 감정 때문이라는 사실이다.

괜찮아. 조금 더 솔직해져도 돼.

다른 사람들이 뭐라고 하든 상관없어.

오늘도 나는 충분히 잘하고 있으니까.

02 : 정말 아무 것도 두렵지 않은가?

남들이 뒤에서 나를 헐뜯는 말은
독이 묻은 화살 같은 거랍니다.
그렇지만, 다행히 뒤에 숨어서 하는 말은 힘이 없어서
그 화살이 내 가슴을 뚫지는 못한대요.
그런데, 가장 어리석은 행동은
땅에 떨어진 그 화살을 주워서 내 가슴에 찌르는 거죠.
– 드라마 〈프로듀사〉

회 한 접시 못 먹는 맥주병, 해군사관학교 가다?

우리는 감정을 이해하고 그들과 친구가 될 수 있다. 사실 감정은 자연
스럽고 편한 것이다. 결코 불편한 것이 아니다. 우리가 먼저 감정을 이해
하고 다가가려고 노력해야 한다. 그렇지 않으면 감정은 우리에게 먼저
다가오지 않는다. 감정은 사실 우리의 삶 그 자체라고도 할 수 있다. "도
대체 무엇이 감정일까?"라는 질문은 그다지 의미가 없다. 배가 고프면 힘
들고, 멋진 옷을 입으면 기분이 좋고, 악담을 들으면 불쾌하다. 우리 일

상 어느 한 군데도 감정이 빠지는 곳은 없다.

　내 삶의 악순환은 충분히 자지 못하는 것부터 시작되었다. 어느 순간부터 밤에 잠이 오지 않았다. 정확히 말하자면 의도적으로 잠을 기피하기 시작했다. 왜 그랬을까? 잠들면 어떤 일이 일어날까? 잠들면 순식간에 아침이 찾아온다. 아침이 되면? 내게 힘든 요구를 쏟아내는 직장에 가야 한다. 출근하기가 두려워서 잠들지 못했던 것이다.

　나는 참 신중한 성격이다. 어떤 일을 하기 전에는 충분히 알아보고 내가 할 수 있다는 자신이 들 때 그 일에 뛰어든다. 달리 말하면 내가 잘하지 못하는 일은 최대한 피하려는 성격을 가졌다. 완벽주의와 유사한 면을 지녔다. 그래서 모든 일을 잘 하려고만 했다. 실패하는 것이 두렵고 그것을 용납하지 못했다. 그런 내가 해군사관학교를 간 것 자체가 내 사고방식을 모순투성이로 만드는 일이었다.

　일단 나는 바다와 친하지 않았다. 부산에서 태어나 고등학교를 졸업할 때까지 그곳에서 살았지만 나는 수영을 못했다. 발이 닿지 않는 곳에는 들어가지도 않는 맥주병이었다. 회도 먹을 줄 몰랐다. 해산물이라면 치를 떨었다. 게다가 차멀미가 심해서 고등학교 때까지 버스도 잘 못타고 다녔다. 40분 가까이 걸리는 거리를 걸어서 다녔다. 그게 차라리 편했기 때문이다. 뱃멀미도 마찬가지였다. 사관학교에 가기 전까지 배라고는 타본 적이 없었다.

이런 내가 부산 토박이라고 하면 처음 보는 사람들은 일단 사투리를 쓰지 않는 것에 놀라곤 했다. 그것은 발음을 교정했기 때문이라고 하면 쉽게 수긍을 하는 눈치였다. 하지만 수영도 못하고, 회 한 접시 먹어본 적도 없고, 배를 타본 적도 없다고 하면 "너 진짜 부산사람 맞냐?"라는 의심어린 반응이 대부분이다. 차를 타고 돌아다니지 못해서 부산에 무엇이 유명한지도 잘 모르고 자랐다. 그러니 내가 자란 고향에 대해 설명할 수 있는 것도 없었다. 내가 할 수 있는 말은 "그러게요. 저도 참 신기하네요."였다.

내가 지금까지 이야기한 부분 중에 어느 하나라도 '해군'의 이미지와 부합하는 것이 있는가? 아마 거의 없을 것이다. 실제로도 마찬가지였다. 수영도 못하고, 해산물도 싫어하고, 뱃멀미도 심한 내가 어떻게 해군이 될 수 있었을까? 그것도 일반 병사가 아닌 해군 장교를 말이다. 참 많은 우여곡절이 있었다.

살기 위해서 두려움을 외면하고 있지는 않은가?

해군사관학교 생도들은 매년 2주씩 '전투수영'이라는 것을 한다. 2주 내내 잠자는 시간 빼고는 거의 바다에 산다고 보면 된다. 나는 정말 죽음을 무릅쓰고 바다에 들어갔었다. 차라리 1학년 때는 처음이라, '죽이기야 하겠어! 빠지면 살려주겠지.' 하며 무모한 도전이라도 할 수 있었다. 하지만 그 다음 해에는 그만한 공포를 한 번 겪고 나니 다시 겪는 것이 싫어서 퇴교를 진지하게 고민했을 정도였다.

물과 별로 친하지 않은 사람들은 공감할 것이다. 바닥이 보이지 않고 발이 닿지 않는 물에 들어가는 것이 얼마나 공포스러운 일인지. 일단 몸이 뻣뻣하게 굳기 때문에 아무리 팔다리를 저어도 가라앉는다. 그러니 더 힘이 든다. 호흡은 가빠지고 이러다 죽는 거 아닌가 하는 생각이 든다. 그런 시간을 강제로 2주를 보냈다. 다시 그 생활을 하고 싶겠는가? 주변에서도 결코 호의적이지 않다. 생도 간에는 서로 웃으며 격려하는 일이 별로 없다. 못하면 못할수록 더 괴로운 일만 일어난다. 살려면 어떻게든 해내야 하는 것이다.

결국 나는 인명구조 자격증을 취득할 수 있었다. 4년 동안 그 2주를 어떻게든 버텨냈기 때문이었다. 다같이 4km 가까운 거리를 수영해서 다녀오는 훈련도 문제없이 마쳤다. 물에 대한 두려움도 많이 극복할 수 있었다. 다른 사람에게는 당연한 일이었는지 모르지만 내게는 대단한 일이었다. 하지만 그 과정에서 나는 '두려움'이라는 감정을 매몰차게 밀어내야만 했다. 그래야 살 수 있었기 때문이다.

'나는 두렵지 않다. 나는 할 수 있다.'

이 말을 주문처럼 외우면서 4년의 사관학교 생활을 마쳤다. 언뜻 듣기엔 참 좋은 말이고 좋은 생활습관 같다. 하지만 내가 우울증에 걸리고 지난날을 되돌아보며 알게 된 것이 있다. 강제로 몰아붙이는 것은 단기적인 성과나 극복에는 도움이 된다. 하지만 긴 시간을 놓고 봤을 때는 무엇인가 반드시 다른 해결책을 찾아야 한다는 것이다.

하지만 앞서 말했듯이 나는 고지식한 사람이고 실패를 두려워하는 사람으로 완벽주의를 갖고 있었다. 남들에게 모범이 되고 솔선수범해야 하는 장교로서 두려움은 배척해야만 하는 것이었다. 그리고 못하는 것이 없는 슈퍼맨이 되어야만 했다. 그래서 내 감정을 속이는 일은 사관학교 4년뿐만이 아니라 실무에 나와서도 10여 년 가까이 계속되었다. 그 스트레스들은 나를 지쳐가게 했고 점점 쌓인 감정주머니는 폭발하고 말았던 것이다.

그렇게 나의 기본적인 감정을 억누르는 사고방식은 장교로 임관한 직후에도 마찬가지였다. 내가 처음 근무한 배는 3백 명에 가까운 승조원이 있는 거대한 구축함이었다. 기본적인 업무는 16명 정도 되는 작은 분대를 관리하는 분대장 임무였다. 하지만 그 외에도 많은 부가 업무가 있었다. 그중에서도 아침마다 일일브리핑을 하는 것이 가장 고역이었다.

일일브리핑은 아침 7시 30분에 그 날의 주요 업무나 일정, 기상, 조석, 인원현황 등에 대해 함장님께 보고하는 것이었다. 브리핑 준비를 위해 적어도 6시까지는 출근해야 했다. 함장님께 보고하기 전에 부서장이나 부장님 등 2~3차례 검토를 받아야 하기 때문이었다. 자가용도 없던 나는 배까지 걸어가는 시간을 포함해서 5시 30분에는 출발해야 했다. 출근 준비하는 시간을 포함해서 5시에는 눈을 떠야 했다.

그때는 그런 생활이 힘든 줄 몰랐다. 당연히 장교의 삶은 바쁠 것이라고 생각했기 때문이었다. 하지만 나는 어릴 때부터 다른 사람들 앞에 서는 것을 어려워했다. 고등학생 시절까지도 먼저 손을 들고 발표한 적이 단 한 번도 없었다. 그만큼 내성적인 성격을 갖고 살아왔다. 그런 나의 성격은 사관학교 생활을 하는 동안 많은 부분이 보완되었다. 하지만 근본적인 사람의 기질 자체는 쉽게 바뀌지 않는 것이었다.

아침마다 브리핑을 준비하는 것은 나에게 큰 부담이었다. 주어진 업무이기에 완수하고는 싶었다. 그리고 잘 해야만 하는 것이라고 여겼다. 4년간 받아왔던 '복종'과 '수행'에 대한 교육의 효과였다. 하지만 내면의 목소리는 달랐다. 그래서 학습된 책임감과 남들 앞에 서는 것을 두려워하는 감정 사이에서 끊임없이 충돌이 일어났다. 일견 사소해 보이는 내적갈등이 나를 괴롭혔고 스트레스를 유발했다.

어느 순간부터 나는 밤에 잠드는 시간이 점점 더 늦어졌다. 밤 11시, 12시, 새벽 1시. 다음 날 눈을 뜨면 가야 할 곳에 대한 근원적인 두려움 때문이었다. 물론 그 당시에는 그런 현상이 두려움 때문이라고 자각하지 못했다. 지시받은 것은 하는 것이 당연하다고 여겼기 때문이다. 그리고 4년간 혹독한 훈련을 통해 쌓아온 체력이 있었기에 버텨내는 것도 큰 어려움이 없었다. 하지만 지금 돌이켜보면 그렇게 버틸 수 있었던 것이 함정이 되었을지도 모르겠다.

☂ 지금, 당신의 감정에게 말하기

지금 이 순간 무언가를 망친 것 같은 기분이 든다면
훌훌 털어버리고 다음에 다시 시도하면 돼.
그래도 또 실패한다면, 그 다음에 또 뛰어들면 돼.
그렇게 조금씩 성장해가는 거니까.

03 : 내가 뭘 좋아했는지 모르겠다

어떻게 말할까 하고 괴로울 땐 진실을 말하라.
– 마크 트웨인(미국의 소설가)

피해 주기 싫어 나를 죽이고 살다

사관학교 1학년 시절 나는 오른쪽 무릎을 다쳤다. 정확히는 5주간의 가입교 시기였다. 초등학교 6학년 때 교통사고로 다친 무릎이 재발한 것이었다. 중학교, 고등학교 때에도 재발했던 무릎 인대 손상은 사관학교에서도 어김없이 나를 괴롭혔다. 쪼그려 뛰기 훈련을 받던 중이었다. 어느 순간 '뚜둑' 하는 소리와 함께 무릎이 완전히 펴지지도 굽혀지지도 않았다. 그 상태에서 일단 성한 왼쪽 다리로 버티면서 훈련을 끝마쳤다.

하지만 훈련이 끝나고 제자리에 섰을 때 나는 엉거주춤한 자세로 서 있을 수밖에 없었다. 오른쪽 다리가 완전히 펴지지 않았기 때문이었다. 우리를 훈련시키던 소대장이 그 모습을 보고 똑바로 서라고 윽박질렀다. 하지만 아무리 다리를 펴려고 해도 펴지지가 않았다. 오히려 통증만 더 몰려왔다. 계속해서 내가 자세를 고치지 못하자 가까이 다가와 물었다.

"무슨 문제 있나?"

그때서야 나는 오른쪽 다리가 좀 이상하다고 말할 수 있었다. 군의관에게 진찰을 받았다. 예상했던 대로 무릎인대가 늘어난 것이었다. 이전 경험을 되돌아보면 이 증상은 하루 이틀 쉰다고 나아지는 것이 아니었다. 내가 처음 이상을 느꼈을 때 바로 말할 수 없었던 것도 바로 그런 상태임을 직감했기 때문이었다. 가입교 기간 중에는 정해진 훈련을 마치지 못하고 포기하면 귀가 조치하게 되어 있었다. 애써 내린 결단이 한순간에 헛된 노력이 될까봐 조마조마한 심정이었다.

소대장이 내게 계속할지 그만둘지를 물어봤다. 나는 계속하고 싶다고 말했다. 그 당시에는 집에 돌아가는 것이 죽기보다 싫었기 때문이었다. 다행히 나는 가입교 훈련을 계속 받을 수 있었다. 대신 달리기나 쪼그려 뛰기 등 다리를 사용해야 하는 훈련을 열외하고 팔굽혀펴기 등으로 대체

해서 받았다. 다른 동기들이 힘들게 모든 훈련을 받는데 나만 소외되는 것 같아 미안한 마음이 가득했다.

나는 다른 사람에게 폐 끼치는 것을 못 참는 성격이다. 불편한 감정이 들기 때문이다. 다른 사람들이 내게 대놓고 "너 때문에 우리가 힘들잖아!" 이렇게 표현하는 일은 사실 거의 없다. 하지만 내가 어떤 부분을 충분히 해내지 못하게 되면 그 부분에 대한 부담은 다른 사람에게 돌아가게 되어 있다. 그것이 곧 조직생활이고 직장생활의 기본적인 생리이다.

나 같은 경우에는 비단 군에 입대해서 이런 성격이 형성된 것은 아니었다. 외동으로 자랐던 나는 어릴 때부터 다른 사람에게 부담을 주는 것을 싫어했다. 더불어 다른 사람이 나에게 작은 피해라도 주는 것 또한 싫어했다. 철저하게 홀로 바다 위에 떠 있는 섬 같은 성격을 가졌던 것이다. 학창시절에도 그리 친구가 많은 편이 아니었다. 친하게 지내는 몇몇의 친구들에게만 마음을 터놓고 지냈다. 어찌 보면 조직생활과는 참 어울리지 않는 성격이었다.

가입교 기간에 재발했던 무릎부상은 완치될 때까지 6개월이 걸렸다. 그동안 나는 근무복에 운동화를 신고 학교생활을 해야 했다. '이장'이라는 제도였다. 복장에 차이를 둬서 환자를 구분하는 것이었다. 삼삼오오 열을 지어서 다니지 않는 것은 학칙에 어긋나는 일이었다. 하지만 제대로 걷거나 뛰지 못했던 나는 당연히 혼자 다녀야 했다.

눈에 띄게 복장에 차이를 두지 않으면 멀리서 그 모습을 보고 선배가 훈련을 시킬 수도 있다. '이장'은 그런 일을 예방하기 위한 제도였다. 하지만 내게는 그 이상의 괴로운 감정을 주었다. 바로 다른 동기들에게 뒤떨어진다는 수치심이었다.

여기서 도망가면 앞으로 내 인생에 기회는 없다?

당시 내게 생겼던 무릎부상은 단순하게 인대가 늘어난 것이 아니었다. 시간이 흘러도 제대로 치료되지 않아서 결국 MRI 촬영까지 해야 했다. 그렇게 해서 나타난 결과는 '반월상 연골'의 일부가 찢어져 있다는 것이었다. 수술을 받아야만 치료할 수 있는 상태였고 학사일정 등을 고려해서 7월에 있었던 휴가기간 중 수술을 받게 되었다. 하계 휴가기간은 3주에 불과했다. 수술을 받고 약 2주 정도 집에서 휴식을 취한 후 바로 학교로 복귀해야만 했다.

당연히 2주 만에 재활이 끝날 수는 없었다. 하지만 나는 학교로 복귀할 수밖에 없었다. 학사일정에 일정 비율 이상 참가하지 못하면 퇴교 사유가 되기 때문이었다. 누구도 나에게 강제하지는 않았다. 어머니도 눈물을 쏟으시면서 내게 그냥 그만두고 나오라고 하셨다. 그 다리로 앞으로 4년을 어떻게 버티려고 그러냐면서 말이다.

어머니의 걱정은 이해되었다. 한편으로는 나도 그만두고 싶은 마음이 가득했다. 이미 6개월의 생활 동안 자신감을 많이 잃어가고 있었기 때문이었다. 하지만 나는 강박적으로 나를 몰아붙였다. '돌아가서 버텨내야만 한다.'고. '여기서 도망가면 앞으로 내 인생에 기회는 없다.'고 말이다. 왜냐하면 정말 그렇게 될 것 같았기 때문이었다. 그만큼 나에게 실패라는 것은 너무나 두려운 일이었다.

그래도 무릎 수술을 받고 난 후 나에게는 희망이라는 것이 생겼다. 조금씩이라도 다리 상태가 나아지는 것을 느낄 수 있었기 때문이었다. 그렇게 복귀하고 약 한 달 후 나는 처음으로 정상적으로 과업에 참가할 수 있었다. 지긋지긋했던 흰색 운동화를 던져버릴 수 있었다. 물론 성적은 밑바닥이었다. 훈육점수도 하위권이었다. 앞으로의 생활도 불투명했다. 하지만 다른 동기들과 같이 생활할 수 있다는 것만으로도 내게는 큰 위안이 되었다. 그 힘으로 4년간의 사관학교 생활을 버틸 수 있었다.

사실 나의 무릎은 완치되지 못했다. 그로부터 15년 가까이 지난 지금까지도 말이다. 일시적으로는 다리를 완전히 펼 수 있지만 조금만 힘을 잘못 주어도 다리 상태는 안 좋아지곤 했다. 차라리 달리는 것은 큰 문제가 되지 않았다. 정말 힘들었던 순간은 차렷 자세로 오랜 시간 버텨야 하는 때였다. 무릎 사이에 틈이 없도록 완전히 붙인 상태로 버텨야 했기 때문이었다.

하지만 다리를 완전히 펴지 않으면 무릎을 붙일 수가 없었다. 그 자세를 취하는 것이 너무 힘들었던 나는 상처가 재발하지 않도록 하기 위해 약간씩 무릎을 굽힐 수밖에 없었다. 당연히 그 상태가 되면 자세가 약간 비틀어진다.

선배들은 항상 매의 눈으로 그 모습을 바라보고 있었다. 그래서 상황은 어김없이 다른 훈련으로 이어졌다. 하지만 차라리 훈련을 받는 것이 편하다고 느낄 정도였다. 다시 환자로 돌아가는 것은 너무나 싫었기 때문이었다.

아마도 4년 내내 이 같은 상황이 이어졌다면 나는 결국 학교를 그만두고 말았을 것이다. 하지만 시간이 지나면서 점점 나도 요령이라는 것이 생겼다. 그리고 학년이 올라가면서 선배에게 훈련받는 일은 조금씩 줄어들었다. 당연한 이야기지만 선배가 점점 줄어들었기 때문이었다. 하지만 버티는 것이 생활화되면서 내게 남은 건 '악'밖에 없었다. 힘들다는 감정을 죽여야 했기 때문이었다. 그러지 않고서는 버틸 수 없을 정도로 힘든 기간이었다.

시키는 대로 잘 따르는 착한 아이

어머니는 나에게 뭔가를 강요하는 분이 아니셨다. 아버지는 내게 별다른 말을 하지 않으셨다. 내가 어머니에게 가장 크게 혼난 것은 초등학교 3학년 때였다. 학원을 빼먹고 만 원을 몰래 가져다가 오락실에서 모두 쓰고 어머니께 거짓말을 했을 때였다. 어머니께서 잠시 부업을 나가던 때였고 돌아온 후 정말 많이 혼났던 기억이 있다. 하지만 그 외에는 어머니께 별다르게 혼난 적이 없었다.

사실 나는 시키는 대로 잘 따르는 착한 아이였다. 그래서 혼날 일도 별로 없었다. 실수하는 것을 무서워했고 혼나는 것을 두려워했기 때문이었다. 내 속마음이야 어쨌든 어머니도 그런 나를 좋아하셨고 학교에서도 선생님께 곧잘 칭찬을 듣곤 했다. 다른 사람에게 인정받는 것은 내 삶에 지대한 영향을 미쳤다. 그래서 더욱 스스로를 몰아쳤다. 그런 사고방식은 내가 지금까지 살아온 것과 정반대의 힘든 시기를 보냈던 사관학교에서도 마찬가지였다.

다만 한 가지 극명하게 달랐던 점은 군에 입대하기 전까지의 내 삶은 칭찬으로 채워져 있었다면, 군에 입대한 이후의 삶은 지적받고 훈련받는 일들로 얼룩져 있었다는 점이다. 분명한 이 한 가지의 차이는 삶의 원동력을 충전하는 데 있어 정반대의 결과를 불러왔다. 그 전에는 칭찬과 인정을 통해 추진동력을 채울 수 있었다. 하지만 군생활 동안 점점 그 에너지가 소진되어갔다. 그리고 어느 순간 나는 우울증에 걸려 있었다.

두려움 때문에 좋아하는 일을 포기하지 말자.

누구도 침범할 수 없는 나만의 단단한 꿈을 갖자.

물방울이 바위를 뚫을 수 있는 것은

꾸준함 때문이다.

04 : 사는 건 왜 이렇게 힘든 걸까?

나는 신발이 없음을 한탄했는데
거리에서 발이 없는 사람을 만났다.
– 데일 카네기(미국의 작가)

남들보다 빨리, 잘 적응하고 잘 살아가고 싶었다

많은 우여곡절 끝에 4년간의 사관학교 생활을 버텨내고 결국 장교로 임관할 수 있었다. 정식으로 직업군인이 된 것이었다. 당시에는 사관학교 졸업식에 대통령이 직접 참가해서 한 사람씩 악수를 해주며 격려했다. 나는 지금은 고인이 되신 노무현 대통령과 눈을 맞추며 악수를 하고 졸업식을 마쳤다. 참으로 감격적인 순간이었다. 그렇게 나는 23살이라는 비교적 젊은 나이에 사회인으로 거듭날 수 있었다.

나는 1985년 2월에 태어났다. 그러다보니 지금은 없어진 제도인 '빠른' 85년생으로 분류되었다. 그래서 7살에 초등학교에 입학했다. 그리고 운 좋게도 나는 한 번에 사관학교에 합격했다. 자연스럽게 사관학교도 다른 동기들보다 한 살 어린 19살에 입교했다. 지금은 어떤지 모르겠지만 내가 입교했던 2003년 당시에는 재수생, 삼수생 형들이 꽤 큰 비율을 차지했다. 물론 일부 누나들도 있었다.

그만큼 나는 어린 편에 속했고 임관도 빨랐다. 사회에 있는 친구들은 내가 임관할 당시에 군대에서 의무복무 중인 경우가 대부분이었다. 안정적인 월급과 나라에서 지원되는 관사 제도로 집 걱정도 없었다. 그래서 나는 임관한 이듬해에 사관생도 시절부터 4년간 교제해온 현재의 아내와 결혼할 수 있었다. 결혼할 때 내 나이가 24살이었다. 친구들 중에서 첫 번째 결혼이었다.

결혼 2년 차에는 첫째 아이인 예린이가 태어났고 그 아이는 어느새 초등학교 3학년으로 훌쩍 자랐다. 30대 중반에 접어든 지금은 한 명의 딸과 두 아들, 이렇게 세 아이의 아버지가 되어 있다. 얼마 전에 딸아이의 학교에서 개최하는 비전캠프라는 행사에 다녀왔다. 부모님들이 함께 참가하는 행사였는데 나는 거기 있는 부모님들 중에서도 가장 젊은 편이었다. 주위를 둘러보면 40대에 접어든 부모님들이 대부분이었다.

어찌 보면 참 성공한 인생이라고 평가할 만하다. 실제로도 빠르게 가정을 일구고 직업군인으로 잘 적응해가는 나를 어머님도 참 자랑스러워 하셨다. 물론 결혼할 당시에는 너무 빠르다며 좀 더 인생을 즐겼으면 하는 안타까움을 표현한 적도 있으셨지만 말이다. 어쨌든 이렇게 인생에 굴곡도 없이 빠르고 편하게만 살아온 내가 지금은 무엇 때문에 이렇게 하루하루가 힘들어진 걸까?

요즘 젊은 사람들은 빠르고 안정된 직장만을 목표로 삼는 분위기다. 사회적으로도 그런 직장이 대세로 추앙받고 있다. 현실을 보니 그렇게 될 만도 하다. 대학을 졸업하고도 부모님에게서 독립하지 못한 채 취준생 신세를 전전하는 젊은이들이 200만 명에 달한다고 하니 말이다. 부모님이나 주위 사람들도 빨리 제대로 된 직장을 갖고 잘 살아가기를 바란다. 그러다 보니 공무원이 큰 인기를 끌고 있다.

나라가 망하지 않는 이상 정해진 월급을 제때에 받을 수 있는 철밥통. 정년이 보장되어 큰 잘못이 없는 한 실직할 걱정도 없다. 근무지도 선택이 가능하고 경력이 쌓여갈수록 호봉도 올라가서 급여도 점차 늘어난다. 이런 장점들이 부각되어 공무원뿐만 아니라 직업군인도 인기를 끌며 일대 붐이 일어나고 있다. 거기에 편승해 사관학교도 점점 경쟁률이 올라가고 성적이 상위권에 속하는 학생들도 시험에서 떨어지는 일이 많다는 이야기도 들린다.

장교뿐 아니라 부사관도 경쟁이 점점 더 치열해지고 있다. 안정성 측면에서는 장교보다도 부사관이 더 좋은 조건을 갖고 있기 때문이다. 부사관에게는 진급보다도 '장기' 선발이 더 큰 비중을 차지한다. 바로 '근속진급'이라는 제도가 있어서 사실상 장기자원으로 선발되는 것이 곧 정년을 보장받는 것이나 다름없기 때문이다.

이런 분위기 속에서 의무복무 중인 병사들도 유급지원병이나 부사관으로 신분 전환을 신청하는 등 군인이 선호 받는 직업으로 급부상하고 있다. 사실 이런 현상은 내가 임관하던 2007년에도 비슷하게 나타났다.

어느 순간 '꿈'이 '의무'로 변했다

내가 졸업한 고등학교는 부산에서 그리 인지도가 높지 않은 신생 학교였다. 학생들의 성적대도 그리 높지 않았다. 그래서 흔히 학생들이 열망하는 'SKY학교'에는 손에 꼽을 정도의 학생들만 겨우 합격할 수 있었다. 덕분에 나의 사관학교 합격 소식은 고등학교에서 플랜카드에 이름을 실어줄 정도로 기분 좋은 일이었다.

이 일은 나름대로 나에게 자부심도 안겨줬다. 내게도 나름대로 포부가 있었기 때문이었다. 나는 아버지의 사랑을 그리 받지 못하고 자랐다. 아버지는 평일에도 자주 술을 먹고 늦게 들어오셨다. 그리고 주말이면 거의 집에 있지 않으셨다. 아버지에 대한 기억은 많지 않지만 항상 주말이면 혼자서 스킨스쿠버를 즐겨 다녔다는 기억은 있다. 그리고 아버지는 어느 순간부터 외도를 했고, 내가 고등학교 때 사실상 부모님은 별거 상태에 들어갔다.

나중에 어머니와 대화하던 중 우연히 그 사실을 알게 되었다. 어머니는 그 전부터 아버지의 외도를 알고 있었다고 하셨다. 하지만 고등학생인 내가 상처 받아서 공부하는 데 방해될까봐 억지로 버텼다는 이야기를 들었다. 그 말을 들으면서 마음이 너무나 아팠다. 나를 배려해주신 것은 감사했지만 사랑하는 사람에게서 느낀 그 배신감에 얼마나 가슴이 아프셨을까 생각하니 눈물이 났다.

이렇게 아버지의 사랑 없는 가정환경 속에서 내 유년시절의 기억은 회색빛이었다. 당연히 그 기억 중 대부분은 어머니와 함께한 추억들이다. 물론 행복한 기억도 많지만 주로 어머니께서 힘들어하셨던 기억들이 더 많았다. 그래서 내게는 은연 중에 빨리 제대로 독립해서 힘든 현실로부터 어머니를 탈출시켜드리고 싶다는 욕망이 생겼다. 우연히도 그 기회가 내게 찾아왔다. 바로 사관생도라는 길이었다.

비록 과정은 힘들었지만 나는 빨리 자립할 수 있었다. 그것은 직업군인의 길을 선택했기 때문이라는 것을 부인할 수 없다. 덕분에 나는 다른 사람들보다 빠른 시기에 가정을 꾸릴 수 있었다. 하지만 어머니께 해드리고 싶었던 일은 하지 못했다. 너무 빨리 결혼했고 가장노릇을 하기도 벅찼기 때문이었다. 하지만 어머니는 나에게 섭섭한 말씀 한마디 하지 않으셨다. 본인께서 시댁으로부터 받았던 많은 아픈 기억들 때문에 자신은 절대 그러지 않으리라 다짐하셨던 것이었다. 어머니는 환갑이 지난 지금까지도 초등학교에서 청소를 하는 계약직으로 일을 하고 계신다. 생활비를 벌어야 하기 때문이다.

내게는 12살 터울의 여동생이 있다. 자라는 동안에는 같이 한 추억은 거의 없다. 터울이 너무 크다 보니 함께할만한 시간조차 없었다. 동생은 내가 중학교 1학년 때 태어났고 조금 커서 걸어 다닐 때 즈음에는 나는 고등학생이 되어 있었다. 당시에는 수험생 생활에 정신이 없기도 했지만 내가 집에 있는 시간에는 동생이 잠들어 있는 경우가 대부분이었다. 그 이후에는 사관학교에 가서 집에 거의 오지도 못했으니 당연히 추억이 없을 수밖에 없다.

내가 30대 중반에 접어든 지금에 와서야 여동생과 가끔 진지한 이야기를 나눌 수 있게 되었다. 어리기만 했던 여동생이 어느새 훌쩍 커서 대학생이 되었기 때문이다. 여동생도 공무원을 바라보고 행정학과에서 열심히 공부를 하고 있다. 가끔 연락하고 지내지만 많은 이야기는 하지 못한다. 사실 내가 뭐라고 해줄 말도 없었다. 제대로 용돈 한 번 준 적이 없는 부족한 오빠이기 때문이었다.

어머니는 스마트폰도 쓰지 않으신다. 차도 없으시다. 돈을 아끼기 위해서다. 내가 걱정할까봐 전화로 구구절절 말씀하지도 않으신다. 그저 잘 지내는지 안부만 한 번씩 물어보곤 하실 뿐이다. 그런 내게 동생이 한 번은 엉엉 울면서 말했다.

"오빠는 자기밖에 몰라. 엄마가 어디가 어떻게 아픈지, 얼마나 외로워 하시는지 아냐고. 내가 느끼기에 오빠는 참 모진 사람이야!"

그 말을 듣고도 나는 아무 말도 할 수 없었다. 사실이었기 때문이다.

어쨌든 내가 부양해야 할 가족들에게는 큰 어려움 없이 살 수 있도록 든든한 가장이 될 수 있었다. 나는 어릴 적 품었던 꿈이 있었다. 내가 책임지는 가족들을 절대 힘들고 외롭게 하지 않겠다는 꿈. 그것을 분명히 이루어가고 있었다. 하지만 되돌아보면 어느 순간부터인가 나의 삶 속에 '나'는 없었다. 의무만 가득한 삶이었기 때문이다. 언제부터 '꿈'이 '의무'로 바뀌게 된 걸까? 하지만 자꾸만 나는 허무한 감정 속에 빠지곤 했다. 가족들에게는 참으로 미안한 일이었지만 때때로 빨리 결혼한 것을 후회한 적도 많았다.

특히 직장생활이 힘에 부칠 때 그런 생각이 많이 들었다. '내가 지금 결혼만 하지 않았으면 이렇게 나를 누르고 살지 않았을 텐데.' 주로 이런 생각들이었다. 도대체 사는 건 왜 이렇게 마음 먹는 대로 되지 않는 걸까? 왜 이렇게 힘든 걸까?

☂ 지금, 당신의 감정에게 말하기

힘들 때는 천천히 가도 된다.
중요한 것은 내가 선택한 길에 대한
확신만 놓지 않으면 된다는 사실이다.

05 : 아무리 지쳐도 쉬면 안 된다니

당신은 움츠러드는 게 아니라
활짝 피어나도록 만들어진 존재다.
더 멋진 사람이 되고,
더 특별한 사람이 돼라.
매 순간을 자신을 가득 채우는 데 써라.
– 오프라 윈프리(미국의 방송인)

이 시대의 직장인들은 모두 아픔을 안고 살아간다

한 취업포털에서 직장인 8백여 명을 대상으로 설문조사를 한 결과 그 중 80%가 직장인 우울증으로 힘들다고 답했다고 한다. 일주일 중 5일을 노예처럼 일하고, 다시 그 일을 하기 위해 이틀을 쉬는 현대판 공노비, 사노비가 현대의 직장인들이다. 이러한 직장인 우울증은 남녀노소를 가리지 않는다. 신입사원들은 청운의 꿈을 품고 직장에 입사한다. 하지만 드디어 취준생을 벗어났다는 기쁨도 잠시, 신입사원으로 직장에서 갖은 수모와 고통을 겪으며 살아간다.

경력이 어느 정도 쌓였다고 해서 상황이 나아지지도 않는다. 이제는 윗사람, 아랫사람 사이에서 샌드위치가 되어 감정적인 어려움을 겪는다. 위에서는 업무를 빨리 진행시키고 성과를 내라는 압박이 내려온다. 아래에서는 이래서 힘들고 저래서 힘들다고 불평불만을 토로한다. 업무 진행 상황을 체크하고 처지는 부분은 빠르게 채워 넣어야 한다. 이와 같은 각종 관리업무와 더불어 개인에게 주어지는 업무는 업무대로 부하가 찬다.

하지만 함부로 힘든 내색을 하지도 못한다. 그랬다가는 언제 직장에서 내쳐질지 모르기 때문이다. 이처럼 치열한 경쟁사회 속에서 대부분의 직장인들은 자신의 감정을 꾹 누른 채 살아간다. 술이나 다른 사람과의 만남으로 달래보기도 한다. 때로는 운동이나 취미생활로 해소하려 노력하기도 하지만 결국 버티는 것만으로는 한계를 느끼게 된다. 가족이라고 그리 호의적이지도 않다. 그들도 나름대로 힘든 생활을 버텨가고 있기 때문이다.

내 일과 인생을 함부로 평가하는 사람들

내가 두 번째로 근무한 보직은 고속정이라 불리는 작은 배의 부장이었다. 부장이라고 하면 언뜻 듣기에는 대단히 무언가 있어 보이는 직책이다. 하지만 승조원이 30명 남짓 되는 고속정에서 부장은 3명의 장교 중에 가장 막내다. 행정업무, 보안업무, 훈련업무, 각종 검열수검 업무, 일과조정 및 진행업무 등 일일이 열거하기도 힘든 많은 일을 감당해야 한다. 그중 가장 티도 나지 않으면서 시간이 많이 소요되는 업무가 바로 POD 작성 업무였다.

'Plan Of the Day.' 줄여서 POD라고 불렀다. 쉽게 말하자면 그날의 일과표다. 통상 A4 1~2장 분량으로 구성되며 그날 해야 할 과업, 상부 지시사항, 인원현황, 날씨, 조석, 그 외에 생일자가 들어가기도 하고 명언을 한 구절씩 넣기도 한다. 부대마다 양식도 조금씩 다르다. 사실 조금만 숙달되면 그리 어렵지는 않다. 작성에 소요되는 시간도 점차 줄어든다. 이 사실만 두고 봤을 때 '뭐 별거 아니네!'라고 생각하기 쉽다.

그러나 사람이 생존하기 위해 매일 하루 세끼 밥을 먹는 것처럼, 부대가 존재하기 위해서는 일이 있어야 하고, 세부적으로 진행되는 과업들이 있게 마련이다. 그리고 이 일들은 매일 조금씩 계속 바뀐다. 일정이 틀어지기도 하고 내일로 미뤄지기도 하고 갑자기 다른 일정이 끼어들기도 한다. 그래서 끊임없이 그 일에는 에너지와 노력이 소모된다. 하지만 누가 POD를 작성한다고 해서 수고한다고 인정해주는 것도 아니다. 왜냐하면 어려운 일이 아니라고 생각하기 때문이다.

하지만 정작 그 일을 해본 사람의 입장에서는 그게 아니다. 왜냐하면 할 일은 산재해 있는데 뭔가가 계속 복잡한 머릿속을 비집고 들어오기 때문이다. 그렇다고 대충 만들어 던져둘 수도 없다. 나중에 결산을 하거나 검열을 받거나 할 때 근거자료로 활용되기 때문이다. 바쁜 일이 있어도, 비가 오나 눈이 오나, 체육대회를 하든, 워크숍을 하든. 목에 가시가 박힌 듯 그 업무를 담당하는 사람은 한 순간도 자유로울 수 없다.

그러던 어느 날의 기억이다. 선배장교가 갑자기 "너 지금 무슨 일 하냐?"라고 물었다. 그때 나는 한창 POD를 마무리하고 있었고, 그래서 "지금 POD 작성 중입니다."라고 답했다. 돌아온 답은 "POD 만드는 게 무슨 일이야! 빨리 끝내. 내일 있을 훈련 준비는 어떻게 돼가냐?"였다. 틀린 말은 아니라고 생각했지만 한편으로는 참 씁쓸한 감정이 들었다. 참 힘이 빠지는 순간이었다. 이런 일들이 비일비재했다.

최근 휴직을 시작하고 집에서 지내면서 끊임없이 나를 괴롭히는 일들이 있다. 사람이 사는 한 절대 끝날 수 없는 일. 바로 집안일이다. 식사준비, 빨래, 설거지, 청소…. 뭐 이런 것들이다. 언뜻 생각해보면 간단한 일들이다. 시간도 생각보다 그렇게 많이 걸리지 않는다. 하지만 이 일들의 가장 무서운 점은 끝이 없다는 점이다. 그렇다고 집안일을 한다고 누가 노력을 인정해주지도 않는다. 때로는 참 섭섭한 감정이 들 때도 많았다. 하지만 조금만 밀리면 집이 더러워지고 먹고 남은 그릇이나 냄새나는 빨래가 쌓인다. 바로 티가 난다. 한창 놀기 좋아하고 옷도 잘 버리는 아이들이 셋이다. 여름에 접어들자 정말 마법처럼 빨래통이 가득 차 있다. 돈이 저렇게 차오른다면 얼마나 좋을까. 잠시 우스운 생각도 들었다. 이렇게 집안일은 잘하면 현상유지를 할 뿐이지만 못하면 곧바로 드러나고 욕을 먹는다. 딱 집안일이 POD 작성과 같은 종류라고 느껴졌다.

그렇게 휴직을 하고 나서야 아내가 그동안 얼마나 힘들고 괴로웠을지 조금이나마 이해할 수 있게 되었다. 세 아이를 출산하면서 산후조리도 제대로 못했던 아내였다. 하지만 힘들다는 내색도 잘 하지 않고 아기들 똥기저귀 갈아가며, 아프면 업고 병원에 데리고 다니며, 그렇게 키워내면서도 의젓하게 잘 버텨준 아내였다.

나와 같은 직업군인이지만 간호장교인 아내는 때때로 근무지 때문에 나와 떨어져 따로 살기도 했다. 그때는 얼마나 힘에 부쳤을까? 참 미안한 감정이 들었다. 어떤 일이든 직접 겪어보지 못하면 함부로 평가하지 말아야 한다는 생각도 들었다.

자신의 감정조차 함부로 표현하기 힘든 현실

참 가슴 아픈 일들도 많고 서로에게 비수를 꽂는 말도 서슴없이 쏟아내는 각박한 세상이다. 하지만 아프면 아프다고, 힘들면 힘들다고 감정을 표현하는 것조차 마음대로 할 수 없는 것이 현실이다.

각자의 인생에는 많은 것들이 걸려 있고 혼자만의 인생이 아니기 때문이다. 때로는 꿈조차도 무엇인지 모른 채 현실에 얽매여 살아가기도 한다. 내 인생도 마찬가지였다. 앞만 보며 20대를 미친 듯이 달려왔다. 오로지 버티는 데 온 힘을 쏟았다. 잘하고 싶었기 때문이었다.

나는 언제나 불안한 감정과 함께 살았다. 사소한 일이라도 항상 걱정이 앞섰다. 일이 계획한대로 잘 안 풀리면 어떡하지? 내가 실수하면 어떡하지? 갑자기 변수가 생기면 어떡하지? 그래서 항상 준비하고 또 준비했다. 숨이 막힐 것 같을 때도 많았다. 하지만 꾸준히 그것들을 이겨내왔고 또 당연히 이겨내야 한다고 나를 몰아붙였다.

사관학교 때는 어머니께 당당하고 키운 보람이 있는 아들이고 싶어서, 임관 후에는 든든한 가장이고 싶어서 그랬다. 그때는 그럴 수밖에 없다고 생각했었다.

힘들다고 느껴질 때는 잠시 쉬어도 된다

누구나 인생을 살아가면서 참으로 힘든 순간에 직면하곤 한다. 마치 숙명처럼 갖은 시련들은 우리 삶 이곳저곳에 소식도 없이 들이닥친다. 그때마다 도망치는 것은 불가능하다. 하지만 인간은 감정의 동물이다. 그래서 항상 우리 삶 속에는 온갖 감정들이 함께한다. 기쁨, 즐거움, 행복함, 뿌듯함과 같이 듣기만 해도 좋은 감정들도 있다. 하지만 동전의 양면처럼 슬픔, 괴로움, 힘듦, 불안 등 불편한 감정들도 분명히 존재한다.

감정은 자연스러운 삶의 일부다. 하지만 그렇다고 해서 감정을 마음대로 선택할 수 있는 것은 아니다. 일반적으로 우리는 긍정적인 감정은 좋아하지만 부정적이거나 불편한 감정들은 최대한 누르려고 한다. 왜냐하면 업무중심으로 돌아가는 세상 속에서 그런 감정들은 오히려 방해가 되기 때문이다. 하지만 우리가 느끼는 모든 감정은 소중한 것이다. 그리고 어떤 때는 몸의 이상을 알려주기 위한 수단으로 이용되기도 한다.

힘들고 괴롭고 아플 때는 쉴 줄도 알아야 한다. 사람은 기계나 로봇이 아니기 때문이다. 무작정 버티고 '나약해지면 안 돼!'라는 생각으로 나를 가둬버리면 언젠가 감정주머니는 폭발하고 우리 몸도 망가질 수 있다. 나는 우울증을 겪으면서 그것을 여실히 느껴봤기에 잘 안다. 계속된 감정의 신호를 무시하면 안 된다. 그것들을 해결할 필요가 있다.

☂ 지금, 당신의 감정에게 말하기

괜찮아. 괜찮아. 괜찮아.
힘들 때는 조금 쉬어가도 돼.
힘들어서 쉬는 나를 미워하지 마.

06 : 나는 이기적이면 안 되는 줄 알았다

미쳤다고 생각하고 20초만
용기를 내볼 필요도 있어.
그럼 상상도 못한 멋진 일들이 펼쳐질 거야.
– 영화 〈우리는 동물원을 샀다〉

우리는 왜 희생해야 할까?

내 모교인 해군사관학교의 교훈은 3개의 문장으로 구성되어 있다.

'진리를 구하자, 허위를 버리자, 희생하자.'

이 중에서 '진리를 구하자.'와 '허위를 버리자.'는 교훈은 내 마음에 그
리 와닿지 않았다. 고등학교 시절에는 사실 군인이 어떤 일을 하는 직업

인지도 잘 몰랐다. '친구 따라 강남 간다.'는 말처럼 사관학교에 관심이 있었던 친구를 따라 우연히 사관학교 시험에 응시했을 뿐이었다. 운 좋게도 합격소식이 들려왔다.

부모님의 불화를 겪으며 독립하고 싶은 마음이 강했던 시기였다. 그래서 나는 의식주가 모두 제공되고 등록금 한 푼 내지 않아도 된다는 사실에 이끌려 입교를 결정한, 동기가 불순한 청년에 불과했다. 그런 내게 '진리를 구한다.'는 말은 아무런 의미가 없었다. 실제로도 내게 있어 생도 생활은 모순덩어리라는 느낌이 강했기 때문이었다.

'허위를 버리자.'는 말도 내게는 불편하게 들렸다. 당시에 나는 항상 "괜찮습니다. 알겠습니다."와 같이 마음에도 없는 말들과 함께 살았기 때문이었다. 일상 자체가 거짓이었는데 내가 무슨 '허위를 버릴' 수 있을까 생각할 뿐이었다. 하지만 '희생'의 숭고한 의미는 나름대로 가슴에 심고자 노력했다. 이상하게도 그 말만은 마음속에 와닿았다.

우리는 이기적이면 안 되는 것일까?

나는 어릴 때부터 다른 사람과 갈등이 일어나는 상황을 싫어했다. 보통 남자아이들은 성장과정에서 다툼을 많이 겪는다. 하지만 나는 다른 친구들과 싸운 적이 거의 없다. 딱 한 번 고등학교 때 친구와 싸운 일이 있을 정도다. 나는 다른 사람과 의견 차이가 있거나 다툼이 있을 때면 웬만하면 내 의견을 내려놓고 양보하는 쪽을 택했다. 사이가 불편해지는 것이 싫었기 때문이었다.

그것은 결혼생활에서도 마찬가지였다. 아내는 나와는 정반대의 성향을 지녔다. 아내는 무척 기가 세고 자존심도 강한 편이다. 서슴없이 자신의 의견을 피력하고 반대되는 의견에는 적극적으로 항변한다. 무엇보다도 자신이 원하는 대로 주도적으로 일을 이끌어가려는 성격이다. 아마 내가 같은 성격이었다면 아내와 다툼이 끊이지 않았을 것이다. 연애하는 과정에서 이미 헤어졌을지도 모른다.

지금도 나는 다른 사람에게 양보를 잘하는 편이다. 타인을 누르고 올라가려는 경쟁심도 크게는 없다. 내게 있어 경쟁상대는 온전히 나 자신이기 때문이었다. 그런 나의 성향과 '희생'이라는 가치가 어느 정도 매치가 되었던 것 같다. 희생한다는 것은 '이타적인 행동'을 하는 것과 일맥상통한다고 생각했기 때문이었다. 누가 들으면 웃을지도 모르지만 임관 후 실제로 나는 유서를 써서 가슴 안주머니에 넣고 다니곤 했었다. 그것은 유약하고 겁이 많은 성격을 극복하기 위해서 스스로에게 거는 주문과도 같은 것이었다.

사관학교를 졸업할 때 나의 등수는 전체 160여 명 중 절반인 80등이었다. 1학년 기간 중 절반을 환자로 보낸 결과 나의 성적은 시작부터 완전히 바닥이었다. 그 이후에 3년간 성적을 올리려고 노력해봤지만 절반 이상은 올라갈 수 없었다. 나름대로 성과는 있었지만, 결과적으로는 참 애매한 등수였다.

장교는 진급에 성공하지 못하면 전역해야만 한다. 그래서 자칫하면 40대 중반이라는 참으로 아슬아슬한 시기에 직장을 잃게 된다. 군인들은 통상 20대 후반에서 30살 즈음에 결혼하고 아이를 갖는다. 바깥 사회의 결혼연령은 그보다 조금 더 높은 추세다. 어쨌든 자칫하면 자녀들이 딱 중학생이나 고등학생쯤 되었을 때 직장을 잃을 수도 있다.

그래서 장교들 사이에서는 우스갯소리로 이런 말도 한다. '장교는 중령 진급에 성공하면 비로소 정규직이 된다.'는 말이다. 중령의 정년이 53세이기 때문이다. 그 나이쯤 되면 대부분의 경우 자식들을 대학교 졸업 정도는 시킬 수 있기에 생겨난 말이다. 우습기도 하지만 한편으로는 참 슬픈 현실이기도 하다.

어쨌든 나는 기왕 시작한 군생활이면 잘하고 싶었다. 나름대로 성과도 거두고 의미 있는 삶을 살고 싶었다. 그래서 장교로 임관한 후 처음으로 받는 교육과정인 '초군반'에서 열심히 노력했고 결과는 150여 명 중 18등이었다. 참 기쁘고 내 스스로가 자랑스러웠다.

고속정 부장을 마치고 나는 잠수함 승조원으로 지원했다. 또 다시 새로운 도전이었다. 당시 내 모토는 '험로생로'였다. 험한 길처럼 보이지만 그 안에 살길이 숨어 있다는 의미의 사자성어였다. 하지만 내가 그 모토를 정한 배경은 따로 있었다. 너무나 겁이 많았던 나를 바꿔보기 위함이기도 했다. 하지만 결정적인 이유는 사관학교 시절을 버텨내기 위한 어떤 나만의 주문이었다. 하루에 10번씩 잠들기 전에 주문처럼 외우던 말이었다. '지금의 어려움이 결국 나를 살릴 것이다!'라고 말이다.

잠수함을 선택한 것도 그 모토대로 살기 위함이었다. 내가 잠수함에 지원한다고 했을 때 함께 근무하던 많은 선배장교들이 입을 모아 나를 말렸다. 지금 되돌아보면 그 말을 들었어야 했던가 하는 생각도 든다. 하지만 그때의 나는 나름대로 성격 개조가 되어 겁이 많이 줄어들었다고 생각하던 시기였다. 정말 너무나도 고통스러웠던 사관학교에서의 생활을 버텨냈다는 자신감 때문이었다. '내가 무엇을 하지 못할까!' 하는 오만한 감정에 빠져 있던 시기이기도 했다. 잠수함 승조원이 되기 위해서는 우선 '잠수함 기본과정'이라는 교육을 6개월 가까이 들어야 한다. 나는 20명 정도 되는 잠수함 동기들 중 2등으로 교육을 수료했다. 나름 마음에 드는 숫자였다. 뿌듯한 감정도 느꼈다.

솔직하지 못한 내가 만들어낸 스트레스

잠수함은 40명 정도의 사람이 매우 좁은 공간에서 생활한다. 때로는 개인 침대조차 없는 경우도 있다. 휴식공간은 당연히 모두가 공유한다.

별도로 분리된 공간은 함장실이 유일하다. 하지만 그마저도 책상과 침대가 전부인 1평 남짓한 공간일 뿐이다. 그만큼 거주환경이 열악하다. 좁은 공간에서 모든 일과가 이루어진다. 때문에 서로 간의 이해와 배려는 필수적인 요소다.

프린터를 설치할 공간도 없어 식사하는 사람들 사이를 비집고 들어가야 하는 경우도 많았다. 은밀성이 생명이기에 소리도 최대한 죽이고 지낸다. 그런 환경에서 나는 남에게 피해주지 않고 살기 위해 많은 노력을 했다. 더불어 의식적으로 '나는 이기적이면 안 돼.'라고 항상 생각했다.

이처럼 나는 '이기적이면 안 돼.'라고 생각하며 의식적으로 내 생각과 감정들을 조작해왔다. 하지만 사실 나는 내면의 자아가 무척 강한 사람이었다. 남들에게 양보하면서도 사실은 '내가 맞아.'라고 생각했다. 잠수함에서도 의무감 때문에 이타적으로 행동하려고 노력했을 뿐 실상 내면은 그렇지 않았다. 그냥 남을 의식해서 그렇게 행동했을 뿐이었다. 집에서도 마찬가지였다. 아내와 갈등을 일으키기 싫어서 의도적으로 양보하는 '척' 했을 뿐이었다.

그래서 한편으로 내 감정주머니 속에는 '힘들고 괴롭고 불편한' 부정적 감정들이 쌓여만 갔다. 차라리 집에서는 한 번씩 아내와 맥주 한 잔 하면서 털어놓기라도 했다. 하지만 부대에서는 그럴 수 없었다. 나에게 직장

동료나 상급자들은 학습된 의미의 '적'이었다. 솔직한 나 자신을 드러내서는 안 되는 존재로 여겼다. 만일 내가 나를 드러냈다가는 상처를 입게 될 거라는 두려움 때문이었다.

이러한 감정과 행동 사이의 괴리감은 지속적으로 내 삶에 스트레스를 발생시켰다. 정신적으로도 점점 피폐해져갔다. 언제 터질지 모르는 감정 주머니를 부여잡은 채 악순환이 계속되고 있었다. 언제 갑작스러운 하강 곡선을 타고 바닥을 칠지 모르는 일이었다.

 지금, 당신의 감정에게 말하기

세상 그 무엇보다 아름답고 찬란한 나를 사랑하자.
나는 절대 평범하지 않다.
나는 내가 사랑하는 만큼 더 위대해진다.

07 : 늘 가까운 사람에게서 상처 받는다

내게도 물론 불안정하고 약한 부분이 있다.
하지만 나는 그 점을 꺼내서 지적하는 사람과
굳이 어울리지 않는다.
— 아델(영국의 가수)

가까운 사람에게 받은 상처는 더 크게 남는다

관계는 필연적으로 갈등을 유발한다. 그래서 우리는 인생을 살아가면서 마음에 많은 생채기가 생긴다. 대부분은 시간이 지나면서 딱지가 생기고 아문다. 하지만 어떤 경우에는 다 낫기도 전에 또 상처를 입어서 치료되는 데 한참이 걸리고 덧나기도 한다. 그런 상처는 흉터도 크게 남는다. 바로 가까운 사람에게서 받는 상처다. 그것은 가족이 될 수도 있고 직장에서는 오랜 시간 같이 근무하는 동료나 후배, 상급자가 될 수도 있다.

모 부대에서 근무할 때의 일이다. 내가 근무했던 부대는 인력이 많이 부족한 편이었다. 다른 부대에서는 여러 명이 나누어서 하는 일도 혼자서 해야 하는 경우가 많았다. 그와 같은 상황이었다. 거의 동일한 업무를 하는 부대였지만 이전의 근무지에서는 5명이 나누어서 했던 일을 새로 옮긴 부서에서는 나 혼자서 해야 했다. 당연히 업무 부하가 상당했다.

함께 사무실에서 근무하는 장교는 나, 그리고 나와 10년 정도 연차 차이가 나는 선배 장교, 단 2명이었다. 그래서 그 상급자와 하루에 수십 번도 더 마주쳐야 했다. 그를 거쳐서 모든 업무를 보고해야 했기 때문이었다. 당연히 상급자와의 관계는 대단히 중요했다. 하지만 당시의 나는 삶의 에너지가 많이 고갈되어가던 시기였다. 나름대로 노력해봤지만 상급자의 눈높이를 충족시킬 수 없었다.

그럼에도 불구하고 그 해 내가 근무한 부서는 작전사령부에서 최우수 부대로 뽑혔다. 하지만 역설적으로 나는 그해에 중증 우울증 진단을 받았다. 최우수 부대로 뽑혔다는 것은 그만큼 업무 성과가 많았다는 것을 의미한다. 당연히 나는 끊임없이 많은 업무를 처리해야 했다. 하지만 보람은 전혀 느끼지 못하는 생활이었다.

해군은 육군에 비해 병력수가 무척 작다. 장교의 수는 8백 명 남짓 된다. 그중에서도 내가 근무했던 부대는 소속된 장교의 숫자가 정말 적은 편에 속했다. 조금만 관심을 가지면 누가 누구인지 다 알 수 있을 정도였다.

숫자가 얼마 되지 않는 만큼 같은 사람과 다시 근무할 가능성이 높았다. 그래서 친밀하고 좋은 관계가 강하게 형성될 수 있다는 장점도 있었다. 하지만 그에 대한 반작용 또한 존재했다. 한 번 선배와 틀어지거나 나쁘게 평가를 받으면 그 여파는 엄청나다는 것이었다. 왜냐하면 나쁜 소문 또한 순식간에 퍼지기 때문이었다.

그래서 선배와의 관계는 친근해 보이면서도 한편으로는 살벌했다. 그리고 시키는 일은 어떻게 해서든 최대한 수용해야만 했다. 하지만 당시에 나는 이미 다년간 쌓아온 스트레스와 정신적, 육체적 피로로 정상적인 상태가 아니었다. 점점 더 나는 지쳐갔고 선배는 선전포고를 했다.

"두 달을 주겠다. 그때까지 따라오지 못하면 넌 내게서 영원히 아웃이다."

당시 나는 아이가 셋 딸린 가장이었다. 그리고 나름대로 철저하게 업무를 처리해서 선배들의 평가도 나쁜 편은 아니었다. 목표했던 부대에서 커리어도 잘 쌓아가고 있는 중이었다. 그동안 쌓아온 것이 아까워서라도 나는 포기할 수가 없었다. 그래서 따라가려고 무진장 애를 썼다.

하지만 돌아오는 것은 부정적인 피드백들뿐이었다.

"네가 만들어오는 것은 죄다 이상해. 도대체 네가 하는 말은 이해가 안 돼. 너는 고급장교야. 이래가지고 군생활 할 수 있겠냐."

점점 나는 지쳐갔다. 회복탄력성이 무척 떨어져서 사소한 말들에도 쉽게 흔들리고 삶의 의욕이 바닥으로 떨어지기 시작했다. 지난 군생활들의 의미와 가치를 모두 잃어갔다. 더불어 나의 소중했던 20대의 자유와 열정을 모두 바쳐 근무해온 군대에서 버림받고 말 것이라는 부정적인 각인이 아로새겨졌다.

부정적 피드백들은 반드시 떨쳐버려야 한다

나는 그 이전에 근무했던 부대에서부터 이미 군복무에 대한 많은 허무한 감정을 느끼고 있었다. 스스로의 정신적인 자세도 문제였다. 하지만 그와 더불어 정해진 업무가 크게 비중이 없다는 게 더 문제였다. 어느 순간부터 갑자기 내가 수행해야 할 본 업무와 전혀 관계없는 업무들이 떨어지기 시작했다.

누가 해도 관계없지만 누군가 해주면 좋은 업무들이었다. 예를 들면 부두에 등화가 설치된 형태를 조사하는 것이나, 정박해 있는 배가 떠내려가지 말라고 묶어두는 줄인 홋줄 갯수를 조사한다든가 하는 것들 등. 당시 내가 맡고 있던 분야와는 아무런 상관이 없는 일들을 반복하면서 점점 더 내가 하는 일에 대한 가치를 잃어 갔다.

그런 상황이 반복되자 내 마음속에는 나의 가치를 부정하는 생각들이 자꾸 생겨났다. 부정적인 생각들은 나 스스로를 잉여 인간으로 여기도록 유도했다. 어느 순간부터 나는 '내가 도대체 이곳에서 무엇을 하고 있는 걸까? 지금 이 자리에 왜 앉아 있는 거지?' 라는 생각을 자주 하게 되었다. 그때부터 나는 최대한 '쓸데없는 업무'를 부여받지 않기 위해 무던히 애를 썼다. 당연히 현실 도피적인 성향이 늘어났다.

업무에 대한 열정도 많이 식어갔다. 아무런 보람이 느껴지지 않았기 때문이었다. 왜 하는지도 모르는 일에 시간을 들여 하는 것만큼 의미 없는 일이 또 있을까? 하고 있는 일에 가치를 느끼지 못하자 감정들은 점점 더 메말라갔다. 그렇게 1년 정도를 지내다가 옮긴 새로운 부대는 사실 많이 버거웠다. 물론 나는 힘들다는 말은 하지 않았다. 솔직하게 말하지 않는 게 습관이 되었다.

나에게 쏟아졌던 부정적인 피드백들은 그야말로 스스로 호흡하지 못하는 환자에게서 산소호흡기를 떼어내는 것과도 같았다. 그만큼 치명적이었다. 그러던 어느 날 나는 출근 중에 쓰러지고 말았다. 처음에는 계단에서 넘어지면서 뇌진탕을 일으킨 줄 알았다. 하지만 CT 촬영을 하고 나중에 MRI 촬영까지 해봤지만 머리에는 아무런 이상이 없었다.

그 이후로 불안과 공포, 그리고 무력감이 엄청나게 커졌다. 한 줌 기력조차 없다고 느껴질 때도 많았다. 아무 일도 손에 잡히지 않았고 전화벨 소리에도 깜짝 놀라곤 했다. 온갖 감정이 뒤섞여 어쩌지 못했고 모든 것에 너무나 예민해졌다. 하지만 그 상황에서도 나는 그 감정들을 누르려고만 했다. 그리고 부여되는 업무를 원만하게 처리해내지 못하는 내 스스로에게 화를 냈다. 내 자신에게 부정적 감정들을 마구 쏟아냈다.

상급자로부터의 질책과 원망 섞인 지적은 계속되었다. 최우수 부대로 선정될 만큼 업무도 많고 바쁜 부대였기 때문이다. 내가 제대로 처리해내지 못하는 업무는 고스란히 그 상급자에게 쏟아졌다. 당연히 나에 대한 이미지가 좋을 리 없었다. 하지만 당시의 나는 무표정한 얼굴로 "죄송합니다."를 연발할 수밖에 없었다. 사무실에는 증오 섞인 큰소리들이 울릴 뿐이었다.

그러던 어느 날, 부대 상담관과 이야기를 할 수 있는 자리가 생겼다. 나는 그 자리에서 한 시간이 넘도록 엉엉 울었다고 한다. 지금은 그때 무슨 이야기를 했는지조차 기억나지 않는다. 부끄러울 정도로 눈물을 펑펑 쏟았다는 기억만이 남아있을 뿐이다. 몇 가지 검사를 받은 이후 나는 정신과 군의관에게 진료를 받았다. 그리고 중증 우울증 진단을 받았다.

근무하던 부서에 진료 결과를 제출하고 며칠간 휴가를 내고 쉬었다. 하지만 쉬는 동안 증상은 전혀 나아지지 않았다. 오히려 달력에서 다시 돌아갈 날짜만 곱씹으며 불안만 증폭되어 갔다. 결국 다시 출근하는 날이 돌아왔지만 상황은 전혀 변하지 않았다. 그때는 누가 내게 뭐라고 하는지는 중요하지 않았다. 그런 것과는 아무 상관없이 너무나 괴로웠다.

출근과 휴가를 몇 번 반복한 후 나는 한 달 정도 병가를 낼 수밖에 없었다. 당장은 답이 없었기 때문이었다. 병가기간 동안 운동과 약물치료, 상담치료를 받았다. 조금 나아지는 듯했다. 다시 복귀했을 때는 조금 불편해도 버틸 수 있는 정도였다. 하지만 힘든 순간은 계속해서 찾아왔다. 그때는 왜 이렇게 같은 과정이 반복되는지 알지 못했다. 다만 이대로는 영원히 벗어나지 못할 것 같다는 절망감만 증폭되어갔다. 물론 지금은 그 이유를 안다. 근본적인 원인은 모르고 현상만 알아나갔기 때문이었다.

생각해보면 부대장 입장에서는 참으로 피곤한 부하였을 것이다. 그래도 참 감사한 점은 쓸모없어졌다고 포기하지는 않았다는 점이다. 내가 병가를 낼 수 있도록 도와주셨고 그 덕에 한 달 반 정도 쉰 후 약물에 힘입어 가까스로 다시 출근해 업무를 할 수 있었다. 그렇게 아슬아슬한 나의 군생활의 끈은 끊어지지 않을 수 있었다.

우리는 가까운 사람에게 상처 받는 경우가 더 많다. 안타깝게도 그 상처들은 스스로 만들어낸 경우가 많다. 내가 더 열심히 하고 그 사람에게 최선을 다했다고 하더라도 정작 그 사람은 몰라줄 가능성이 더 높다. 보는 세계가 다르고 시선이 흐르는 방향이 다르기 때문이다. 그리고 힘들다면 그것을 표현하고 이야기를 나눠야 한다. 말하지 않으면 상대방은 내가 상처 받는다는 사실 조차도 모르는 경우가 대부분이다. 나중에 곪아 터져서 이야기해봐야 서로 피해자만 될 뿐이다.

☂ 지금, 당신의 감정에게 말하기

나쁜 기억들은 모두 밀어내자.

넘치고 넘치는 행복한 일들로 완전히 덮어버리자.

내 인생의 99.9%는 행복한 일뿐이다.

1%의 나쁜 기억들 따위 우주 끝까지 사라져버려!

2장

내 마음속 '가짜 감정'의 정체 알기

01 : 도대체 이 감정은 어디에서 왔을까?

02 : 내 안에는 가짜 감정이 너무 많다

03 : 나만 특별히 불행하다는 착각에서 벗어나라

04 : 스스로를 감정의 주인이라고 여기지 마라

05 : 나쁜 감정과 적당한 거리를 두라

06 : 쉽게 가라앉지 않는 감정을 적어보라

07 : 무슨 일이든 절대 남 탓하지 마라

08 : 무조건 참기만 하면 언젠가는 터진다

마음의 평온과 행복을 찾는다면
누군가 당신을 질투할 수도 있다.
그래도 행복하게 살아가라.
– 테레사(수녀)

01 : 도대체 이 감정은 어디에서 왔을까?

감정은 무한한 것인지도 모른다.
감정을 표현하면 할수록
더 많이 표현해야 할 것이다.
- E.M 포스터(영국의 소설가)

우리의 기억은 부정적인 감정에 더 민감하다

우리의 뇌는 부정적 감정이나 기억을 각인하는 회로가 잘 구성되어 있다. 이는 과거부터 진화해오면서 위험을 벗어나기 위한 일종의 장치로 작용해왔다. 누군가 숲에 가서 짐승에게 잡아먹혔다면 그 사실을 기억함으로써 또다시 숲에 가는 일을 조심하거나 다른 대책을 세우도록 하기 위함이었다. 과거에는 이런 장치들이 생존에 필수적이었을 것이다. 하지만 지금의 인간은 그런 생존의 위협에서 많이 벗어났다. 그래서 때로는 그런 뇌 구조가 오히려 감정을 만들어내는 방식에 악영향을 주기도 한다.

나의 아버지에 대한 기억은 대체로 부정적인 것들이다. 나는 19살 되던 해에 사관학교에 입교했다. 입교 전에 학교 앞 소고기집에서 식사를 한 것이 아버지와의 마지막 기억이다. 그게 2003년 1월이었으니 벌써 15년 전 일이 되었다.

그 후 나는 사관학교에서 몸서리치듯 힘든 생활을 보냈고 임관 후에는 앞만 보며 20대를 달려갔다. 그 사이 아버지는 어머니와 헤어져 다른 가정을 꾸려서 나가셨다. 어머니와 불화가 있으셨던 것이다. 그것이 나에게는 많은 상처가 되었다. 우리 식구를 버리고 떠난 것에 대한 배신감을 느꼈다. 그래서 아버지를 향한 마음의 문을 닫았고 연락 한 번 드리지 않았다.

더불어 모든 친가 친척들과도 연락을 끊었다. 전화번호도 지워버렸고 이후에는 알려고 하지도 않았다. 아버지가 우리를 배신한 것이라고 생각했기 때문이다. 아마 그 이후부터인 것 같다. 아버지와의 어린 시절 추억들이 깡그리 기억에서 사라져버린 것은 말이다.

부모가 되고 나서도 나는 잘 알지 못했다. 아니, 깨닫지 못했다. 눈먼 어린아이였기 때문이다. 내가 아이들을 키우고 보살핀 만큼, 가장으로서 애태운 만큼, 아버지도 얼마나 나를 끔찍이 아끼며 키우셨을지 말이다. 30대 중반이 되었어도 나는 나만 아는 외톨이에 불과했다.

우울증을 겪으면서 내 인생을 많이 돌아보게 되었다. 하나씩 하나씩 아프다고 착각했던 기억들도 꺼내봤다. 그랬더니 놀라운 사실을 알게 되었다. 아버지와는 나쁜 기억만 남아 있다고 생각했는데 그게 아니었던 것이다.

사실 혼자 남겨진 어머니가 너무 신경 쓰이고 외로워보였다. 그래서 아버지를 원망했고, 아버지를 나쁜 사람으로 만들어서 기억의 색깔을 바꿔버린 것이었다. 분명히 잘해주신 것이 훨씬 많았을 텐데······.

수없이 고민하다가 어느 날 어머니께 쑥스러운 듯 물어봤다.

"혹시 아버지 전화번호 알고 계세요?"

사실 그 말을 꺼내기까지 많은 걱정을 했다. 괜히 어머니의 아픈 상처를 건드릴까 겁이 났다. 하지만 생각 외로 어머니는 흔쾌히 전화번호를 알려주셨다. 알고 보니 동생 수현이는 간혹 아버지와 연락을 주고받곤 했던 것이다. 그리고 어머니도 오히려 내가 아버지께 연락하려는 것을 반기는 눈치였다. 그동안 내가 아버지와 아예 연을 끊고 지내는 것이 조금은 마음에 걸리셨던 모양이었다. '그래도 키워준 정이 있는데······.' 이런 생각 때문이었다.

사실 나는 할아버지 장례식도 가지 않았다. 그때도 어머니는 나에게 넌 지시 할아버지의 부고 소식을 알려주셨다. 하지만 나는 단호히 가지 않겠다고 했었다. 그때는 그게 당연하다고 생각했다. 아버지가 우리를 떠나면서 친가와의 모든 연도 끊어진 것이라고 생각했기 때문이었다.

나는 친가에서는 장손이었다. 과거에는 한 번도 그런 사실이 중요하다고 생각하지 않았다. 오히려 어릴 때는 부담스럽기만 했다. 차례나 제사를 지낼 때 잘 알지도 못하는 온갖 곳에 따라다녀야 했기 때문이었다.

하지만 장손인 만큼 어린 시절에 나는 친가에서 끔찍이 많은 사랑을 받았다. 특히 친가에는 아이들이 많이 없었기 때문에 더 그랬다. 나와 나보다 몇 살 어린 사촌 여동생 이렇게 딱 2명밖에 없었다. 그래서 더 예쁨 받으며 자랐다. 나는 단순한 사건 하나로 그런 사랑들을 완전히 지워버리는 실수를 저질렀다. 그리고 유년시절을 단지 불행했던 기억으로만 치부해버렸다. 온통 회색으로 채색해버렸던 것이다.

좋은 기억 역시 우리 가슴 속에 남아 있다

어머니께 아버지의 전화번호는 받았지만 쉽사리 전화를 걸지 못했다. 30분 가까이 전화기에 번호를 입력한 채로 통화버튼에 누르지 못했다. 이런 생각이 들었다. '혹시 싫어하시면 어떻게 하지?' 우습게도 나는 그렇게 냉정하게 아버지를 밀어내고 살아왔으면서 정작 아버지는 내가 미워지지 않았을까 걱정했다.

고민 끝에 통화버튼을 눌렀다. 통화음이 가는 짧은 시간이 10년처럼 느껴졌다. 그렇게 15년의 시간을 건너뛰어 아버지와 통화를 했다.

"아버지, 저 우형이에요."
"누구시라고요?"

처음에는 목소리가 너무 낯설어서 서로 알아보지 못했다. 나도 아버지의 목소리가 너무 낯설어서 혹시 전화번호를 잘못 눌렀나 하고 조심스레 물어볼 수밖에 없었다.

"혹시 전상식 씨 핸드폰 아닌가요?"
"맞습니다."

그때서야 나는 다시 말을 이을 수 있었다.

"아버지, 저 우형이에요."
"…."

잠시 침묵이 이어졌다.

"우형아… 정말 너냐?"

"네. 저예요. 아버지. 그동안 잘 지내셨어요?"

"그래, 나는 잘 있다. 너는 잘 지냈냐?"

"네. 저는 괜찮아요……."

한번 대화의 물꼬가 트이자 아버지와 나는 궁금한 것들을 서로 물어보며 한참 동안 이야기를 나눴다. 계급은 뭐냐. 어디에 살고 있냐. 애기들은 잘 크냐. 이런 사소한 이야기들이 이어졌다.

"아버지, 그동안 연락 한번 드리지 않아서 죄송해요."

나는 마음에 있는 이야기를 꺼내기 시작했다. 아버지도 차분한 목소리로 말하셨다.

"내가 너희에게 죄인이지. 미안하다. 그동안 네가 많이 보고 싶었단다. 전화도 해보고 싶었지만 네가 만나기 싫어한다면서 번호도 알려주지 않더구나."

그렇게 안타까운 마음을 털어놓으셨다. 죄송한 마음에 눈물이 핑 돌았다. 아버지의 목소리는 많이 약해져 있었다. 어릴 때는 그렇게 슈퍼맨 같던 아버지였는데…. 아버지는 할아버지가 돌아가셨다는 소식을 전했고,

할머니는 살아 계시다고 하셨다. 여기서 그리 멀지 않은 곳에 살고 계시다는 것을 알게 되었다.

"할머니가 너를 많이 보고 싶어 하셨단다. 전화 한 번 드리렴. 조만간 얼굴 한 번 보자꾸나."

그러곤 전화를 끊으셨다. 통화 후에 할머니께도 연락을 드렸다. 할머니도 너무 반가워하셨다. 나는 많이 후회스러운 감정에 빠졌다. 갑자기 지나온 과거들이 스쳐지나갔다. 명절이면 모여서 밤을 깎던 삼촌들, 오롯이 모여 한 상에서 밥을 먹던 기억들, 손주라고 항상 반겨주셨던 할아버지와 할머니, 여린 내게 힘이 되어주셨던 아버지와의 기억들까지. 한쪽 구석에 밀어두었던 추억들이 봇물 터지듯 솟아났다. 보물과 같이 귀중한 추억들이었다.

어쨌든 감정은 생기는 것이 정상이다

감정은 숨기려 해도 숨길 수 없는 자연스러운 삶의 파편이다. 하지만 나는 아버지에 대한 그릇된 배신감을 바탕으로 분노라는 감정을 만들어왔다. 조작되고 왜곡된 '가짜' 감정이었다. 사람은 단순하기도 해서 사실관계야 어떻든 한 번 그렇게 정하고 반복하다 보면 감정주머니가 분노로 가득 차고 만다.

감정은 항상 우리 인생과 함께한다는 것을 다시 한 번 느낀다. 나도 아이들에게 상처 받고 때론 상처를 주곤 한다. 분명히 내가 어릴 때도 아버지께 똑같은 행동을 했을 것이다. 행복했을 때도, 힘들고 괴로울 때도 있었을 것이다. 그래도 묵묵히 가족을 위해 헌신하셨을 아버지. 내가 가장 10년 차에 접어들어서야 미약하게나마 그것을 느끼게 되었다.

"감사합니다. 사랑합니다. 아버지."

☂ **지금, 당신의 감정에게 말하기**

내가 행복한 일을 보고 싶어 하는 순간
이미 내 삶은 행복한 일들로 가득 차 있다.
행복하고 행복하고 또 행복하자.

02 : 내 안에는 가짜 감정이 너무 많다

위기는 기회이며,
벼랑 끝에 선 자가 가장 강한 법이다.
− 이지성, 『꿈꾸는 다락방』

감정이란 무엇일까? 국어사전에는 '어떤 현상이나 일에 대하여 일어나는 마음이나 느끼는 기분.'이라고 정의되어 있다. 어떤 현상이나 일이라 함은 일상 속에서 겪는 여러 가지 사건들을 총칭하는 의미로 볼 수 있다. 그에 대해 일어나는 마음, 느낌, 기분…. 한마디로 감정은 그냥 우리가 살아가면서 겪는 심리적 변화의 총집합이라고도 할 수 있겠다.

오랜만에 어머니와 함께 식사를 할 기회가 있었다. 그리 멀지 않은 곳에 사시는데도 이런 저런 핑계로 자주 찾아뵙지 못했다. 마침 첫째 아이를 데리고 안과에 가야 했는데 병원 위치가 어머니 집과 가까워서 전화를 드렸다. 다행히 병원 예약 시간과 어머니가 학교일을 마치고 돌아오시는 시간이 맞아 만날 수 있었다.

날씨가 많이 더워진 초여름이었다. 그래서 그런지 어머니는 땀에 절어 계셨고 더 작아 보였다. 청소 일이 힘에 부치셨기 때문일 것이다. 학교를 오갈 때도 버스와 전철을 타고 40분 가까이 이동하셔야 했다. 땀에 절어 계신 모습을 보는 순간 나는 말문이 막히고 가슴이 저려왔다. 하지만 이내 마음을 다잡고 빙긋 웃음을 지었다.

잠깐이지만 어머니와 함께 식사를 하며 여러 이야기를 나눴다. 항상 부모님과 이야기를 하다 보면 화젯거리는 대부분 나의 어릴 적 이야기들이다. 그만큼 부모님에게는 자식이 삶의 큰 부분을 차지한다는 사실을 다시 한 번 느꼈다.

나는 자라면서 부모님 속을 크게 썩이지 않는 '착한' 아이였다. 호흡기가 약해서 사흘마다 감기에 걸렸고, 장난감을 너무나 좋아해서 장난감 코너를 떠나지 않는 것이 부모님의 애로사항일 뿐이었다. 성격 좋고 착실하신 어머니의 지도를 따라 학습지를 꾸준히 했고 미술학원, 피아노학원, 태권도학원도 빠짐없이 다녔다. 중학생 초반까지도 내게 가장 유능한 선생님은 어머님이었다. 그만큼 어머님은 쉽고 간단하게 많은 문제들을 해결해주셨다.

유일하게 크게 혼났던 날은 어머니 몰래 학원을 빼먹고 오락실을 갔던 날이었다. 나는 학원을 빼먹고 너무나 겁이 났던 모양이다. 어머니가 오실 때까지 집에서 우두커니 먼저 손을 들고 벌을 서고 있었다. 중학교, 고등학교를 지나오면서도 흔히 말하는 '비행청소년'과는 거리가 멀었다. 그저 노래를 부르는 것을 좋아해서 가끔 자율학습을 빼먹고 노래방을 몇 번 갔을 뿐이었다. 축구를 좋아해서 쉬는 시간이면 실내화를 신고 축구를 하기도 했다. 학교 선생님께도 혼난 적은 거의 없었다. 성적도 좋았고 친구들과도 편하게 지냈다. 나는 착한 아이였다.

착한 아이가 되고 싶은 욕망이 숨기고 있는 함정

'착한 아이 콤플렉스'라는 것이 있다. 자신의 감정을 솔직하게 표현하지 못하고 타인의 마음에 들기 위해 자신의 소망과 욕구를 누르고 착한 아이를 연기하는 것을 말한다. 어릴 때 부모는 아이들에게 전부나 다름없다. 부모에게 버려질까 불안한 마음에 자기도 모르게 착한 아이를 연기하게 되는 현상이다.

이것은 마치 생존을 위한 투쟁과도 같다. 그래서 '착한 아이 콤플렉스'는 어른이 될 때까지 이어져 삶의 태도에 많은 영향을 미친다. 대인관계에서 스트레스를 유발하는 원인으로 작용하기도 한다.

유난히 겁이 많았던 나는 세상이 두려운 것 투성이였다. 학교에 가는 것도 두렵고, 고속버스를 타는 것도 두렵고, 문구점 가는 것도 두려웠다. 중학생 때까지도 혼자서 버스를 골라 타고 친척집에도 못가는 어리광쟁이였다. 사고 싶은 것이 있어도 점원에게 질문하는 일조차 어려웠다. 그래서 항상 부모님께 의존해서 살았다.

생각해보면 나 역시 '착한 아이 콤플렉스'에서 자유롭지 못했다. 고민이 있으면 부모님께 응석을 부리기보다 혼자 침대에서 끙끙 앓는 날이 많았다. 남몰래 눈물 흘리며 삭힐 때도 많았다. 솔직하지 못했기 때문이다. 가능하면 부모님께도 나의 약한 모습을 들키지 않으려 노력했다. 걱정스러운 아들이 되기 싫었고, 칭찬받기 위해서였다. 어린 시절은 물론 성인이 되고 직장생활을 시작해서도 많은 부분에서 그런 성향이 이어졌다. 오히려 사관학교 생활 동안 '착한 아이 콤플렉스'는 일종의 강화가 이루어졌다. 살기 위해서 더 '착한 사람'을 연기하게 된 것이다.

우습지만 사실 지금도 치킨집에 전화를 걸어 주문하는 것조차 그리 달가워하진 않는다. 음식점에 가도 종업원을 부르는 일이 그리 편하지 않다. 그냥 아내에게 주문하라고 이야기하고 말아버린다. 사람의 기본적인 기질 자체는 쉽게 바뀌지 않기 때문이다.

자신이 느끼는 것과 다르게 표현해야만 하는 것. 통상 '감정노동'이라고 부른다. 감정은 우리에게 항상 영향을 미치는데 그 감정을 속이는 것은 많은 피로감을 유발한다. 최근 감정노동자들의 괴로움을 다루는 기사들이 참 많다. 대표적으로 사람을 대하는 것이 주업인 영업사원, 판매직, 서비스업 등에 종사하는 사람들이다.

하지만 꼭 이런 사람들만 감정노동에 시달리는 것은 아니다. 거의 모든 직장인들은 감정노동을 하고 있다. 그것은 바로 자신이 좋아하지 않는 일을 하기 때문이다. 그리고 좋아하지 않는 사람과 일하기 있기 때문이기도 하다. 하지만 이런 현실은 자신이 원한다고 해서 바뀌지 않는다. 그래서 편하지 않더라도 꾹 누르고 버텨내야만 하는 것이 요즘 직장인들의 현실이다. '어렵게 입사한 회사인데, 어떻게 버텨온 직장인데, 당장 내일 먹고 살 걱정이 앞서는데……' 이런 이유들로 감정을 누를 수밖에 없다.

그러니 겉으로 내뱉는 말과 마음속에 떠오르는 감정들이 서로 부딪혀 상처가 되고 스트레스만 쌓여간다. 거짓으로 웃음을 만들고, 마음에 없는 말과 행동을 하는 동안 '내가 이렇게 살아야 하나? 무엇을 위해서 이러고 있을까?' 하는 생각들만 계속 맴돈다. 하지만 그곳을 박차고 나올 용기도 기력도 없다. 가짜 감정들과 싸우느라 지쳐버렸기 때문이다. 다시 처음으로 돌아가는 것도 두렵고 다시 성공하리라는 확신도 없다. 이래서야 아픈 가슴만 부여잡고 눈물 흘릴 뿐이다.

내가 느끼는 감정에 솔직하게 다가가자

막무가내로 자신에게 혹은 다른 사람에게 왜 솔직하게 행동하고 표현하지 못하는지 따지는 것은 아무런 의미가 없다. 그것은 상처가 될 뿐, 전혀 도움이 되지 않는다. 그 사람은 그만큼 절박하게 노력하고 있는 중이기 때문이다. 다만 방법을 모르고 지속된 시간들이 지금의 아픔을 만들어온 것일 뿐이다.

지금부터라도 내가 느끼는 감정에 조금 더 진지해지자. 내면의 감정과 진솔하게 대화를 나누고 화해할 방법을 찾아야 한다. 가장 쉬운 방법은 감정일기를 써보는 것이다. 감정일기라고 해봐야 특별할 것은 없다. 그저 그날 느꼈던 감정들을 차분하게 써내려가는 것이다. 괜히 '감정' 일기라는 말이 부담스럽게 느껴진다면 그냥 일기를 쓴다고 생각하면 된다. 다만, 컴퓨터나 스마트폰으로 쓰는 것은 권하지 않는다. 작은 메모지라도 상관없으니 필기감을 느낄 수 있도록 직접 손으로 쓰는 것을 권한다.

무언가를 글로 써본다는 것에는 굉장히 큰 힘이 있다. 배우고 익힌 지식을 정리할 때만 쓰고 보고 말하는 것이 아니다. 자신이 느끼는 감정들을 쓰다 보면 자신이 지금 어떤 감정들을 느끼는지 훨씬 명확히 알 수 있다. 조금씩 정리가 되는 것이다. 그리고 그 일기를 보면서 자신의 현 상태를 보다 자세하게 들여다볼 수 있다. 내가 지금 어떤 감정을 느끼고 사는지, 내가 주로 어떤 일들에 힘들어하고 있는지. 이런 것들을 말이다.

물론 해보지 않은 일을 갑자기 하는 것은 힘이 들기 마련이다. 어떤 경우에는 그것을 생각하는 것조차 스트레스로 다가올 수도 있다. 만약 스트레스가 지나치다고 생각된다면 그 자리에서 그만둬도 된다. 편한 만큼만 써보기 바란다.

나도 처음에 시작할 때는 괜히 아픈 기억만 더 후벼 파는 것은 아닌가 하고 불안했다. 그 불안을 시작으로 부정적인 감정의 꼬리들이 끊임없이 따라오기도 했다. 하지만 무엇이든 시작이 중요하다. 나는 감정일기를 쓰기 시작하면서 엄청나게 많은 변화를 겪었다. 무엇보다도 내 감정을 알고 감정에 솔직해질 수 있었다.

가장 행복하고 에너지가 넘치는 시간을 찾아라

한 가지 팁을 주자면 하루 중에 가장 행복하고 에너지가 넘치는 시간을 찾아보기 바란다. 하루 종일 힘이 없고 피곤하다고 느낄 수 있다. 나도 그랬다. 종일 잠만 잔 적도 많았다. 그래도 한 번 찾아보라. 잠깐 엉덩이가 떨어지는 시간, 잠깐이라도 베개에서 머리가 떨어지는 순간이 있을 것이다. 그때 시작하는 것이다.

특히 우울증을 향해 달려가고 있는 상황이라면 이러한 무력감이 정말 무겁게 자신을 짓누른다. 그래서 자신도 모르게 모든 일에서 멀어지고 만다. 회피하고 싶은 마음만 가득하다. 그때 가장 중요한 것은 아주 사소한 무언가를 시작하는 것이다. 감정일기도 좋고 산책도 좋고 책을 한 권 보는 것도 좋다. 심지어는 그냥 문을 열고 바깥을 잠시 보는 것도 좋다. 그것이 무엇이든 상관없다. 우선 상승곡선에 시동을 걸기만 하면 된다. 그 후로는 조금씩 가짜 감정을 털어버릴 수 있다는 용기가 생길 것이다.

☂ 지금, 당신의 감정에게 말하기

감정은 허수아비와 같다.

바람 부는 대로 흔들리는 감정 때문에

내 삶도 흔들리는 일은 이제 그만!

나는 반드시 감정을 극복한다.

03 : 나만 특별히 불행하다는 착각에서 벗어나라

성공한 사람이 되려 하기보다는
가치 있는 사람이 되려고 노력하라.
– 알버트 아인슈타인(독일의 물리학자)

나를 꽉 채우고 있던 내가 만든 '불행'

얼마 전까지 내 안에는 온통 불행했던 기억으로 가득 차 있었다. 어릴 때 비좁은 단칸방에서 어머니, 아버지가 다투던 기억. 높은 곳에서 떨어져 턱에 피가 철철 흐르던 기억. 초등학교 때 교통사고를 당했던 기억. 중학교 때 다리를 다쳤던 기억. 이런 기억들 때문에 실제로 내가 행복한 시간이 얼마나 많았는지는 기억하지 못했다. 하지만 참 안타깝게도 힘들고 나쁜 기억들은 수십 년 전 기억도 생생하게 떠오를 때가 많았다.

인생을 살다 보면 누구나 아픔이나 시련을 겪기 마련이다. 우리나라에 교통사고 한 번 당해보지 않고 부모님 다투는 장면 한 번 겪어보지 않은 사람이 어디 있을까. 그런데 나는 유독 나만 불행하다는 '착각'에 갇혀 살았다. 하지만 이것은 말 그대로 착각에 불과했다.

행복은 어디에서부터 시작될까? 그 방법에는 여러 가지가 있을 것이다. 하지만 가장 첫 번째 요소는 자신이 '특별히' 불행하다는 착각에서 벗어나는 것이다. 사람들은 흔히 지금 내가 겪고 있는 그 일, 또는 그 상황이 세상의 전부라고 인식하고 살아간다. 그래서 다른 누구도 아닌 '내'가 힘들어지는 것이다. 그와 더불어 '저 사람은 얼마나 행복할까?'라는 근거 없는 추측을 던진다. 바로 이런 식의 비교가 나를 더 불행하게 만든다. 자기가 만들어낸 동굴 속으로 스스로 걸어 들어가는 것과 같다.

나쁜 일을 생각하면 나쁜 일들만 일어난다

흔히 우울증의 상태를 일컬어 '하루 종일 나쁜 뉴스만 보고 있는 것.'과 같다고 한다. 저녁 뉴스에서 우리는 좋은 소식보다는 안타깝고 불행하고 아픈 소식들을 주로 접한다. ○○에서 화재가 발생해서 수천만 원의 피해가 발생했다는 소식, 가정폭력으로 십수 년간 남편에게 맞아왔다는 소식, 직장에서 정리해고당한 아버지가 생활고에 못 이겨 자살했다는 소식 등 나쁜 소식들을 말이다.

채널을 돌리면 군침이 흐르는 맛집 소식도 있고, 인간극장과 같이 따뜻한 내용을 다루는 다큐멘터리도 있으며, 깔깔거리며 즐겁게 웃을 수 있는 예능프로그램들이 널려 있다. 하지만 우울증 상태에서는 그 채널을 돌리지 못한다. 그리고 나쁜 뉴스 중에서 지금 자신의 상황과 가장 부합되는 것을 골라 자기화하기 시작한다. '나도 지금 저렇게 아픈데, 나도 저렇게 죽도록 힘든데⋯⋯.' 이렇게 말이다. 그렇게 계속 괴롭고 아픈 자신의 상처를 후벼 파고 만다.

과거에 내가 그랬다. 모든 것이 항상 힘들고 그 끝이 두려웠다. 주변의 모든 사람들은 나를 괴롭히려고만 하는 것 같았다. 스스로 선택적으로 집중해서 부정적인 생각들만 했던 것이다.

'내가 저 일을 할 수 있을까? 잘해낼 수 있을까? 인정받을 수 있을까? 하지만 이런 마음을, 솔직한 나를 드러내면 안 되겠지? 상처만 받겠지?'

그래서 더 불안했고 걱정스러웠다. 당연히 표정은 더욱 어두워졌다. 그렇지 않아도 가만히 있으면 '포커페이스'라고 불렸던 나였다. 그런데 거기에 실제로 어두운 감정이 덧칠되니 더 괴로워보였을 것이다. 언제부턴가 주위 사람들이 나보고 "괜찮냐?"고 묻는 빈도가 잦아졌다.

한창 사관학교에서 활발히 뛰어다닐 때는 차라리 괜찮았다. 그리고 임관 후 5년 정도까지도 사관학교에서 기른 탄탄한 체력을 바탕으로 무리없이 이겨낼 수 있었다. 체력이 곧 정신력이라는 말이 빈말이 아님을 느꼈다. 하지만 점점 스트레스는 누적되어 가는 반면에 나의 회복 탄력성은 떨어져갔다. 앉아서 일하는 일이 많았고 배를 타고 멀미를 이기기 위해 자꾸 뭔가를 먹는 습관이 생겼다. 체중이 점점 늘어났다. 잠수함을 탄 1년 동안 8kg 가까이 체중이 늘기도 했다. 몸이 무겁다는 게 체감될 정도였다. 더불어 점점 더 부정적 피드백에만 민감해져갔고 의식 자체가 피폐해지면서 '나는 왜 이렇게 불행한 걸까?'라는 생각에 푹 젖어버리고 말았다.

부정적 사고의 선글라스를 벗어던지자

부정적 사고방식은 일종의 선글라스와 같다. 선글라스를 끼고 하루 종일 산다고 생각해보라. 낮에는 너무 밝은 태양 빛으로부터 눈을 보호해주고 편하게 세상을 볼 수 있게 해주지만 밤에는 어떻게 될까? 너무 깜깜해져서 아무것도 보이지 않을 것이다.

대낮에 선글라스를 착용한 채 운전하다가 터널에 들어가면 일순간 앞이 깜깜해진다. 일상에서 그런 상태가 계속된다면 보이는 모든 것들이 어두워지고 당연히 기분은 점점 가라앉을 수밖에 없다. 선글라스 자체가 나쁜 것은 아니다. 하지만 그것을 하루 종일 착용한 채 벗어야 한다는 사실을 인식하지 못하는 상태가 위험한 것이다. 그리고 이러한 상태는 자신에게 불행을 부르는 사고방식으로 고착화되고 만다.

내가 스스로를 불행하게 만들어왔다는 사실을 인지했다면 이제는 그 상황에서 벗어나야 할 때다. 하지만 당장 그러고 싶다고 해도 갑자기 사고방식이 바뀌지는 않는다. 단순히 '에이! 저 사람도 저렇게 힘든데 나는 이만하면 괜찮은 편이야!'라는 생각 정도로는 어림없다는 말이다. 그동안 쌓아놓은 불행을 먼저 정리해나가야만 한다.

그 시작은 내 주변이 감사한 사람과 행복한 사건, 좋은 일들로 가득 차 있다는 생각을 습관처럼 하는 것에 있다. 가장 쉬운 방법은 '감사일기'를 쓰는 것이다. 뭔가를 쓰려고 해본 적 있는가? 쓰기 위해서는 글감을 찾아야 한다. 글감을 찾는 노력은 평소 무의미하게 지나치던 상황이나 사물도 다른 눈으로 볼 수 있도록 시야를 넓혀준다. 그래서 감사일기를 쓰다 보면 의식적으로 주위에서 보물찾기를 하는 자신을 발견하게 된다.

보는 시야가 넓어지고 관점이 바뀌면, 삶을 인식하고 생각하는 사고방식이 점점 바뀌어간다. 같은 길을 지나가도 예쁜 꽃이 보이고, 같은 사람을 만나도 그 사람의 장점이 보인다. 감사일기를 쓰는 것이 부정적 사고를 떨쳐버릴 수 있는 가장 쉽고도 확실한 방법인 이유다.

모든 힌트는 실천이 중요하다. 꾸준한 실천만이 변화를 만들 수 있다. 간단해보이는 일도 정작 해보려고 하면 쉽지 않다. 그때 필요한 것은 '두 배의 법칙'이다. 나는 감사일기를 하루 2번씩 썼다. 아침에 일어나면 감사한 일부터 찾기 시작했고 감사일기 쓰기로 하루를 시작했다. 그러면 신기하게도 남은 하루 동안에 또 감사한 일들이 나타났다. 그것들을 기억하고 저녁 감사일기로 마무리하며 하루를 마감했다.

모든 변화에는 부단한 노력이 필요하다. 부정적 사고로만 살아오던 사람이 한순간에 바뀔 수는 없다. 예전에 쌓아온 부정적 생각의 찌꺼기들을 모두 밀어내고도 남을 만큼 많은 감사한 생각이 필요한 것이다.

처음에 막상 감사일기를 쓰려고 하면 감사한 일들이 잘 생각나지 않을 것이다. 나도 처음에는 아무것도 생각나지 않았다. 그래서 처음 감사일기에는 이렇게 썼다. '아무것도 감사한 일이 없다는 것을 알게 되어서 감사합니다.' 그랬더니 또 하나가 떠올랐다. '내일은 감사한 일이 생길 것 같아서 감사합니다.'

그때부터는 아예 노트를 가지고 다니며 감사한 일이 생길 때마다 메모를 했다. 그랬더니 점차 놀라운 경험을 하게 되었다. 자꾸만 감사한 일들이 늘어나면서 마음속이 행복한 감정으로 가득 차는 것이었다. 힘들고 괴로운 일도 점점 사라져갔다. 아니, 사라진다기보다도 아예 인식하지 못하고 지나가게 되었다.

여기에 한 가지를 더 추가하면서 나는 더 행복해졌다. 입으로 '감사합니다.'하는 말을 쉼 없이 주문 외우듯이 반복하는 것이다. '감사합니다.'라는 말은 기적을 부르는 말이다. 이 말을 반복하면 감사한 일들이 현실로 나타난다. 나는 그것을 느꼈다. 말에는 분명한 힘이 있다는 것을 체험적으로 느꼈다.

감사한 일을 찾고, 감사한 일을 쓰고, 눈으로 보고, 그 틈새에 '감사합니다.'라는 말을 하고 더불어 듣기까지 했다. 이렇게 하면 상상할 수 없는 행복감이 마음을 가득 채운다. 말 그대로 감사함으로 나의 하루가 가득 차는 것이다. 그러면 부정적인 생각이 들어올 틈이 없어진다. 내재되어 있던 부정적인 감정들도 서서히 밀려나기 시작했다. 이러한 변화는 자신도 모르는 사이에 일어난다. 약과 같은 부작용도 없다. 다만 꾸준하게 실천하기만 하면 되는 마법 같은 방법이다.

변화에 늦은 때는 없다. 지금 당장 시작하자

지금 당장 시작하자. 가장 간단한 것부터 시작하면 된다. '감사합니다.'를 주문처럼 외우자. 가장 눈에 잘 보이는 곳에 '감사합니다.'라고 크게 써서 곳곳에 붙여두자. 핸드폰 배경화면도 '감사합니다.'로 장식해도 된다. 누가 보면 미쳤다고 할 정도로 감사한 일들로 내 삶을 도배해버리자. 누구에게 하는 말인지, 무엇을 위해서, 어떤 목적을 위해서 하는 말인지. 이런 복잡한 생각은 아예 하지 말자. 간단한 진리는 그저 받아들이기만 하면 된다. 무의식적으로 반복할 때까지 의식적으로 하다 보면 어느 순간부터는 하기 싫어도 하게 된다.

물론 나도 안다. 3년 동안 겪어 봤기에 부정의 숲을 빠져나오는 것이 얼마나 힘든 일인지. 당장 창밖을 내다보는 것도, 고개를 돌리는 것도, 입술을 달싹거리는 것조차 마음먹은 대로 되지 않는다는 것도 말이다. 하지만 인생을 바꾸는 진리는 아주 심플하다. 당신은 전혀 불행하지 않다. 사실은 즐겁고 행복한 일투성이다. 그것을 모두 회색으로 만들어버리는 선글라스는 당장 벗어버리자. 지금은 차라리 너무 밝아 눈이 멀어도 모자랄 판이다. 정말 세상을 제대로 볼 수 있게 되었을 때, 내 인생이 얼마나 아름다운지 알게 되었을 때, 그때가 되면 필요와 선택을 통해 잠시만 썼다가 벗어두면 된다. 그것만으로도 선글라스의 역할은 충분하다.

☂ 지금, 당신의 감정에게 말하기

내 삶은 감사한 일들로 가득했다.

나는 언제나 행복했다.

이제 그 감사와 행복을 보기 위한 눈만 뜨면 된다.

04 : 스스로를 감정의 주인이라고 여기지 마라

가장 빛나는 별은
아직 발견되지 않은 별이고,
당신 인생의 최고의 날은
아직 살지 않은 날이다.
— 토마스 바샵, 『파블로 이야기』

스스로도 모르는 사이에 감정의 '노예'가 된 우리

감정은 생각도 하지 못한 곳에서 툭툭 튀어나온다. 나의 의도와는 전혀 상관이 없다. 불현 듯 나타나 나를 행복하게 만들기도 하고, 당황하게 만들기도 한다. 그래서 우리는 감정의 주인이라고 할 수 없다. 오히려 우리는 감정의 '노예'나 다름없다.

감정은 인간에게 생각할 수 있는 힘이 생겼을 때부터 우리의 삶 속에 함께해왔다. 감정을 제대로 이해하지 못하면 하루에도 몇 번씩 감정이 올라갔다가 곤두박질치기도 한다. 어떤 때는 폭풍우처럼 몰아쳐 우리의 기분을 망쳐놓기도 한다. 심한 감정의 기복은 신체기능이나 관계형성에 나쁜 영향을 미치기도 한다. 그래서 우리는 비록 감정의 주인까지는 아니더라도 적어도 감정을 효과적으로 다스릴 수 있어야 한다. 나는 그 방법을 찾는 데 많은 시간이 걸렸고 많은 시행착오를 겪었다.

우울증을 핑계로 나는 참 많은 실수를 저질렀다. 그동안 나만 힘들고 나만 고생했다고 생각했었다. 그런 삶에 대한 일종의 보상심리였을까…. 한동안은 그동안 갖고 싶고, 하고 싶다고 생각했던 것들을 마음 가는 대로 해보려고 했다. 일부는 상의도 없이 그대로 실행에 옮기기도 했다. 그래서 독단적이게 되었고 한때는 가족에게 상처도 많이 주었다. 그중 대표적인 것이 게임머니로 수천만 원을 날린 것이었다.

한때의 쾌감에 중독되면 사람은 제대로 된 사고를 하지 못한다. 그저 조금이라도 즐거워야 한다고 생각했다. 쾌감과 즐거움을 혼동한 대가였다. 그래서 그것을 위해서라면 무엇이든 해야 한다고 생각했다. 이것이 어떤 결과를 불러왔을까? 나의 부끄러운 사연을 소개드린다.

모바일 게임으로 수천만 원을 쓰는 것이 현실적으로 가능할까? 의외로 그리 어렵지 않았다. 물론 내가 미쳤었기에 가능했을 것이다. 직접 현금으로 11만 원을 주고받는다면 그 액수에 대한 실질적인 감이 있다. 하지만 한 번 카드번호를 등록해두기만 하면 모바일 게임에서는 그 액수가 단지 조금 큰 숫자 정도로만 보인다.

처음에는 작은 것부터 시작했다. 하지만 점점 더 액수가 커졌다. 어느새 나는 11만 원짜리 게임 아이템을 미친 듯이 사서 계속 쓰기 시작했다. 그러다 통장 잔고가 떨어지면 신용카드를 썼다. 신용카드 한도가 다 되면 신통하게도 카드사에서 대출을 유도하는 전화가 온다. 답답했던 나는 대출을 받아서 밀린 신용카드 요금을 냄과 동시에 또 게임 아이템을 샀다. 그런 과정이 몇 번 반복되자 그 돈이 수천만 원으로 불어나 있었다.

쾌락이라는 일시적인 감정에 빠져 이성적인 판단을 하지 못했던 것이다. 그때는 이상한 착각에 빠져 있었다. 그 착각은 바로 '나는 그동안 원하는 대로 즐겨보지 않았다'는 일종의 '피해의식'이었다. 이런 착각에 몸을 맡긴 결과 나는 그동안 쌓아왔던 성실하고 근면한 가장의 이미지를 대부분 훼손시키고 말았다. 나에 대한 아내의 믿음도 많이 무너졌다.

그동안 나는 지금까지 정해진 회식자리 아니면 술자리도 거의 갖지 않았다. 담배도 피지 않았다. 50만 원 남짓한 용돈으로 생활하며 그 돈을 모아 가끔씩 선물도 하며 살아왔다. 가끔 게임을 하거나 레고블록을 사는 정도가 유일한 낙이었다.

그랬던 내가 거의 1년 사이에 수천만 원을, 그것도 아무것도 남지 않는 게임머니로 날리는 인생의 참담한 실수를 하고 말았다. 세 아이를 키우는 아내와 아직도 홀로 학교에서 청소하며 근근이 살고 계시는 어머님께서는 이런 나를 보며 과연 어떤 생각이 들었을까?

내 기준으로 내가 저지른 짓은 정상적인 사람으로서 도저히 용납할 수 없는 것이었다. 나 스스로가 너무 미워졌고 더욱 더 스트레스에 휩싸였다. 내가 나를 도저히 용서할 수 없었다. 그때 나를 지지해준 어머니와 아내에게 깊이 감사한다. 그렇지 않았으면 그 즈음에 나는 정말 최악의 결정을 내릴 수밖에 없었을 것이다.

아무튼 이렇게 나는 그동안 10년 가까이 열심히 직장생활을 하면서, 세 아이를 키우면서도 아등바등 모아두었던 돈을 모두 날려버리게 되었다. 더불어 어머니께서 나중에 내 집 장만할 때 보태주시려고 남겨두셨던 돈마저도 내가 빌린 대출금을 갚는 데 모두 탕진해버렸다. 정말 진이 빠지고 삶의 보람이라고는 찾을 수 없게 된 순간이었다.

나의 통제를 벗어난 쾌락에 젖어 무절제한 행동을 반복했고 감정조절에 미숙했던 것이 문제였다. 내 인생은 내가 주도할 수 있다고 과신했지만 내게 맞지 않는 옷을 입고 답답함을 누른 채 스트레스만 쌓아왔던 시간의 결과는 참담했다. 덕분에 나는 가정을 잃을 뻔했고, 10년 넘게 쌓아왔던 신뢰와 가장으로서의 입지를 크게 잃고 말았다. 감정의 '노예'로 살았던 뼈아픈 결과였다.

휴직 후 어느 날 아침이었다. 아침은 항상 분주함의 연속이다. 그날 아침도 다른 날과 마찬가지로 무척 바빴다. 아이들 학교와 어린이집 준비, 아침식사와 옷 입히기 등으로 정신이 혼미할 정도였다. 그날은 특히 시간에 쫓겨서 내 옷 입는 것은 생각하지도 못할 정도였다.

막내 아들은 다섯 살인데 식사할 때의 버릇이 별로 좋지 않은 편이다. 칭얼거리는 아이를 붙잡고 몇 숟갈 떠먹이다 보면 '내가 이렇게까지 해야 하나' 싶은 마음이 들 정도다. 그날 아침도 마찬가지였다. 그렇지 않아도 바쁜 와중에 막내는 밥을 한 숟가락 먹고는 끊임없이 집안을 돌아다녔다. 이리 와서 밥 먹으라는 말을 10번쯤 한 것 같다. 그런데 아이가 듣는 척도 하지 않았고 나의 목소리는 점점 더 커졌다. 그래도 막내는 오지 않았다. 결국 나는 폭발했고 아이에게 분노를 잔뜩 담아 고래고래 소리를 지르고 말았다.

아이는 엉엉 울었다. 그래도 오지 않고 멀리서 서 있기만 했다. 내 마음도 전혀 편하지 않았다. 하지만 한 번 폭발한 분노는 쉽사리 가라앉지 않

있다. 뭐가 억울하다고 우는 건지 정말 답답했다. 울고 싶은 것은 나였는데 말이다. 한편으로는 아이에게 하지 말아야 할 행동을 하고 말았다는 죄책감도 강하게 들었다.

어릴 때 몇 안 되는 내 기억 중에는 아버지께서 나에게 버럭 소리를 지르는 장면이 있다. 내가 무엇을 잘못했는지, 왜 그렇게 화가 났는지에 관한 기억은 없다. 하지만 아버지가 나를 혼내시던 순간에 느꼈던 아찔한 공포감은 마치 어제 일처럼 생생하게 느껴진다. 또 한 가지는 명절날 이층집에서 도망쳐나오던 기억이다. 어딘지도 잘 모르겠지만 엄마의 손에 매달린 채 계단을 붕 뜬 채로 내려오며 무중력 상태를 경험했다. 도망쳐나오던 그 뒤로는 누군가의 고함 소리가 울려 퍼지고 있었다. 이 아찔한 감정도 마찬가지로 어제 일처럼 생생하다.

어린 시절의 기억들은 많이 바뀌고 왜곡되기도 한다. 그리고 특히 강렬하고 아찔한 기억. 즉 부정적 에너지가 쏟아지는 공포스러운 장면들은 강렬하게 각인된다. 수십 년이 지나도 그런 기억들은 쉽게 사라지지 않는다. 그래서 그 사람의 사고방식에도 그만큼 많은 영향을 끼친다. 나의 경우 남자를 대할 때 조금 더 경직되는 성향이 있다. 어릴 때 기억이 내 사고방식에 영향을 미치고 있기 때문일 것이다.

안타깝게도 나 역시 감정에 많이 휘둘리며 살았다. 감정은 이렇게 내 인생의 틈새에서 갑자기 치고 들어온다. 때로는 지독한 하강곡선을 촉발하기도 했다. 터무니없는 실수를 저지르기도 했고 아픈 기억을 양산해내기도 했다.

우리가 지금 감정의 주인이라는 자만심을 버려야 한다. 오히려 감정의 '노예'가 될 수 있음을 인지해야 한다. 그래야 제대로 된 판단을 통해 자신의 약점을 보강해나갈 수 있다. 사람은 자신이 아는 만큼 생각하고 고쳐나갈 수 있다. 그래서 모든 것은 우선 문제점을 '자각'하는 것에서부터 시작된다.

☂ 지금, 당신의 감정에게 말하기

때로는 실수해도 괜찮다.
같은 실수만 더 반복하지 않으면 된다.
하지만 같은 실수를 또 반복해도 괜찮다.
그래도 나는 조금씩 더 좋아지고 있으니까.

05 : 나쁜 감정과 적당한 거리를 두라

그동안 세상에서 가장 안전하다고 믿어온 곳을 벗어날 용기는
희망과 믿음과 가능성이라는 요소에 의해
생겨난다는 사실을 기억하기 바란다.
– 앤디 몰린스키, 『누구를 만나도 당당한 사람의 비밀』

사실은, 나쁜 감정이라는 것은 없다

시작부터 조금 맥이 빠지는 이야기일 수도 있겠지만 엄밀한 의미에서 '나쁜' 감정은 사실 존재하지 않는다. 우리가 느끼는 모든 감정들은 각자 고유의 개성과 의미가 있기 때문이다. 그리고 어떤 감정은 인간이 직면하는 모든 위험으로부터 종족을 보존하고 생존하기 위해 유전자 속에서 학습되고 만들어져왔다.

바로 이 감정들이 우리가 현대에 들어 '나쁜' 감정이라고 여기게 된 '부

정적인' 감정들이다. '나쁜' 감정이라고 하면 어떤 단어들이 떠오르는가? 분노, 불안, 공포, 걱정, 좌절, 절망. 아마도 이런 단어들일 것이다. 물론 다른 단어들도 있지만 대부분 이와 유사한 의미를 가진다.

사람은 일정 범위의 체온을 유지해야 하는 존재다. 그 범위를 벗어나면 생명에 위협이 온다. 하지만 인간은 다른 짐승처럼 두꺼운 가죽이나 털이 없다. 아무 대비 없이 그냥 맨몸인 상태로 있다가 겨울이 되면 체온이 떨어져 동사하고 말 것이다.

최초의 인간 중 누군가는 추운 겨울에 죽어갔을 것이다. 그리고 그 모습을 본 다른 인간은 그 사람의 죽음에 대한 두려움을 느낀다. 자신도 그런 죽음을 맞이하게 될 것 같은 불안에 떤다. 더불어 다시 추워질까 걱정이 된다. 생존본능에 따라 추위에 대한 대비를 하기 시작한다. 그래서 긴 시간에 걸쳐 차츰 동굴을 찾고, 불을 발견하고, 옷을 입고, 집을 지으며 비로소 생존에 필요한 조건들을 갖출 수 있게 된 것이다. 물론 그 과정에서 절망감과 무력감을 느끼며 죽음을 맞이한 경우도 수도 없이 많았겠지만 말이다.

여기서 추위에 얼어 죽는 것을 숲에서 늑대에게 잡아먹혀 죽는 것으로 바꾼다면? 몇몇 단어들이 바뀌긴 하겠지만 거의 동일한 과정이 그려진다. 아마도 늑대에 대한 분노 정도가 추가될 뿐이다. 이처럼 분노, 두려움, 불안, 걱정, 절망감, 무력감 등은 인간이 상대적으로 약하고 힘없는 존재로서 살아남기 위해 필수적인 감정이자 수단들이었다.

만약 다른 사람들이 죽든 말든 아무런 두려움이나 분노를 느끼지 못했다면? 같은 죽음에 대해 불안해하지 않았다면? 추위나 늑대에 대한 걱정을 하지 않았다면? 인간은 아마도 멸종하고 말았을 것이다.

이제는 '나쁜' 감정이 생기고 말았다

그런데 지금 우리는 왜 이런 필수적인 감정들을 '나쁜' 감정으로 여기게 된 걸까? 우선 첫 번째로 인간은 언제부턴가 더 이상 추위나 맹수들의 습격으로부터 생명의 위협을 받지 않게 되었기 때문이다. 만약 지금 뒷산에 야생 멧돼지가 나타났다고 한다면 당신은 당장 죽음에 대한 걱정을 하겠는가? 물론 포획을 위한 인원들이 투입되어 적절한 장비와 안전통제 계획을 통해 잠재적인 위험요소를 없애기 위해 노력할 것이다. 하지만 마을 주민들은 어떤 재산상의 손해를 입지 않을까 걱정은 할지언정, 당장 사람이 멧돼지에 잡아먹히거나 죽을까봐 걱정하거나 두려움에 떨지는 않는다. 이처럼 예전에 비해 그런 감정들의 필요성이 현저하게 줄어들었다.

두 번째로는 이 불필요해진 감정들이 현대에 와서는 각종 사건, 사고를 유발하거나 때로는 생명을 위험하게 하는 원인으로 작용하기 시작했다는 점이다. 얼마 전에 군산에서 발생한 방화사건으로 인해 3명이 죽고

30여 명이 다쳤다는 안타까운 뉴스가 보도되었다. 더 안타까운 점은 범인이 방화를 저지른 이유가 술값에 대한 시비에서 비롯된 것이라는 점이었다. 즉 분노를 참지 못하고 충동적인 행동을 벌이는 바람에 3명의 소중한 목숨이 사라졌다는 것이다.

이런 예들은 요즘 헤아릴 수도 없이 많이 발생하고 있다. 어딘가에서는 가정폭력으로 인해 부부 중 누군가가 다치고 아이들은 공포에 떨고 있다. 피해자들은 트라우마가 남아 특정상황이나 성별, 사물 등에 대한 불안감으로 스트레스를 받기도 한다. 학교에서는 선생님들이 학생들에 대한 두려움으로 제대로 된 지도를 하지 못하고 대학생들은 취업에 대한 불안, 스트레스로 고통 받고 있다. 30~40대는 부모 자식 간의 관계에서, 또는 직장에서의 인간관계에서 많은 감정적 고통을 받는다. 우울증도 그 파편 중 하나다. 이처럼 부정적 감정들은 불필요한 사고를 만들어내고 오히려 사람들을 힘들게 하는 '나쁜' 존재가 되어버린 것이다.

남을 해치는 것도 큰 문제지만 자기 자신을 해치는 것은 더욱 심각한 문제다. 바로 자살이다. 요즘 자살이라는 단어를 모르는 사람은 거의 없다. 그 정도로 사회적 이슈가 되어 자주 언급되고 회자되고 있다. 자살의 원인 중 하나로 손꼽히는 것이 우울증이고 우울증의 주요 증상은 대부분 공포와 불안, 무력감, 피로감 등으로 나타난다. 바로 '나쁜' 감정들이다.

피로감은 우울증이 육체적으로 나타나는 증상이다. 쉽게 피로하고 지친다면 내게 어떤 문제가 있는지 돌아봐달라는 내면에서 보내오는 신호로 생각해야 한다. 더불어 어떤 사건이나 상황에 대한 공포가 유달리 오래 지속되고 미래나 일어나지 않은 일에 대한 막연한 불안감이 증폭된다면 더욱 한 템포 쉬면서 자신을 돌봐야 한다. 이런 요소들이 서로 영향을 주고 확장되면서 점차 쉬운 것조차 하기 힘들고 새로운 시도는 당연히 할 수 없는 무력감으로 이어지는 것이다.

골칫덩이가 되어버린 '나쁜 감정'들을 떼어내자

과거에는 생존을 위한 긍정적인 작용을 했던 감정들이 지금에 와서는 온통 문제만 일으키는 골칫덩어리가 되어버렸다. 그래서 은연중에 '나쁜' 감정으로 분류되고 있는 것이다. 사실 얼마든지 좋은 것일지도 모른다. 나쁘다는 것은 상황에 따라 변하고 상대적인 것이기 때문이다. 하지만 중요한 것은 감정이 좋고 나쁜 것에 있지 않다. 감정들을 대하는 우리의 태도가 더욱 중요하다.

오늘날을 살아가는 데 있어 마냥 불안해한다고 해서 달라지는 것은 아무것도 없다. 아니, 오히려 나쁜 일들만 생긴다. 엄격한 법과 제도가 있는 지금의 사회에서 우리는 밤길을 다닌다고 해서 피해를 당할 일은 거의 없다. 물론 세상일은 예측할 수 없기 때문에 위험을 최대한 피해가는 것이 현명한 생각이다. 그러나 이유도 없이 한 발자국 내딛을 때마다 잘못될 것이라는 불안감에 떠는 것은 현 시대를 살아가는 데 아무런 도움도 되지 않는다.

우리는 이런 '나쁜' 감정들을 의식적으로 멀리할 필요가 생겼다. 건강한 삶을 살아가는 것을 오히려 방해만 하기 때문이다. 그리고 정말 생존에 필요한 감정들은 이미 우리 무의식 속에 심어져 있다. 그동안 인간의 생존투쟁의 역사 속에 유전자에 각인되고 뇌 회로에 시스템화 되어왔기 때문이다. 그래서 아무리 습관을 고치고 통제하려고 해도 정말 생명에 위급한 순간이 오거나 절박한 상황이 되면 자연스럽게 나타나서 우리를 보호한다. 즉, 직접적으로 생존에 필요한 순간이 되면 정해진 역할을 수행한다는 말이다.

요즘 같이 경쟁이 치열하고 업무성과가 중요시되는 시대에 불안이나 걱정은 방해만 된다. 추진력을 자꾸 떨어트리기 때문이다. 추진력이 떨어지면 일에 대한 집중력도 떨어지고 공중에 붕 뜨는 느낌을 받게 된다. 남는 것은 추락밖에 없다. 그래서 우리는 더더욱 나쁜 감정과 거리를 두는 연습을 해야 한다. 패배감의 지속은 우리의 감정에도 안 좋은 영향을 많이 미치게 된다. 기분이 컨디션에도 영향을 미치면서 삶을 살아갈 에너지원을 고갈시키기 때문이다.

한 가지 큰 문제가 있다. 우리는 감정과 거리를 두는 데 익숙하지 않다는 점이다. 더군다나 '나쁜' 감정들은 짓궂어서 한번 습관이 되면 잘 떨어지지 않는 질긴 특성을 갖고 있다. 그러니 의식적으로 좋은 것을 보는 연습을 시작해야 한다.

우리는 흔히 무언가 대단한 사건이 있어야만 좋은 일이 생겼다고 판단한다. 복권에 당첨되었을 때, 승진했을 때, 큰 프로젝트를 성공했을 때와 같이 말이다. 하지만 좋은 일의 기준은 생각과 관점에 따라 달라진다. 사고방식을 바꾸는 순간 좋은 일은 달리 대단한 것이 아님을 느끼게 된다. 아주 사소한 것도 얼마든지 좋은 일이 될 수 있다. 좋다는 감정은 자신이 즐거움을 느끼는 것에서 시작되기 때문이다.

그날따라 지나가면서 보는 꽃 한 송이가 유난히 아름다워 보이는 것도 좋은 일이다. 때로는 아침에 일어났는데 몸이 개운할 때도 있다. 가족이, 직장 동료가, 마시는 차 한 잔이 정겹고 향기롭다면 그것도 무척 좋은 일이다. 이렇게 좋은 것만 보려고 하면 하루가 좋은 일들로 가득해진다. 그리고 좋은 일로 행복하기에도 하루가 짧은 것을 느끼게 될 것이다. 점차 나쁜 감정은 설 곳을 잃어버리게 된다. 사소한 것에서부터 좋은 감정을 찾는 시도를 하는 것이 중요하다. 그러니 끊임없이 시도하고 또 시도하자.

하지만 포기하지 말아야 한다는 강박관념에서는 벗어나자. 그 또한 나쁜 감정을 양산하는 원인이 될 수 있다. 포기하면 안 된다는 생각은 무리하게 나를 몰아붙인다. 때로는 쉬어가는 자연스러운 순간을 착각해 나를 무능하다고 오판하게 만들 수도 있다. 그러니 편하게 생각하자. 괜찮다. 포기해도 되고 잠깐씩 쉬어가도 된다. 다만 끊임없이 계속 가자. 하루 한 걸음이라도 가고, 넘어져도 또 일어나서 가자. 사랑하기를 멈추지 말자. 그러면 된다.

 지금, 당신의 감정에게 말하기

나를 행복하게 만들어주는 생각들이 있다.
나는 그 생각들을 잘 보이는 곳에 붙여두고
항상 보고 듣고 말하고 느낀다.
마음속 가장 꺼내기 쉬운 곳에 넣어두고 수시로 꺼내 본다.
오늘부로 나는 '나쁜' 감정들로부터 자유로워졌다.

06 : 쉽게 가라앉지 않는 감정을 적어보라

관계란 자신이 한만큼 돌아오는 것이네.
먼저 관심을 가져주고, 다가가고, 공감하고, 칭찬하고,
웃으면 그 따뜻한 것들이 나에게 돌아오지.
– 레이먼드 조, 『관계의 힘』

누구나 격하게 반응하는 감정 장치들이 있다

나는 아이가 3명이 있다. 한 엄마에서 태어난 아이들이건만 모두 성격들이 제각각이다. 그중에서도 둘째 아들은 유난히 겁이 많은 편이다. 어린 시절 나를 쏙 빼닮은 것 같다. 평소에는 참 활발하고 마음껏 뛰어노는 아들이다. 하지만 함께 병원에 간 날 나는 아이의 다른 모습을 보게 되었다.

어느 날 둘째 아들을 데리고 치과를 간적이 있었다. 입구에서부터 심하

게 몸서리를 치기 시작했다. 그러다 보니 자리에 앉히는 데만 이미 많은 에너지가 소모되었다. 치과 진료는 물론이고 제대로 입속을 살펴보지도 않은 상태였다. 그저 치아에 무엇인가를 한다는 상상만으로도 너무나 무서운 눈치였다. 아직 시작도 하지 않았지만 근원적인 공포를 느끼고 있었다. 결국 울음보가 터졌고 통제가 되지 않아, 강제로 아이를 붙잡은 채 발치를 할 수밖에 없었다. 달래보려고 했지만 시간이 지날수록 공포는 더 증폭되어갔기 때문이다.

그 이후로 2번 정도 더 함께 치과를 갔다. 계속해서 유치가 영구치로 바뀌는 시기였기 때문이다. 이전에 갔을 때보다는 조금은 나아지는 듯했다. 하지만 마지막에는 견디기 어려웠는지 한참을 달래다 결국 울면서 발치를 할 수밖에 없었다. 쉽게 해결되기는 어려워 보였다. 이를 뽑고 언제 그랬냐는 듯이 방긋방긋 웃었다. 물론 두 눈은 퉁퉁 붓고 치아 한쪽이 텅 빈 채로 말이다.

사람마다 유난히 증폭되어 나타나는 감정들이 있는 것 같다. 유난히 민감하게 반응하는 감정이라고도 볼 수 있다. 아내의 경우에는 혼자 밥 먹는 것을 무척 싫어한다. 더불어 TV도 혼자 보면 재미없어 하고, 어딘가 여행을 가도 혼자 가는 것은 싫어한다. 그래서 대부분의 활동을 함께하기를 원한다.

아내는 혼자서 무언가를 하는 것, 외로운 것이 싫은 것이다. 무언가 함께함으로써 안도감을 느끼고 삶의 재미가 커지는 것 같았다. 그래서 그런지 사람들과 함께해도 자신의 영역을 침범당하지 않는다. 불편할 것 같은 말도 편하게 내뱉는다. 나는 때때로 아내의 그런 부분이 참 부럽게 느껴진다.

아내와 나는 많은 면이 다르다. 정반대라고도 할 수 있다. 나는 혼자서 밥을 먹어도 아무렇지도 않다. 어떤 일이든 혼자서 해도 충분히 즐기고 재밌을 수 있다. 여행이나 쇼핑도 혼자 가면 편할 때가 많다. 정신이 분산되는 것에 능하지 않기 때문이기도 하지만 혼자가 편하다는 '느낌' 때문이기도 하다.

반면에 사람을 대할 때는 기본적으로 신경이 많이 쓰인다. 내 자신에게 충분한 확신이 없기 때문일 것이다. 때때로 다른 사람의 의견에 쉽게 휩쓸리기도 한다. 특히 길을 가다가 호객꾼에게 붙잡힐 때 나는 잘 떨쳐내고 가지 못한다. 마음속은 답답하고 싫지만 단호한 표현을 마음대로 하지 못하기 때문이다. 하지만 아내는 나와 다르다. 단호하게 끊고 지나간다.

"저는 그런 거 싫어해서요. 이미 다른 것 쓰고 있어요."

이런 성향들은 어떤 과정을 통해 형성되었을까? 타고난 부분도 있고 학습된 부분도 있을 것이다. 나와 아내 사이에는 공통점이 하나 있다. 그것은 치과를 무서워한다는 것이다. 그래서 유전적으로 둘째 아들이 치과를 두려워하는 것 같기도 하다. 물론 학습된 부분도 있을 것이다. 내가 혼자 있는 것에서 편안함을 느끼는 것은 어릴 때 혼자서 지냈던 시간이 많았기 때문인 것처럼 말이다.

불편한 감정이 지속적으로 스트레스를 만들어낸다

아무튼 이렇게 각자에게는 작은 감정의 울림도 크게 증폭시켜주는 감정의 장치들이 있다. 이런 장치들은 우리 행동과 방향을 결정하는 데 많은 영향을 미친다. 어떤 상황에 대해 공포를 느끼게 된다면 자연스럽게 그 상황을 피하는 쪽으로 행동하게 된다. 또한, 함께 하는 것이 좋다면 다른 사람과 어울리는 상황을 더 많이 만들어낸다. 인간은 기본적으로 편안한 것을 추구하기 마련이기 때문이다.

하지만 문제가 있다. 편안한 감정을 추구하는데 있어 훼방꾼이 무척 많다는 사실이다. 특히 사회생활이나 직장생활에 있어서 자신이 다소 불편하더라도 감정노동을 해야 할 일이 무척 많다. 대표적인 예로 고과표를 잘 받고 승진하기 위해 직장 상사의 뜻에 맞춰서 행동하는 경우가 있다. 영업이나 세일즈에서 실적을 올리고 그 사람에게 맞춰주는 것도 마찬가지다. 가게에서 손님을 대할 때 장사가 잘 되도록 하기 위해 자신의 감정을 내려놓고 그 사람에게 맞춰주어야 하는 경우도 많다. 이런 상황은 지속적인 스트레스 요인이 된다. 때로는 일상생활까지도 영향을 미치기도 한다. 직장에서의 스트레스가 일상과 가정에까지 이어지는 것이다.

상대가 내 기대에 부응할 거라는 가슴 아픈 착각

나의 경우에는 일종의 완벽주의적 성향을 갖고 있었기에 감정노동에 의한 스트레스가 더 심한 편이었다. 직장에서는 최대한 그곳의 분위기에 맞추고 그때의 이슈에 집중하려고 노력했다. 더불어 나는 직장에서의 감정노동에 그치지 않고 집에서까지 감정노동을 자초했다. 화목한 가정을 원했기 때문이었다.

직선적이고 주관이 강한 아내와의 관계에서 나는 최대한 양보를 했다. 갈등을 일으키는 것이 싫었기 때문이었다. 사실은 나도 표현은 잘 하지 않았지만 내 주관이 뚜렷한 편이었다. 그래서 처음 몇 번은 내 의견은 다르다고 말한 적도 있었다. 하지만 받아들여지기는커녕 오히려 기분만 상하는 경우가 대부분이었다.

어느 순간부터는 그냥 누르고 받아들이는 것을 택했다. 빈번한 갈등상황이 더 괴로웠기 때문이었다. 하지만 감정을 누르는 것과 마찬가지로 점차 내적인 스트레스는 쌓여 갔다. 그 과정에서 나는 계속해서 지쳐갈 수밖에 없었다. 물론 아내는 내가 양보한다는 것조차 느끼지 못했다. 애초에 상대방이 느끼는 감정을 느끼기 위해서는 그것에 민감하고 관심이 있어야만 하는데 아내는 그런 쪽으로는 둔감했기 때문이다. 이런 것조차도 내향적인 나에게는 많은 상처로 남았다.

가끔은 이런 생각도 들었다. 나는 '이렇게 노력했는데, 이만큼이나 생각해줬는데.'라는 생각 말이다. 하지만 이와 같은 생각은 결과부터 말하면 별로 좋지 않은 생각이다. 상대방이 내 기대에 부응할 것이라는 생각은 가슴 아픈 '착각'이기 때문이다. 일종의 근거 없는 피해의식에 빠지기 때문이다. 가까운 관계일수록 과도한 기대는 상대방의 단점만 증폭시키는 불행한 결과를 가져온다. '저 사람은 내 마음도 몰라줘.' 이런 단점들을 말이다. 더군다나 이런 피해의식이 발전해서 어느 순간 갑자기 폭발하고 감정적인 말들을 쏟아붓는 최악의 상황에 이르기도 한다.

현실을 직시해야 한다. 우리는 다만 자신이 불편해지는 것이 싫어 노력했을 뿐이라는 사실을 말이다. 정작 상대방에게는 지금의 상황은 당연한 일일 뿐이다. 본인은 노력해달라고 요구한 적도 없다. 그런데 갑자기 그들에게 감정적인 말들을 쏟아붓게 되면 서로 더욱 감정만 상하고 멀어지는 악순환만 반복하게 된다. 당하는 사람은 "왜 그러지? 그럼 그때 말하던가. 왜 지나고 나서야 난리야?" 이런 반응을 보일 뿐 전혀 관계의 개선은 일어나지 않는다.

자신이 느끼는 감정을 종이에 써보라

감정을 다루는 것은 자신이 어떤 감정을 느끼는지 아는 것에서부터 시작된다. 감정의 모든 부분이 우리의 삶과 직간접적으로 연결된다. 우리 삶에서 이루어지는 일들이 다양한 만큼 감정 또한 다양하다. 하지만 많은 경우 '행복하다, 재미있다, 힘들다, 괴롭다, 짜증난다.' 이 정도 수준을 표현하는 데 그친다.

하지만 우리의 감정은 생각보다 훨씬 다양한 단어들로 표현될 수 있다. 세분화하는 만큼 그에 대처하는 요령도 다양해진다. 아는 만큼 잘못 대처할 확률도 줄어드는 것이다. 감정을 표현하는 단어들은 우리가 조금만 노력을 기울이면 얼마든지 찾아낼 수 있다.

당장 인터넷에서 '감정'을 검색해보라. 당신이 생각하는 것보다 훨씬 더 많은 단어들이 있다는 것을 알게 될 것이다. 쭉 훑어보다 보면 '이런 것도 감정의 하나구나!'라고 느끼게 된다. 사실 우리가 느끼는 모든 것은 감정에 속한다. 사람마다 느끼는 것이 다르고 증폭되는 감정이 다를 뿐 우리는 모든 감정과 함께 살아간다.

알게 된 감정의 단어들을 자신에게 대입해보자. 정말 와닿는 단어가 있다면 자신이 많이 느끼는 감정과 가까울 수 있다. 그러면 그 단어를 메모해보라. 메모한 단어들의 뜻을 찾아보면 어떤 의미인지 파악할 수 있다. 자신이 느끼는 것과 같은가? 달라도 된다. 이로써 우리는 감정들과 조금 더 친해진 것이다.

그중 가장 간단하고 쉬운 방법은 자신에게 나타나는 감정을 종이에 써보는 것이다. 특히 오래도록 가라앉지 않는 감정을 종이에 써보는 것만으로도 그 감정의 영향으로부터 많은 부분 자유로워질 수 있다. 더불어 자신이 어떤 감정에 유난히 예민하게 반응하는지 파악할 수 있다. 즉 자신의 약점을 알고 고칠 수 있는 열쇠를 얻게 되는 것이다.

모든 문제의 해결은 자각에서부터 시작된다. 방아쇠를 당기는 것은 손가락 끝이지만 그 손가락을 움직이도록 하는 것은 인식과 사고의 결과인 것처럼 말이다. 우리 모두는 감정으로부터 자유롭고 싶다. 그 시작은 자신의 감정을 이해하고 감정과 친해지는 것이다. 아플 때는 아프다고, 감격스러울 때는 감격스럽다고 종이에 적어보자. 그리고 자신이 어떤 방식으로 그때 행동했는지 가만히 떠올려보자. 그 과정 속에 보이지 않던 많은 것들이 차츰차츰 보이게 될 것이다.

 지금, 당신의 감정에게 말하기

욕망은 소중한 것이다.
욕망이 있다는 것은 지금 내가 살아있다는 것과도 같다.
욕망을 갖자. 끝없이 꿈을 꾸고 원하고 또 사랑하자.

07 : 무슨 일이든 절대 남 탓하지 마라

행운은 마음의 준비가 되어있는 사람에게만
미소를 짓는다.
— 루이 파스퇴르(프랑스의 화학자)

환경 탓만 해서는 아무것도 변하지 않는다

"남 탓하지 마라." 이것을 잘못 받아들이면 자신을 탓하라는 말처럼 들린다. 하지만 여기서 '남'은 다른 사람만을 의미하는 것이 아니다. 나를 둘러싼 모든 것, 즉 환경을 말하는 것이다. 환경을 탓하는 것으로는 아무것도 해결하지 못한다. 오히려 나를 더 동굴 속으로 밀어 넣는 결과를 초래할 뿐이다.

내가 모 상황실에 근무할 때의 일이다. 내가 속한 부대는 해군의 모든 작전을 총괄하는 작전사령부였다. 그중 나는 수중작전을 통제하는 상황실에서 하루 24시간을 책임지는 일종의 팀장 역할을 하고 있었다. 밤샘 근무를 하고 아침에 브리핑을 하면 고된 하루가 끝났다.

일을 마치고 집에 가면 그대로 쓰러져서 잠만 잤다. 그러다 보면 오후 늦은 시간에 일어나고 저녁을 먹고 TV를 보다 다시 잠이 들었다. 해당 근무는 3일 주기로 돌아왔다. 그래서 그 다음날 하루는 나름대로 유용한 시간을 보낼 수 있었다. 전화기를 붙잡고 대기해야 하는 것만 빼면 말이다.

하지만 나는 쉬는 날에도 마음이 그리 자유롭지 못했다. 언제 불려갈지에 대한 걱정과 불안으로 가득했기 때문이었다. 그리고 그때 일어나는 상황에 어떤 일이 생길지, 알 수도 없는 불안감 속에서 애만 태웠다. 안타깝게도 그 소중한 시간을 가치 있는 일에 투자하기보다 일어나지도 않을 일에 대한 걱정을 하면서 보냈다. 어찌 보면 참 허망한 마음이자 시간을 대하는 태도였다.

이런 조건에서 일하다 보면 어쩔 수 없는 거라고 은연중에 생각했다. 원인을 환경 탓으로 돌린 것이다. 일어나지 않은 일에 대한 막연한 두려움에 빠진 삶을 선택한 것은 나 자신이었다. 하지만 나는 그것을 인정하지 않았다. 그러니 당연히 그것으로부터 빠져나올 수 있는 건설적인 생각은 할 수 없었다.

사실 그곳에서 근무하는 동안 내가 하루살이 같다는 생각이 많이 들었다. '어떻게 해서든 내가 맡은 시간 동안에만 아무 일 없도록 하자.' 이런 생각 말이다. 꽤나 무책임한 생각이지만 그것만으로도 무척 힘이 들었다. 불안함의 연속이었기 때문이다.

시계를 보며 정해진 시간을 기다린다. 정해진 내용을 받아야 하기 때문이었다. 꽤나 아슬아슬하게 도착한다. 또 한 고비를 넘은 것 같다. 하루 24시간이 그런 긴장감으로 가득했다. 놓치는 순간 하루가 괴로워지는 것은 물론 수많은 문제에 휩싸일 수 있기 때문이었다. 그래서 마치 낚시꾼이 물고기가 걸리기만을 기다리듯 조그만 현상도 놓칠 수 없었다.

팀장이 안절부절못하면 팀원들은 어떻게 될까? 그들 역시 불안에서 벗어나지 못하게 된다. 그래서 작든 크든 이끌어가는 사람의 역량이 참 중요하다. 자신을 감추는 것도 큰 역할이다. 장교라는 신분은 대부분 이런 리더의 역할을 많이 수행한다. 그래서 자신의 감정을 잘 추스르는 것도 기본 덕목의 하나였다.

때로는 박수를 치며 주위를 환기시키기도 하고, 돌아다니면서 각자의 팀원들과 수다를 떨기도 했다. 긴장을 완화시켜주기 위함이었다. 더불어 나도 어느 정도 불안감을 해소할 수 있었다. 하지만 뭔가를 책임져야 한다는 것은 생각보다 더 담대한 용기를 필요로 했다.

결론적으로 보면 나는 상황실에 근무하는 1년 동안 아무 문제없이 부여된 직책을 잘 끝마쳤다. 함께하는 팀원들과의 팀워크도 좋았다. 근무일정을 보고 나와 함께하는 것을 은근히 좋아하는 팀원들도 많았다. 그 원인 중 하나는 내가 끊임없이 불안과 걱정 속에 잘못된 판단을 하지 않도록 노력했다는 것도 있을 것이다. 하지만 나의 사고방식 자체가 그 일들로부터 도망치고 싶다는 회피적인 성향이 강했다는 것을 부인할 수 없었다.

지금 생각해보면 참 안타깝다. 잘해야 한다는 생각보다 잘못하지 않아야 한다는 강박관념에 빠져 살았다. 그래서 항상 그 상황 속에서 무언가를 배운다기보다도 어떤 것을 잘못하면 안 되는지에 초점이 맞춰져 있었다. 그래서 한 고비를 넘고 나면 '오늘도 살았다.'와 같은 감정을 느꼈지, '오늘 무엇을 배웠고 어떤 점이 좋았다.'는 생각은 잘 하지 못했다. 참으로 안타까운 사고방식이다.

사고방식을 바꾸면 인생의 변화가 시작된다

자신을 변화시킬 수 있는 실마리는 나의 결정과 사고방식에 달려있다. 내가 어떤 것을 결정하는가에 따라 나의 습관이 결정되고 사고방식도 영향을 받는다. 우리는 머리가 시키는 대로 행동하는 것 같지만 사실은 머리와 가슴은 서로 영향을 주고받는다. 그래서 관점이 대단히 중요하다.

내가 아닌 주위 환경으로만 눈을 돌리다 보면 나를 되돌아볼 기회를 잃게 된다. 그리고 그것이 습관이 되면 항상 다른 것들로부터 원인을 찾게 된다. 좋은 일이 일어나도 나에게서 자부심과 보람을 찾지 못한다. 그러다 보면 점점 더 내가 어떤 방식으로 살고 있는지, 내가 무엇을 잘하는지, 내가 어떤 감정에 취약한지와 같은 고유한 내적 문제들을 해결할 수 없다. 결국 어떤 노력을 하더라도 껍데기만 고쳐질 뿐 근본적인 해결이 이루어지지 않는다.

우리는 살아가는 내내 선택을 한다. 내가 항상 '좋은 일을 생각하고 행복을 느끼는 사람.'인지, 아니면 '나쁜 일을 생각하고 불행을 느끼는 사람.'인지. 어떤 것이든 선택은 스스로의 몫이다. 원하는 감정을 선택하는 데는 연습이 필요하다. 당신은 오늘보다 더 행복한 내일을 선택하는 방법을 탐구하고 찾아야 한다.

좋은 감정을 생각하고 행복한 일이 일어나기를 바라는 한결같은 마음에는 어떤 힘이 있다. 긍정적인 생각은 좋은 감정을 끌어당기는 강력한 자력을 갖고 있다. 내게 행복한 일이 생기기를 간절히 원한다면 항장 좋은 감정을 상상하고 긍정적인 생각을 하자. 우리 인생에는 어두운 면보다 밝은 면이 훨씬 더 많다. 긍정적인 생각은 좋은 감정을 부르고, 부정적인 생각은 나쁜 감정을 불러온다는 것을 항상 명심하자.

긍정적인 생각을 갖고 좋은 감정을 듬뿍 담아 그것을 말로 실천해보자. 그러다 보면 자신도 모르게 변화되어 가는 것을 느낄 수 있을 것이다. 어느 순간 문득 한결 더 멋있어지고 매력적인 누군가를 발견하게 될 것이다. 그것이 바로 행복을 되찾은 자신의 모습이다.

무심코 떠올리는 생각이나 말 한마디에도 조금 더 주의를 기울여보자. 우리의 감정은 진심에 반응한다. 나의 마음속을 솔직하게 바라보고 아름답고 좋은 생각으로 채워보자. 진심으로 행복과 나에 대한 사랑을 떠올려보자. 어느 순간 모든 감정은 당신의 편이 되어줄 것이다. 그것이 삶의 변화가 일어나는 과정이다.

습관적으로 밝고 희망적이며 기대에 찬 말을 하자. 자신이 원하는 것을 쓰고 가장 잘 보이는 곳에 붙여두자. 사소한 것 하나라도 이루면 그것을 기록하자. '아침에 일어나서 다시 침대에 눕지 않고 세수를 한다.' 이런 사소한 것도 좋다. 그 성취감으로 바닥에 붙은 엉덩이를 떼고 다른 사소한 한 가지에 도전할 수 있게 된다.

이미 우리는 행복하기 위한 모든 조건을 갖추고 있다는 사실을 받아들이자. 이런 사소한 습관들이 상승곡선을 촉발한다. 그러면 그 이후에 잠재된 행복의 감정들을 꺼내오는 것은 나도 모르게 저절로 이루어진다. 일단 궤도를 타고 돌기 시작하면 점점 더 가속이 붙고 삶에 활력이 생긴다. 그러니 절대 남 탓하지 말자. 환경 탓하지 말자. 모든 것은 내가 선택하고 나만이 해결할 수 있다는 능동적이고 긍정적인 생각을 하자.

 지금, 당신의 감정에게 말하기

나는 변화하고 싶다.

나는 새로운 삶을 살고 싶다.

그래서 나는 지금도 끊임없이 노력한다.

노력하는 나에게는 어떤 한계도 없다.

08 : 무조건 참기만 하면 언젠가는 터진다

장고 끝에 악수를 둔다는 말이 있지요.
무슨 일을 하기 전에 너무 많은 걱정과
생각을 하면 배가 산으로 가요.
내 직관을 믿고 적당한 선에서
느낌 대로 밀어붙이는 것도 때론 필요합니다.
– 혜민 스님

참고 참고 또 참는 이 시대의 자화상

드라마 〈황금빛 내인생〉에 등장하는 서태수라는 인물은 이 시대의 힘든 아버지들의 자화상을 보여준다. 한때 잘나가던 아버지이자 사업가였던 서태수는 사업에 실패하면서 많은 자괴감에 빠진다. 하지만 무엇보다도 그를 힘들게 했던 것은 부유했던 삶에서 누리던 넉넉함이 상실되면서 완전히 변해버린 가족들의 태도였다.

함께 일하는 동료와 "사자가 먹이를 구해오지 못하면 어떻게 되는지 아는가? 무리에서 쫓겨난다네!" 이런 의미심장한 대사를 주고받으며 그는 나름대로 가족들 밥벌이는 해야겠다는 의무감으로 몸부림친다. 하지만 가족에게 든든한 가장이고 싶어 막노동과 인력사무소를 전전하며 생활비를 벌어오는 것을 숨기고 짐짓 괜찮은 척 웃음을 짓는다.

어린 시절 쌍둥이 딸아이 중 한명을 불의의 사고로 잃고 운명처럼 시골길에서 발견한 아이를 20년이 넘는 세월 동안 내 아이로 키워온 그들 내외였다. 그런데 갑자기 그 아이의 부모가 나타나 아이를 돌려달라고 말한다. 그 시점에서 서태수의 아내는 오히려 진짜 딸을 그 집에 보내버리는 비극적인 선택을 한다. 그 부모가 재벌이기 때문이었다.

이런 어처구니없는 상황에서 당장 딸을 원래대로 돌려놓으려는 가장의 마지막 몸부림조차 "당신이 그 아이에게 뭘 해줄 수 있나?"라며 소리치는 아내의 말에 어쩔 수 없이 고개를 숙인다. 자신의 친딸조차 스스로 지킬 수 없는 힘없는 아버지임을 처절하게 슬퍼한다. 남부럽지 않게 행복해하며 맞이해줬던 지난 시간을 회상하며 서태수는 깊은 회한에 잠긴다.

결국 딸을 바꿔치기한 사실이 드러나고 진짜 딸은 어디론가 사라져 생사를 알 수 없는 상황에 놓인다. 다른 가족들은 며칠 바람 쐬고 돌아오겠지 생각한다. 하지만 자존심 강한 딸의 성격을 알고 있는 그는 죽음이라는 최악의 선택을 했을 수 있다는 절박함으로 딸을 찾아다닌다. 애타는

'부정   '으로 말이다. 하지만 결국 만난 딸은 이런 말을 던진다.

"가족이면 꼭 같이 살아야 돼요? 같이 있기가 힘든데?"

그동안 잡아왔던 끈이 뚝 끊어지는 것을 느끼며 그는 완전히 돌변한다. 마치 다른 사람인 듯 행동하며 가족들을 차갑게 대한다. 자식들과 아내는 너무나 변한 그의 모습에 한편으로는 분노를, 한편으로는 의구심을, 마지막으로는 걱정을 느낀다. 하지만 서태수의 마음은 차갑게 식어버린 뒤였다. 차라리 이 힘든 인생을 끝내달라는 마음을 갖게 된다. 그런 그에게 갑자기 자각된 위암 증상과 죽음의 위협은 차라리 '반가울' 정도였다.

후반부에는 이러한 닫혀버린 감정들을 서로 이해하고 풀어나가는 과정을 그리며 마지막은 따뜻하게 결말을 맺는다. 하지만 나는 여기서 참 많은 것을 느꼈다. 공감되는 부분도 많았고 안타까운 부분도 많았다. 나 역시 세 아이를 키우는 가장의 입장에서 우울증으로 인해 많은 것이 무너지고 자존감이 바닥을 치던 시기였기 때문이다. 무엇보다도 안타까운 점은 말도 안되는 일에 화도 낼 수 없게 된 그의 모습이었다. 덕분에 그의 감정 주머니는 폭발하는 지경에 이르렀던 것이다. 그토록 가족을 지키고자 노력하고 헌신했던 결과는 가정붕괴나 다름없는 처참한 모습이었기 때문이다.

누가 잘했고 잘못했고를 떠나서 우리는 무조건 참기만 해서는 안 된다. 좋은 기분을 억누르는 것은 올바른 선택이 아니다. 그렇지만 힘들어하는 자신의 감정을 누르는 것은 더 위험하다. 자신이 얼마나 허탈하고 괴로운지, 마음이 아픈지 알아봐주고 달래줘야 한다. 그렇지 못하면 언젠가는 '살아있는 것조차 괴로운' 안타까운 순간에 빠지고 만다.

가정에서도 직장에서도 마찬가지다. 우리는 항상 감정노동을 일상처럼 하고 산다. 모든 인간관계는 스트레스를 유발하게 되어 있다. 근본적으로 그들과 나는 엄연한 타인이기 때문이다. 그래서 갈등은 언제나 진행형이다. 심지어는 매일 마주치고 대부분의 시간을 함께하는 가족 간에도 분명한 의견차이가 있고 스트레스가 발생한다. 부모 자식 간에도 이런 상황을 비껴가지 못한다. 그러니 애초에 남인데다가 업무적인 관계로 엮이는 직장에서의 인간관계는 더 큰 스트레스를 유발할 수밖에 없다.

많은 사람들은 '착한 아이 콤플렉스'를 갖고 살아간다. 그래서 가능하면 문제를 일으키지 않으려 노력한다. 함께하는 데 익숙한 우리는 기본적으로 다른 사람에게 버림받지 않으려는 성향을 갖고 있다. 더불어 직장에서는 당장의 생계 때문에 더더욱 상급자에게 맞추며 살 수밖에 없다. 그러다 보니 이제는 '양보가 미덕이다.'라는 도덕적 구호로는 '내'가 멀쩡하게 살지 못하는 현실에 맞닥뜨린다.

『내 마음을 읽는 시간』의 저자 변지영 씨는 그동안 너무 열심히 살아와서 더 이상 노력할 수 없는 이들, 방향 없이 너무 오래 달려온 분들, 자신이 해온 것에 비해 만족감이 너무 낮은 사람들을 위한 자기이해 매뉴얼을 제시한다. 여러 가지를 설명하지만 그중에서 가장 나에게 와닿는 것은 '나를 지키면서 상대를 존중하는 건강한 경계가 필요하다.'는 내용이었다.

"경계를 지키는 연습은 내키지 않는 요청이나 제안을 받으면 '아니요.'라고 거절하는 것에서 시작됩니다. 거절하고 나서 미안함이나 죄책감을 느끼지 않는 것부터 연습해보는 것도 좋습니다. 무언가를 제안받거나 요청받은 상황에서 내가 거절하는 것은 상처를 주는 게 아닙니다. 피해를 주는 것은 더더욱 아니지요. 가족 간에도 마찬가지입니다. 가까운 사이일수록 경계를 지켜주어야 합니다."

나 역시 그랬다. 항상 다른 사람에게 휘둘리고 마음 아파하는 일들이 많았다. 내가 하기 싫은 일들도 웬만하면 받아주려고 노력했다. 하지만 그 결과는 허무하고 괴로웠다. 받아주고 괜찮다며 노력하기만 하면 다른 사람들은 그것을 당연한 것으로 받아들인다. 어떤 때는 수고했다는 말 한마디 듣기 힘든 때도 많았다. 사관학교와 군생활을 버텨내면서 나의 그런 성향은 더 강화되었다. 감정노동의 끝판왕과 같은 생활을 해야 했기 때문이었다.

그렇다고 해서 내 마음대로 문제를 일으키며 사는 것이 답이라는 것이 아니다. 그런 사람은 오히려 지금 사회에서 도태되고 만다. 어떤 집단에서도 그런 사람을 반기지는 않는다. 혼자서 일한다고 해도 이것은 마찬가지다. 서로 양해를 구하고 협조해야 할 상황은 언제든지 있기 때문이다. 가정에서도 이런 상황은 별반 다르지 않다. 자신만 알고 자신의 주장만을 관철시키는 사람은 가정불화의 원인이 된다.

그러나 적절한 수준에서 나의 의도를 전달하고, 싫은 것은 명확하게 거절하는 태도는 분명히 필요하다. 그 기준을 세우는 것이 바로 건강한 경계를 설정하는 것이다. "지금 저는 ○○○ 업무로도 충분히 바쁩니다. 지금 하시는 말씀은 너무 지나치십니다. 나중에 따로 시간을 두고 말씀하셨으면 좋겠습니다." 부드럽게 거절하고 시간을 두는 것만으로도 많은 감정적인 문제들을 가라앉힐 수 있다.

조금 편하게 행동해도 아무 일도 일어나지 않는다

이제는 지레 겁먹고 자신의 감정을 누르기만 하는 상황에서 벗어나자. 불편하다, 싫다, 두렵다는 것은 몸이 보내오는 일종의 신호이기도 하다. 그런 신호를 참기만 하는 것으로는 문제는 해결되지 않는다. 내가 먼저 나서서 나를 보호하지 않으면 그 누구도 나를 지켜주지 않기 때문이다.

표현하지 않는 감정의 골은 점점 더 깊어지기만 할 뿐 메워지지 않는다.

그 틈새에 끊임없이 쌓여가는 감정은 언제고 폭발하고 만다. 폭발한 감정은 내적으로든 외적으로든 우리 삶에 지대한 영향을 미친다.

외적으로 쏟아져나오면 때때로 큰 사고를 불러일으키거나 폭력, 언쟁으로 이어진다. 그 방향이 내적으로 이어질 때 더 심각한 결과를 초래하기도 한다. 우울증도 그런 현상 중 하나다. 파괴적인 에너지는 나의 자존감을 뿌리째 흔들고 끝없는 자기비하의 늪으로 빠트린다. 그러니 더 늦기 전에 자신을 보호하는 일에 앞장서자. 그것은 자신의 감정을 알아차리는 것에서 시작된다. 그리고 조금 더 자신을 편안하게 만드는 사소한 행동을 반복하는 습관으로 발전될 수 있다

이제는 무조건 참기만 하지 말자. 조금 더 편하게 살아도 된다. 다른 사람에게 내가 원하는 것, 불편한 것, 힘든 것들을 편한 마음으로 드러내보자. 물론 그 방법에 대해서 어느 정도 신중할 필요는 있을 것이다. 하지만 드러내는 것 자체를 불편하게 여기지는 말자. 분명히 말하건대 우리가 예상하는 그런 괴로운 상황은 일어나지 않을 것이다.

만약 그만한 일로 힘든 상황에 놓여 있다면 잠시 멈추고 상황을 되돌아보기 바란다. 절대 무작정 '내가 잘못했어, 괜한 일을 했다.'며 자신에게서 원인을 찾으려 하지 말자. 상황을 조금 멀리서 객관적으로 볼 필요가 있다. 그 상황을 만들어낸 것이 과연 내가 감정을 표현했기 때문인지

아니면 상대방의 옹졸하고 편협한 사고방식 때문인지 말이다. 대부분의 그만한 갈등 상황은 오히려 함부로 타인을 비난하고 아집과 편견에 가득 찬 상대방에게 있는 경우가 더 많다. 그런 사람은 다른 경우에도 같은 괴로운 상황들을 양산하고 있을 것이다. 그럴 때는 그 사람과는 최대한 거리를 두고 사는 것이 정신건강에 이롭다.

☂ 지금, 당신의 감정에게 말하기

이미 지나간 과거에 얽매이지 말자.
나는 살아온 날보다 살아갈 날이 더 많다.
그 미래를 더 아름답고 가치 있게 만들기에도
나는 지금 너무나 바쁘다.

3장

주변의 시선이 만든 감정에서 벗어나기

01 : 무엇보다 자존감이 답이다

02 : 완벽한 '척', 괜찮은 '척' 그만해라

03 : 칭찬받고 싶은 마음을 버려라

04 : 나 자신부터 위로하고 보듬어주라

05 : 기대감 버리기 연습을 하라

06 : 주위 사람의 평가에 휘둘리지 마라

07 : 조금은 이기적이어도 괜찮다

08 : 외모 성형보다 자존감 성형이 먼저다

위대한 성취를 하려면
행동하는 것뿐만 아니라,
꿈꾸는 것도 반드시 필요하다.
– 아나톨 프랑스(프랑스의 소설가, 평론가)

01 : 무엇보다 자존감이 답이다

나에 대한 자신감을 잃으면,
온 세상이 나의 적이 된다.
– 랄프 왈도 에머슨(미국의 사상가, 시인)

자존감은 나를 지켜주는 울타리다

휴직하고 난 후 얼마 되지 않았을 때였다. 나는 여전히 아침에 일어나기 힘들었고 집에 혼자 있으려고만 했다. 아침에 일어나면 세수도 잘 하지 않았고 수염은 어느새 덥수룩하게 자라나 있었다. 머리엔 까치집이 생겼고 얼굴은 푸석푸석했다. 거울을 보자 내 자신이 싫어졌다. 나는 다시 이불 속으로 들어가 눈을 감았다. 또 다른 하강곡선의 시작이었다. 자존감은 저 멀리 바닥으로 떨어지고 있었다.

자존감은 우리에게 어떤 영향을 미칠까? 자존감은 왜 중요할까? 쉽게 말해 자존감은 나를 지키는 울타리와도 같다. 좀 더 강하게 표현하자면 나를 지탱하는 근간이자 방탄유리라고도 볼 수 있다. 근간이라 함은 주위의 시선이나 의견에 휩쓸려 자신을 잃어버리는 것을 방지하기 위한 도구임을 의미한다. 방탄유리는 쏟아지는 총알로부터 나를 지키기 위한 방어수단을 뜻한다.

사회생활을 하다 보면 우리에게 온갖 총탄이 쏟아지는 상황에 직면하게 된다. 상사의 몰상식하고 무례한 언사, 주위 사람들의 근거 없는 악성 비방, 문책, 지적, 쏟아지는 언어폭력. 이렇게 우리에게 닥쳐오는 위협은 종류도 다양하고 어떤 것은 한 방에 즉사할 정도로 강할 때도 있다. 이런 상황에서 제대로 된 방탄유리를 갖추지 못하면 사회 초년생들은 이제 막 전장에 투입된 신병처럼 허무하게 쓰러질 수도 있다.

이런 일은 비단 사회 초년생에게만 해당되는 것은 아니다. 이미 어느 정도 버텨온 이른바 '사회 유경험자'에게도 자존감을 유지하는 것은 무척 중요하다. 중년의 경우 더욱 심각한 문제에 직면할 수 있다. 요즘 중년의 직장인들이 특히 직장우울증으로 많이 힘들어하는 것 또한 자존감 부재가 큰 원인을 차지하는 것처럼 말이다.

직위가 올라가면 마냥 행복하고 자유로워질 것이라고 생각할 수 있다.

하지만 직위가 올라간 만큼 책임질 것 또한 많아진다. 그리고 많은 경우 혼자서는 감당할 수 없는 큰 업무가 쏟아진다. 이에 더불어 팀원들이나 하급자의 업무 진행수준까지 신경 써야 할 상황에 놓인다.

이 시기에는 다양한 방면으로 전방위에서 몸을 지킬 수 있을 만큼 충분한 크기의 자존감을 형성하는 것이 중요해진다. 위, 아래로부터 샌드위치가 되는 것은 기본이고, 때로는 승진이나 진급의 시기가 되면 옆에서 공격받기도 하기 때문이다. 경쟁사회에서 어쩔 수 없는 부분이기는 하지만 참 안타까운 사회의 한 장면이다.

이렇게 사방에서 총알이 쏟아질 때는 자존감이 더 중요해진다. 그렇지 못하면 당장은 버틸 수 있다고 해도 쏟아지는 총알 속에 점점 상처 입고 에너지가 고갈된다. 그러다 보면 언젠가는 '번아웃' 상태에 놓여 쓰러지고 말기 때문이다. 그리고 이런 경우 대부분은 우울증에 걸리게 된다. 만약 정신과를 찾지 않았거나 아직 큰 문제가 터지지 않았다고 하더라도 그 증상에서 자유롭기는 힘들다. 끊임없는 피로나 의욕저하, 무력감, 자기부정 등의 증상들로부터 말이다.

이런 상황은 비단 사회생활에 국한된 것은 아니다. 어릴 때부터 우리는 집 밖으로 벗어나는 순간에 이런 상황에 직면한다. 같이 어울리는 친구들, 어린이집 선생님, 학교 친구, 동기 등 타인과의 만남은 언제든지 갈등을 유발한다. 그래서 어릴 때부터 단단한 자존감의 형성은 대단히 중요하다. 때에 따라서는 기본적인 삶의 질이 좌우될 정도로 엄청난 영향을 미친다.

나를 한 번 꾸며보자, 작은 것이 진짜 감정을 만든다

자존감을 형성하는 데 가장 중요한 첫 번째 요소는 외적으로 깔끔한 외모를 갖추는 것이다. 물론 어떤 경우에는 머리도 헝클어지고 추레한 차림에 화장실 슬리퍼를 끌고 다니면서도 자존감을 뿜어내는 사람도 있을 것이다. 하지만 대부분 이런 경우에 주위로부터 부정적인 피드백을 받을 확률이 증가한다. "너 복장이 왜 그래? 자기관리 좀 해라! 거울도 안보냐?"와 같은 부정적인 피드백들 말이다. 이 경우 아무리 뿌리가 단단한 자존감의 소유자도 점점 자신을 잃어가게 마련이다.

그래서 자신이 만약 정체되고 힘든 느낌에 있다면 외적인 면에 투자를 하는 것도 자존감 형성에 많은 도움을 줄 수 있다. 대부분의 사람들이 미용실에 가면 겪는 일과도 비슷하다. 같은 머리도 스타일링을 어떻게 하는가에 따라서 이미지나 외모가 전혀 달라 보이는 것과 마찬가지다. 진짜 외모가 달라지는 것도 물론 중요하지만 달라 보인다는 '착각'만으로도 우리는 행복해질 수 있다. 그리고 그것은 상승곡선을 촉발하는 데 큰 영향을 준다.

책을 쓰고 감정에 대해 공부하면서 나의 우울증은 눈에 띄게 호전되어

갔다. 내 감정에 대한 이해수준이 높아졌기 때문이었다. 더불어 나의 공포와 불안의 근원을 많은 부분 이해할 수 있었다. 어느덧 실제로 부정적인 감정들도 차츰 줄어들었다.

어느 순간부터는 자리를 털고 일어날 수 있게 되었다. 그 배경에는 푹 쉬고 재충전하면서 몸이 회복된 것이 큰 부분을 차지했다. 하지만 습관은 무서운 것이었다. 나는 충분히 바깥에 나갈 수 있는 상황에도 실천에 옮기지 못했다. 우리 뇌가 계속하던 일이 안정적이고 당연하다고 느끼는 것처럼 왠지 그냥 집에 있는 것이 당연하다고 여겨졌기 때문이다. 여전히 집 밖으로 나가는 것은 내게 있어 그리 반가운 일이 아니었다.

대략 사흘 정도를 문 앞에서 돌아서기를 반복하며 고민했던 것 같다. 그 와중에 외출할 계기가 생겼다. 내가 즐겨 활동하던 '한책협' 카페 대표님의 선물로 스타벅스 케이크와 아메리카노 쿠폰을 받게 된 것이었다. 그때 내가 사는 하양읍에 스타벅스가 있는지 찾아보는 것으로 비로소 외출을 위한 시동이 걸렸다. 찾아 보니 당연히 없을 것이라고 생각했는데 생각보다 가까운 거리에 있었다. 인근에 대학이 3군데 있었는데 그 근처였다.

막상 나가려고 하니 거슬리는 부분이 한두 군데가 아니었다. 거울 속의 나는 너무나 초췌했다. 우선 머리를 감고 세안을 했다. 면도를 하고 한쪽에 먼지 쌓인 채 놓고 있던 올인원 로션도 발랐다. 그래도 아직 뭔가 부족했다. 머리에 젤을 바르고 잔뜩 힘을 준 후 그동안 거의 열어보지 않던 옷장도 뒤져보게 되었다. 한참 동안 이 옷 저 옷을 몸에 대어본 후 옷을 골라 입었다. 이제 그나마 나갈 수 있는 정도가 된 것 같았다. 그제서야 문을 박차고 나갈 수 있었다.

오랜만의 외출에 뭔가 기분이 좋았다. 나는 기록을 남기기 위한 사진을 찍었다. 하지만 그다지 마음에 들지 않았다. 원판 불변의 법칙이었다. 뭔가 전환이 필요하다는 생각이 들었다. 그래서 시내로 나간 나는 안경점으로 향했다. 멋진 선글라스를 끼면 좀 달라 보이지 않을까 생각이 들었기 때문이었다.

나는 중학교 때부터 '포커페이스'가 별명이었다. 평소에 그리 표정이 많지 않기도 했다. 하지만 결정적인 것은 유전적인 안검하수였다. 이러한 눈의 형태로 나는 가만히 있어도 표정이 퉁명스러워 보인다는 말을 많이 들었다. 그래서 나는 항상 눈에 콤플렉스가 있었다. 나는 아무렇지 않은데도 친구들은 "너 무슨 일 있냐?"고 자주 물어봤기 때문이었다. 그래서 그런지 사진에서도 눈이 가장 마음에 들지 않았다.

안경점 직원과 함께 선글라스를 쭉 둘러봤다. 화사한 불빛 덕분인지 모든 선글라스가 예뻐 보였다. 하지만 기왕 내게 선물하는 것, 제대로 하고 싶었다. 한참 이것저것 착용해본 후 최종적으로 두 가지를 골랐다. 하나는 조금 심플하고 일상적인 것으로, 다른 하나는 조금 더 고급스럽고 화려한 것으로 말이다.

그중 마음에 드는 것 하나를 착용하고 안경점을 나섰다. 왠지 기분이 좋았다. 누가 나를 어떻게 보든 내가 행복했다. 스스로 나를 사랑한다는 느낌이 들었다. 괜히 심장도 두근거렸다. 왠지 좋은 일이 생길 것 같은 느낌이었다. 내가 너무 단순하다고 생각하는가?

하지만 사소한 변화에도 사람들은 민감하게 반응한다. 특히 자기 자신이 긍정적 변화에 민감해질 때 작은 것에도 행복을 느끼는 일이 늘어난다. 자신을 위해 투자했다는 그 사실만으로도 우리는 기쁨을 느낄 수 있다. 자존감은 이런 요소들이 쌓여서 만들어지고 강화된다.

자존감이 답이다. 힘든 세상을 이겨나가려면 목도 좀 뻣뻣할 줄 알아야 한다. 어지간한 바람에는 흔들리지 않을 단단한 하체도 있어야 한다. 총알을 막아줄 방탄유리도 물론 필요하다. 이 모든 것들이 무형적 에너지인 자존감으로 나타난다. 온전한 나를 위해 단단한 자존감을 세우자. 강풍에도 흔들리지 않는 튼튼하고 강한 울타리를 쳐서 위험으로부터 나를 지켜내자.

나만의 시간을 갖자.

온전히 내 마음을 충전할 시간을 비워두자.

힘들 때는 그냥 아무것도 하지 말고 가만히 있자.

조금 쉬고 생각을 가다듬다보면 내 마음속에 힘이 생긴다.

그 힘으로 또 하루를 행복으로 채워가자.

02 : 완벽한 '척', 괜찮은 '척' 그만해라

우리는 다른 사람과 같아지기 위해
삶의 2/3를 빼앗기고 있다.
– 쇼펜하우어

어울리지도 않는 가면을 쓴 채 살아왔다

나는 뱃멀미가 참 심한 편이었다. 물론 뱃멀미만 심한 것은 아니다. 차멀미도 심했다. 흔들리는 롤러코스터나 바이킹도 잘 못타는 편이다. 어지럼증에 취약하기 때문이다. 기름 냄새나 음식 냄새에도 쉽게 비위가 상한다. 그래서 입에 대지 못하는 음식도 많다. 특히 홍어나 마늘 같은 것은 냄새만 맡아도 속이 뒤집어지곤 했다.

사관학교에서는 3학년부터 실질적인 항해실습에 들어간다. 3학년에는 우리나라 각 기항지들을 둘러보는 '연안실습'을 한다. 약 한 달 정도 걸린다. 동해는 너울이 많이 일고 파도도 심해서 특히 배가 많이 흔들린다. 처음 진해에서 출발해서 부산을 거쳐 포항으로 가는데 유난히 풍랑이 심했다. 처음에는 그냥 버텨보려 했지만 하루 24시간 내내 흔들리는 상태를 처음 겪어보는지라 체력적으로 엄청나게 소진되었고 결국 화장실을 오가면서 속앓이를 할 수밖에 없었다. 얼마나 심했던지 입속에는 온통 구내염으로 가득했고 목구멍에는 피가 맺혀 토혈을 할 정도였다.

그나마 4학년 때는 119일 기간의 '해외순항훈련'을 갔는데 한 번 겪어본지라 나름 내성이 생겨 조금은 버틸 만했던 기억이 난다. 아침에 눈을 뜰 때면 함미갑판에서 바다를 보며 경이로운 일출장면을 감상하던 기억도 난다. 하지만 여전히 흔들리는 선상생활에서 쉽게 피로를 느꼈고 그 결과 80일 정도가 지났을 때는 장염에 걸릴 정도로 면역이 떨어졌다. 그때 아무것도 먹지 못한 채 2주 가까이를 입실해 있었다. 어찌 보면 참 해군 생활하기 피곤한 체질이었다.

어쨌거나 그런 나도 임관을 했고 장교가 되어 함정으로 부임하게 되었다. 그때는 마음가짐이 조금 달랐다. 사관생도 시절에는 배우는 교육생 입장이라 힘들면 힘든 대로 뻗기도 했었지만 직업군인은 좀 달라야 한다는 생각 때문이었다. 거품 같은 사고의 일종이었지만 나름대로 멋있어 보이고 싶은 마음도 있었다. 그래서 나름 악착같이 버텼고 심한 파도를 만났을 때도 꼭 참고 버티며 당직을 서기도 했다. 자존심을 세우기 위함이었다. 완벽한 장교라고 과시하고 싶었던 것이었을지도 모르겠다.

못하는 것도 잘하는 것처럼 보이고 싶어서 수없이 밤을 새워가며 연습한 적도 있었다. 힘들어도 힘들지 않다고 나를 북돋우며 결국에는 그 상황을 이겨낸 적도 있었다. 그리고 그로부터 동기부여를 받고 쾌감을 느끼기도 했다. 하지만 그렇다고 해서 사람이 근본적으로 달라질 수는 없는 것 또한 현실이었다. 가면을 쓰고 살아갔던 나는 항상 피곤함을 느꼈고 괴로움은 언제나 나만의 몫이었다.

내가 '완벽한 척, 괜찮은 척' 하려고 노력했던 것은 내 스스로를 허점투성이라고 여겼기 때문이다. 자주 아프기도 했고 신경 써서 하지 않으면 답답한 상황에 놓인 적도 많았다. 그래서 나는 있는 그대로의 내 모습을 드러낼 수 없다고 스스로를 단정 지었다. 그게 내가 나를 대하는 사고방식이었던 것이다. 내가 나를 그렇게 생각하니 나는 너무나 불완전하고 단점투성이인 인간일 수밖에 없었다.

하지만 내가 아무리 이런저런 '척'을 하더라도 사람들은 본능적으로 그것을 꿰뚫어본다. 결국 들키고 마는 것이다. 또 한 가지 내가 몰랐던 것은 의외로 사람들은 조금 모자라고 고민이 많더라도 솔직하고 진솔한 사람에게 매력을 느낀다는 점이었다. 결국 나는 스스로 그릇된 사고방식과 잘못된 방향으로 에너지를 쏟으면서 얻은 것은 아무것도 없었다. 참 안타까운 사고방식이었다. 아마도 노력한다는 인상 정도는 줬을 것이다. 처음 와서 나름 잘 보이려고 하는 후배의 모습으로나 또는 이제 막 실무에 나온 초짜 장교가 참 애쓴다는 인상 정도 말이다. 그래서 한편으로는 도움을 많이 받을 수 있었다.

솔직하지 못한 사고방식이 스트레스를 부른다

근본적인 문제는 따로 있었다. 이렇게 나를 포장하는 사고방식이 불러오는 근원적인 스트레스였다. 물론 나를 잘 포장하는 것은 사회생활을 하면서 참 중요한 부분에 속한다. 내가 가진 능력에 비해서 조금이라도 더 나은 모습을 보이는 것도 때로는 도움이 되는 경우가 있다. 특히 첫인상에서 상대방에게 좋은 인상을 심어줄 때도 있다. 그러나 일상이 거짓이 되어서는 안 된다.

사실 나는 애국심에 대한 개념도 크게 없고 전쟁이나 전투를 앞장서서 지휘할 수 있는 용기도 많이 부족한 사람이었다. 그냥 배운 대로 머리에 집어넣기는 했지만 남을 감화시키고 실질적인 행동을 이끌어낼 수 있는 능력은 갖추지 못한 상태였다. 사람에 대한 고질적 두려움도 많았고 무언가 일을 시작하기 전에 참 많은 것을 재보고 고민을 많이 하는 스타일이었다. 사실 돈에도 관심이 많고 틈나는 대로 자기계발보다는 게임을 하거나 소설책을 읽으며 시간을 때우는 사람이었다.

그런 내가 나라를 위해 목숨을 바치고 용기 있게 나가 부대를 지휘하고 타인에게 동기부여를 주는 사람인 '척' 하는 것은 나로 하여금 많은 스트레스를 빚고 가치와 현실사이의 괴리감만 증폭시켰다. 얻는 것은 별로 없는 불필요한 에너지 낭비였던 것이다.

잠수함에 지원했을 때도 나는 나를 포장하려 노력했다. 다른 사람이 가지 못한 길을 향해 보다 꿈과 비전을 갖고 도전하는 진취적인 사람으로 말이다. 창조의 가치를 중요하게 여기는 훌륭한 사람인 '척' 하려고 노력했다. 하지만 사실은 그냥 진급도 잘된다고 하고 수당도 더 많이 준다고 해서 지원했을 뿐이었다.

타인의 시선을 너무 의식하면 솔직해질 수 없다

나는 왜 이렇게 솔직하지 못했을까? 그 이유는 다른 사람의 시선에 너무 민감했기 때문이다. 그들이 나를 어떻게 보는가에 대한 생각이 내 머릿속을 온통 지배하고 있었다. 남들의 시선을 너무나 의식한 나머지 내가 나를 속였고 어느 순간부터는 그조차도 인지하지 못하고 불편한 내면의 자아와의 갈등을 증폭시키고 말았다. 남는 것은 자꾸만 피로해지는 인생, 공허감, 그리고 껍데기 인생의 반복이라는 '느낌'이었다.

이런 노력은 점점 습관이 되고 당연한 일상이 되어갔다. 스스로에게 최면을 거는 것이었다. 정말 내가 그런 훌륭한 사람인 것처럼 '착각'에 빠지게 되었다. 언제부터인가는 자꾸만 솔직한 내 모습을 바라보는 것이 불쾌해졌다. 그런 사고방식 자체가 자꾸만 나를 '못난 사람'으로 빚어가는 데 큰 역할을 하게 된 것이었다.

솔직하지 못한 인생은 내면의 상처를 극대화시키고 만다. 내가 만들고 싶고 바라는 모습의 나는 완벽해야 하고 의연하게 사고하고 괜찮은 사람이어야 한다. 하지만 실제로 나는 그 정도로 완벽하고 좋은 사람은 아니었다. 그 차이로 인해 솔직한 현재의 나를 있는 그대로 인정하지 못한 채 자책의 늪에 빠지고 말았다. 스스로의 기준을 잘못 설정하고 거기에 맞추려고만 하니 그것으로부터 파생되는 스트레스가 어마어마했다.

그나마 개인 격실이라도 있던 수상함을 타던 시절에는 스트레스가 덜했다. 다른 사람과 차단된 공간에서 조금이나마 숨통을 틀 수 있었기 때문이었다. 하지만 잠수함은 좁고 개인 공간은 아예 없는 것이나 다름없었다. 그러니 그 안에서 나는 더욱더 나를 조이고 옭아매야 했다. 어느 순간부터는 다른 사람과 함께 있는 것 자체가 고역인 순간이 많아졌다. 자연스럽게 나는 다른 사람들을 형식적으로 대할 수밖에 없었다.

불편한 것에는 분명한 이유가 있다

불편하다는 감정을 느끼는 데는 분명한 이유가 있다. 그중 하나는 자신을 과도하게 속이는 생활태도를 반복하는 것에서 비롯된다. 사람은 다

부족한 부분이 있고 그것을 메꿔가는 것도 인생을 살아가는 과정이고 우리 삶의 일부다. 어차피 완벽한 사람은 존재하지 않는다. 그냥 서로 다른 장단점을 가진 개성 있는 존재일 뿐이다.

완벽함을 연극한다고 해서 타인으로부터 진심어린 '인정'을 받을 수 있는 것도 아니다. 그러니 편하게 지금의 내 모습을 인정하자. 어차피 그 사람들도 우리의 내면을 꿰뚫어보지는 못한다. 다분히 그 사람의 주관적인 경험과 사고에 입각한 평가일 뿐이다. 그들의 평가를 너무 의식할 필요는 없다.

이제 '완벽한 척', '괜찮은 척'은 그만하자. 직장생활을 하는 대부분의 사람들은 평가에 민감하다. 사실 그럴 수밖에 없는 환경임은 인정한다. 그래서인지 진짜 믿을만한 사람이 아니고서는 솔직한 감정을 터놓지 못한다. 나를 숨기고 살아가는 것이다. 하지만 타인에게 솔직하지 못하다는 것은 그만큼 상대방과 피상적인 관계만 맺을 수 없음을 뜻한다. 이런 경우 많은 사람과 함께하고 있어도 항상 외롭고 쓸쓸하다.

때로는 과감하게 내려놓고 나의 치부도 드러내는 용기를 가져보자. 아플 때는 아프다고, 힘들 때는 힘들다고 말하자. 그렇게 할 수 있어야 나중에 그 사람도 힘들 때 나에게 의지하려고 할 것이다. 그것이 따뜻한 감정이 되어 인연의 끈을 단단하게 만들어갈 것이다.

괜찮다. 세상은 어차피 당신을 그리 완벽한 사람으로 보지 않는다. 그러니 작은 성냥갑 같은 세상 속에 나를 끼워 맞추는 것은 그만두자. 정말 완벽해지고 싶다면 나를 포장하려고 해서는 안 된다. 그보다는 진실로 내면의 변화를 이끌어내고 나의 장점을 더 강화시키는 노력을 하자. 이런 과정을 통해 타인에게 선한 영향력을 미치는 삶을 살아갈 수 있다. 그때 사람들의 시선은 자연스럽게 나의 가치를 알아보게 되어 있다. 그것이 나의 가치를 확립하고 타인과 함께 공생할 수 있는 아름다운 인생으로 안내할 것이다.

☂ 지금, 당신의 감정에게 말하기

나는 없는 것보다 있는 것이 훨씬 더 많다.
지금 내게 없는 것 때문에 슬퍼하지 말자.
내가 가진 것들을 가꾸어가기에도
1분 1초가 아쉽다.

03 : 칭찬받고 싶은 마음을 버려라

다른 사람이 좋아하는 것을
당신이 좋아하지 않는다고 해도
절대 낙담하지 마라.
– 엠마 왓슨(프랑스의 영화배우)

타인의 기준에 나를 맞추려고 하지 말라

다른 사람에게 좋은 인상을 주고 칭찬받는 것을 싫어하는 사람은 아마 없을 것이다. 나도 마찬가지였다. 나는 스스로에 대한 평가를 잘 내리지 못하는 성격이었다. 정확히 말하면 내가 나를 평가하는 것은 별다른 의미가 없다고 생각했다. 다른 사람의 평가가 객관적인 지표라고 생각했기 때문이었다. 그만큼 다른 사람에게 어떤 평가를 받는지는 내가 느끼는 여러 가지 기분이나 감정에 지대하게 영향을 미치는 일이었다.

임관하고 1년차 장교 시절에 있었던 일이다. 당시 내가 탔던 배는 3백명 정도가 근무하는 커다란 구축함이었다. 고속정 같은 작은 배에 비하면 항해를 나가는 일이 그렇게 자주 있지는 않았다. 하지만 배가 컸던 만큼한번 출동을 나가면 짧으면 한 달, 길면 40일까지 기간이 늘어나기도 했다. 그때의 출동도 40일 가까이 지속되었다.

항해 중에는 매일 아침 '작전현황 브리핑'이라는 것을 했다. 부두에 정박해 있을 때 하던 브리핑과는 비교도 할 수 없을 정도로 많은 분량을 준비해야 했다. 프레젠테이션으로 매수가 60매 가까이 되었고 각 슬라이드마다 애니메이션 효과도 들어갔다. 브리핑 시나리오만 해도 A4용지로빽빽하게 한 장 반이나 될 정도였다.

항해를 나가면 3직제로 당직근무가 돌아간다. 나는 40일간의 출동기간내내 하루 2번씩 12시부터 4시까지 당직을 섰다. 일명 '미드와치'라고 부르는 당직시간이었다. 낮 근무는 비교적 할 만했지만 밤 12시부터 새벽4시까지 당직을 서고 나면 체력적으로 정말 큰 부담이 되었다. 거기에 더불어 아침 8시쯤 시작하는 브리핑을 준비해야 했다.

당시 같은 배에는 나를 포함해서 동기 3명이 타고 있었다. 3명이서 돌아가며 3일에 한 번씩 브리핑을 준비했다. 말이 아침 8시지 새벽 4시까지당직을 서고 60페이지 분량에 달하는 프레젠테이션을 준비하기 위해서는 아침 먹을 시간도 없이 밤을 새워 준비해야 했다.

물론 누구도 나에게 밤새 준비하라고 강요한 적은 없었다. 하지만 작전 현황 브리핑은 함장을 포함한 배의 주요 직위자들이 거의 다 참가하는 아주 큰 회의였다. 때로는 하루의 분위기를 좌우하기도 했다. 그런 회의를 장교 중 가장 막내였던 내가 대충 마음 편하게 준비할 수는 없는 상황이었다.

더군다나 나는 타인의 평가에 정말 민감한 성격이었다. 그래서 많은 사람들이 참가하는 회의에서는 더욱 더 실수 없이 완벽하게 브리핑을 하고 싶었다. 초단위로 애니메이션을 확인하며 시나리오를 읽는 시간과 맞출 정도였다. 그렇게 준비해서 브리핑을 마치고 나면 하나를 마쳤다는 행복감과 함께 비로소 긴장이 풀리며 곤죽이 되어 침대에 쓰러졌다.

대략 2시간 정도 눈을 붙이고 나면 다시 당직근무에 들어갔다. 전보다는 많이 좋아졌지만 여전히 배에서 생활하는 것은 뱃멀미가 심한 나에게는 체력적으로 많은 부담이 되었다. 사실 내가 흔들리는 배에서 생활한다는 것 자체가 기적이었다. 어쨌든 그런 생활을 40일 가까이 하고 돌아와서 나는 3일간 극심한 복통에 시달렸다.

군의관이 3일치 약을 처방하며 이 약을 다 먹고도 복통이 계속 있으면 꼭 병원에 가서 검사를 받아보라고 했다. 받은 약을 다 먹으며 버텨봤지만 복통은 없어지지 않았다. 결국 병원에 갔고 검사 결과는 맹장염이었다. 그날 바로 수술을 했고 며칠을 누워서 쉬어야 했다.

지금 생각해보면 참 미련한 일이었다. 하지만 그 당시의 나는 절박하다고 느꼈고 당연히 그렇게 버텨야 하는 것이라고 여겼다. 그리고 장교라면 잘해야만 한다고 생각했다. 그 생각들이 머릿속에 가득 차 몸에 무리를 주고 만 것이었다. 나는 누구에게도 그때 생활이 힘들다고 이야기하지 않았다. 나약하다고 생각할까봐 신경이 쓰였던 것이다. 그러니 당연하게도 아무도 내가 그 정도로 무리하고 있다는 것을 알지 못했다.

내 사고방식에 조금만 융통성이 있었더라면 어땠을까. 당직시간을 조금 조정해달라고 건의할 수도 있었을 것이고, 브리핑 준비가 너무 많은 부담이 된다고 말을 할 수도 있었을 것이다. 하지만 나는 다른 사람의 눈치를 많이 봤고 그들의 평가에 너무 민감했다. 칭찬받고만 싶었다. 그러나 지금 되돌아보면 그런 평가에 조금은 둔감해질 필요도 있었던 것이다.

나 자신에게 충실하면 삶이 편안해진다

'잘하고 싶다. 인정받고 싶다.'

어떻게 보면 성취감을 먹고 사는 인간에게 있어 칭찬받고자 하는 욕구는 당연한 것이라고도 볼 수 있다. 하지만 과연 누구에게 잘하고 싶고, 누구에게 인정받고 싶은 것일까? 사람인 이상 모든 것을 완벽하게 한다는 것은 어차피 불가능하다. 사람은 기계가 아니기 때문이다. 인정할 것은 인정하는 것이 때로는 편하다. 그리고 타인의 평가라고 해서 반드시 객관적인 것도 아니다. 그들도 자기만의 안경을 끼고 사람을 판단하기 때문이다.

다른 사람의 시선을 의식하기보다 나 자신에게 충실하자. 모든 열쇠는 이미 내가 갖고 있다. 내가 판단하기에 충분히 그 역할을 다했고 노력했다면 인정할 만하지 않은가? 내가 어떤 일을 잘 끝마쳤다고 해도 다른 사람이 부정적으로 평가를 내린다면 그 과정이 모두 거짓이 되어버리는 걸까? 분명히 그렇지 않다는 것에 동의할 것이다. 마찬가지로 아무리 다른 사람에게 칭찬을 듣더라도 나 자신이 그 결과에 대해 만족하지 않는다면 그것은 제대로 된 기쁨이나 행복이 될 수 없는 것이다.

완벽하고 싶다는 생각에 무리하다 보면 그 생활은 오래가지 못한다. 우리 몸은 정직하다. 이것은 기계도 마찬가지다. 자동차의 엔진오일을 제때 갈지 않고 연료도 제대로 채워주지 않는다면 제 역할을 할 수 있을까? 거기다 무리하게 가속기를 밟아댄다면 자동차의 수명은 결코 오래갈 수 없을 것이다. 어느 순간 금세 고장난 채로 도로 한복판에 멈춰버리고 만다. 그때 가서 아무리 "에이! 이런 똥차 같으니라고!" 하고 원망해봐야 아무 소용없다. 자칫하다간 우리의 인생도 이렇게 멈춰 설 수 있다.

그러니 남보다 칭찬받고 싶고, 빨리 가고 싶다는 생각을 조금 내려놓자. 그리고 나를 조금 더 편안하게 해주자. 세차도 자주 해주고, 에어컨 필터도 갈아주고, 엔진오일도 좋은 것으로 넣어주자. 이렇게 보살펴주고 사랑으로 돌봐줄 때 우리의 인생도 더 쾌적하고 행복한 상태로 더 멀리 갈 수 있다.

나를 반짝반짝 빛나는 보석으로 만드는 것은 나만이 할 수 있다. 아무리 다른 사람에게 칭찬받는다고 한들 그것이 내 가치를 올리고 내 문제를 해결해주는 근본적인 요소가 될 수는 없다. 내가 나를 사랑해야 한다. 그 누구도 그것을 대신해줄 수 없다. 때로는 다른 사람의 칭찬이 일시적인 행복을 가져다줄 수도 있을 것이다. 하지만 그것은 영구적인 것이 아니다. 타인에게서 비롯된 행복은 그 사람이 사라지면 신기루처럼 함께 사라지고 만다.

나에 대한 사랑의 뿌리가 단단하게 자리 잡을 수 있도록 노력하자. 꾸준히 물을 주고 영양분도 공급하고 정성으로 돌봐주자. 그럼 어느덧 그 나무는 울창하게 자라서 내가 뜨거운 햇빛으로부터 잠시 벗어나 쉴 수 있는 휴식터를 제공해줄 것이다. 때로는 타인에게서 갑작스럽게 비난의 소나기가 쏟아져 우산조차 펼 시간이 없을 때, 쏟아지는 비로부터 우리 몸이 젖는 것을 막아주기도 할 것이다.

분명한 것은 우리는 모두 저평가된 우량주라는 사실이다. 아직 우리의 가치는 그 누구도 모른다. 가족도, 상사도, 부모도, 친구도, 심지어 스스로조차도 알 수 없다. 왜냐하면 우리의 가치는 인생의 마지막 순간에 도착했을 때 비로소 알 수 있는 것이기 때문이다. 만약 이미 누군가가 알고 있다면 그것은 우리를 창조한 신에게나 가능한 일이다.

나를 섣불리 단정 짓지 말고 꾸준하게 삶을 변화해나가자. 도전적으로 살며 지금의 인생을 충분히 즐겨본 후, 그때 가서 내가 어떤 가치 있는 삶을 살았는지 평가하기 바란다. 그 순간이 올 때까지는 어떠한 평가도 유보하자.

일시적인 평가에 휘둘려 일희일비하지 말자. 지금 칭찬받는다고 해서 더 나은 인생을 사는 것은 아니다. 또한 지금 누군가에게 비난받았다고 해서 당신이 가치가 떨어지는 것도 아니다. 현재는 단지 과정일 뿐이다. 나를 사랑하고, 내 가치를 키워나가고, 내 아픔을 어루만지면서 지금의 여정을 걸어나가자. 단단한 용기를 갖추고 나에게 쏟아지는 어떠한 시련도 이겨낼 수 있다는 확신을 갖자.

"당신은 50조 원의 가치를 지닌 사람이다."

내가 나 자신을 믿어주는 한

누구도 내 인생을 마음대로 재단할 수 없다.

나는 끊임없이 새롭게 변화하고 있으며,

내 인생의 최종상태는 여전히 진화하는 중이다.

04 : 나 자신부터 위로하고 보듬어주라

완벽한 것은 없다.
모든 것에는 금이 가 있다.
빛은 그 곳으로 들어온다.
― 레너드 코헨, 〈Anthem〉

나조차 나를 돌보지 않으면 누가 나를 지킬까?

내가 우울증에 걸렸던 시절을 떠올릴 때마다 가장 가슴 아프고 후회스러웠던 점이 있다. 그것은 누구보다도 나 스스로가 나를 가장 비난했다는 점이다.

'나는 왜 이만큼밖에 하지 못할까? 나는 이것밖에 안 되는 놈이었나? 내 잘못이야. 내가 뭔가 잘못한 부분이 있겠지.'

이런 자기 부정적 생각들을 일상 속에서 끊임없이 반복했다. 특히 이와 같은 사고방식이 가장 증폭되는 경우는 대부분 타인으로부터 비난받는 상황에서였다. 하지만 나는 꼭 그렇지 않더라도 상습적으로 나 자신을 향한 마음의 폭력을 휘둘러댔다.

권투에 비유하면 쉴 새 없이 상대를 향해 잽을 날리고 있는 것이나 다름없었다. 하지만 실제로 내가 싸우는 상대는 바로 나 자신이었다. 나를 향해 잽을 날리는 꼴이었다. 그러다 힘이 빠지는 순간이면 알 수 없는 어떤 방향에서 카운터펀치가 날아와 나의 의식을 아예 날려버리곤 했다. 바로 타인으로부터의 부정적 피드백이나 비난이었다.

참으로 우습고도 슬픈 현실은 나는 이미 그로기 상태여서 간단한 잽도 막거나 피할 수 없었다는 점이다. 그러니 내가 나를 아무리 채찍질하고 몰아붙여도 아무것도 할 수 있는 것이 없었다. 감독도 선수도, 상대도 모두 나로 채워진 링 안에서 끊임없이 싸워왔다. 하지만 버틸 힘도 없는 상태로 얻어맞으면서도, 감독인 나는 흰 수건을 던져주지도 않았다. 선수의 상태를 알아볼 수 있는 눈이 없었기 때문이다. 권투에서 그렇게 일방적으로 버티다 보면 선수 생명도 유지할 수 없게 된다. 내 경우가 딱 그랬다.

사고방식이란 참 중요하면서도 무서운 것이다. 우리가 하는 모든 행동이 사고방식의 결과로서 나타나기 때문이다. 그래서 사고방식은 어떤 정형화된 행동 패턴을 일상 속에서 지속적으로 만들어내고 이것은 반복되어 하나의 습관으로 자리 잡게 된다. 일단 습관화된 행동패턴은 우리 삶의 일부로 고착되기 때문에 쉽게 떼어낼 수 없다. 그래서 때로는 사고방식 하나가 우리 삶을 결정지을 수도 있다. 이것이 바로 사고방식이 중요한 결정적인 이유다.

내가 점점 지치고 힘들게 된 원인은 바로 나의 사고방식에 있었다. 뭔가 일이 잘 풀리지 않으면 우선 나에게서부터 원인을 찾았다. '내가 뭐 잘못한 건 없나? 내가 무엇을 놓쳤지?' 나의 경우에는 이러한 사고가 반복되고 증폭되어 잘못된 방향으로 발전되었다. 그 결과, 다른 사람으로 인한 잘못된 상황에서도 '내가 한 번 더 짚어줄 수도 있었는데……'. 이렇게 끝없이 나를 비난하는 상황에 놓이고 말았다. 그래서 나는 내 주변에서 일어나는 어떤 문제로부터도 자유로울 수 없었다. 어떤 일을 하든, 인간관계를 맺든 대부분의 경우에서 문제와 갈등은 필연적으로 일어나기 때문이었다.

모든 것들이 계획한 대로, 이상적으로 척척 이루어진다면 얼마나 좋을까? 그런 곳이 있다면 그곳이 바로 천국일 것이다. 하지만 현실은 천국처럼 행복한 사건들로 치장된 곳이 아니다. 그래서 크든 작든 문제와 사건, 사고는 끊임없이 일어난다. 나는 그 문제들을 쉽게 넘기지 못했다. 자꾸만 나에게로 책임을 돌리는 사고방식이 습관처럼 고착화되었기 때문이었다. 이것은 끝없이 스스로에게 잽을 날리는 상황으로 이어졌다. 시간이 흐르고 점점 직책이 높아질수록 보다 많은 분야에 대한 책임이 주어졌다. 그때마다 내가 스스로 만들어내는 마음의 짐들은 눈덩이처럼 불어나 나를 짓눌렀다.

물론 스스로부터 점검하는 사고방식이 반드시 나쁜 것만은 아니다. 때때로 이와 같은 사고방식은 긍정적인 결과를 불러오기도 한다. 특히, 사회생활의 측면에서는 타인에게 공격적으로 대하지 않을 수 있게 된다. 그래서 다른 사람과의 갈등이 많은 부분 줄어든다. 내가 스스로 '나의 책임'이라고 하는데, 면전에다 대고 "그래! 오늘 일은 모두 너 때문이야!" 이런 식으로 대응하는 사람은 흔치 않기 때문이다. 어떤 때는 나의 이런 태도에 감화되어 상대방도 스스로 반성하는 긍정적인 결과를 낳을 때도 있었다.

또한 적절한 수준의 자기반성적 사고는 나의 발전을 돕기도 한다. 환경이나 주위 탓만을 해서는 내가 무엇이 부족한지 스스로 살펴볼 겨를이 없기 때문이다. 그렇게 되면 더 이상 자기주도적인 발전은 어렵게 된다. 나에 대한 정확한 평가가 이루어지지 않기 때문에 보완할 점과 발전시킬 부분을 알 수 없게 된다. 더군다나 나에 대한 제대로 된 판단은 스스로가 아니면 할 수 없는 부분이기도 하다. 타인으로부터 제대로 된 평가를 받는 일은 현실적으로 잘 일어나지 않는다. 그 이유는 상대방이 정말 애정을 갖고 나를 평가하지도 않거니와 설사 그렇다고 하더라도 타인으로부터 오는 부정적인 피드백은 무시하거나 듣기 싫은 말은 거르는 경우가 대부분이기 때문이다. 그래서 가끔은 자신에 대해 속 시원하게 들여다보는 자세가 장점을 발휘하는 것 또한 분명하다.

'과유불급'이라는 고사성어가 있듯이 무엇이든 지나치면 독이 된다. 자기비판적 사고방식이 과도하게 일어나면 그것은 독이 되어 내 자존감을 피폐하게 만든다. 나를 지켜줄 방어막이 약해져버리는 꼴이다. 사회생활을 하다 보면 나에 대한 부정적인 피드백은 이미 충분히 쏟아져 나오는 것이 현실이다. 굳이 내가 스스로 만들어내지 않아도 이미 충분할 만큼 나를 반성하게 만든다. 만약 정말 내가 잘못한 부분을 반성하고 싶다면 거기에는 방법이 있다. 하루 한 번 시간을 정해 나를 되돌아보는 것이다. 그리고 일기 등의 기록으로 남기는 것만으로도 충분하다. 즉, 최소한만 수행해도 그 효과는 충분히 볼 수 있다.

우울증에 걸린 사람의 십중팔구는 이러한 자기비판적인 사고방식을 갖고 있다. 그리고 우울증에 걸리지 않았다고 하더라도 감정으로 힘들어하는 대부분의 사람들은 성장과정이나 사회생활에 적응하는 과정에서 은연중에 이러한 사고방식을 학습한 경우가 많다.

학교에서, 가정에서, 직장에서 우리는 기본적으로 자신을 어떻게 보호할지에 대해서는 제대로 배우지 못한다. 그보다는 타인에 대해 어떻게 행동하라는 것을 주로 배운다. 특히 도덕이나 공익적 측면에 입각한 사고방식이나 태도에 대한 것을 주로 학습한다.

"양보가 미덕이란다. 싸우는 것은 좋지 않아! 형이면 형답게, 누나면 누나답게, 동생이면 동생답게 행동해야지!"

이런 식으로 형태만 바꾸어서 말이다. 돌려서 말할 뿐이지 결론적으로는 '나를 누르고 타인을 배려하라.'라는 메시지를 던져준다.

안타깝게도 되돌아보면 내가 아이들을 대하는 태도도 마찬가지임을 새삼 느낀다. 아이들은 항상 작고 사소한 것들로 다투곤 한다. 다른 수많은 물건들을 제쳐두고 세 아이가 하나의 물건을 가지고 서로 경쟁하는 것을 보면 답답한 마음이 수면 위로 올라온다. 어른인 내가 보기엔 정말 아무

것도 아닌 작은 종이 조각이나 카드 한 장이 그 다툼의 원인이 되기도 하기 때문이다.

그럴 때마다 나는 이제 겨우 7살밖에 되지 않은 둘째 아이에게 이런 식으로 대했다.

"아무것도 아닌 것으로 뭘 그렇게 싸우니? 그리고 너는 형이 되가지고 그런 사소한 것도 양보 못해?"

그리고 이제 10살이 넘어, 때로는 양보하는 모습도 보이는 첫째 딸아이에게 은연중에 웃어주거나 칭찬해주고 있었다. 이런 모습을 보는 둘째 아들의 가슴엔 어떤 생각이 심어지고 있을까?

물론 나도 사고뭉치가 될 것을 권장하지는 않는다. 분명 우리는 타인과의 관계나 함께하는 업무의 연속에서 생활하고 있다. 그때마다 나만을 생각하고, 다른 사람에게 함부로 대하면 어떻게 행복하게 살 수 있겠는가. 다만, '중용'이라는 단어에 대해 생각해볼 필요는 있다는 것이다.

소중한 나를 아껴주고 세상의 중심에 단단하게 세우자

'나'는 분명 소중한 존재다. 다른 사람에게 함부로 평가절하당해서는 안 된다. 더불어 자신에게도 함부로 평가되어서는 안 된다. 물론 섣불리 타인을 임의해석하고 편견으로 바라보아서도 안 된다. 하지만 그 전에 우선 내가 나를 얼마나 위해주고 있는지 순간순간 되돌아보아야 한다.

분명 자신에 대한 반성은 필요하다. 하지만 그것이 지나쳐 '독'이 되는 사고방식은 반드시 피해야 한다. 이미 우리에게는 비난의 화살이 쏟아질 준비가 충분히 되어 있다는 사실을 인지하자. 그때는 나를 보호하는 것이 우선이다. 상처 입은 나를 살펴보지 않고 보듬어주지 않는다면 그 누구도 나를 보호해주지 못할 것이다. 달리 말하면 스스로를 돌보지 않는 상태에서는 누구도 나를 행복하게 해줄 수 없다. 그리고 나를 소중히 여기는 사람들의 마음까지도 짓밟는 꼴이 되고 만다.

이기주의든, 이타주의든, 공동체 의식이든 어느 한쪽으로 심하게 치우쳐서는 안 된다. 어떤 기준을 세우고 필요에 따라 조금씩 그것들을 꺼내 쓸 수 있을 정도면 충분하다. 그래서 자신의 선택과 결정이 중요하다. 그러니 지금부터라도 다른 사람에게 쏟을 애정과 걱정을 나를 향해 쏟아보자. 소중한 나를 먼저 이 세상에 세우자. 팔다리에 튼튼한 근력을 기르고 마음도 더 단단하게 만들자. 든든한 '나'를 바탕으로 다른 이들에게 선한 영향력을 미치는 삶을 살아간다면 그만큼 행복하고 가치 있는 삶도 없을 것이다.

나에 대해 1%도 제대로 알고 있지 못한 사람들의

쓸데없는 말에 귀 기울이지 말자.

나는 지금 내가 가고 있는 길, 그 길을 묵묵히 가면 된다.

내가 선택한 그 길이 정답이니까.

그들로 인해 흔들리고 포기해버리기에는 내 인생은 너무나 소중하다.

05 : 기대감 버리기 연습을 하라

돌아오지 않으면 그건,
처음부터 너의 것이 아니었다고
잊어버리며 살거라.
– 신경숙, 『깊은 슬픔』

때로는 과도한 기대가 나에게 '독'이 된다

타인은 문자 그대로 '타인'이다. 나와는 엄연히 '다른 사람'이기에 타인이라고 부르는 것이다. 말장난 같이 들릴 수도 있겠지만 굳이 이 말을 꺼내는 것은 이유가 있다. 그것은 이 간단한 진리를 우리는 종종 잊어버린 채 살아가는 일이 많기 때문이다. 잊어버렸다기보다 너무 당연한 일로 여겨 자각하지 못하고 살아간다는 것이 더 정확한 표현일 수도 있겠다.

통상적으로 모르는 사람, 직장동료, 선·후배들은 말할 것도 없이 타인의 범주로 본다. 하지만 이와 더불어 가족이나 부부 역시 분명한 타인에 속한다. 같은 피가 흐르는 혈연관계라 해도 자식을 부모 마음대로 할 수 없는 것 역시 타인이기에 그러하다. 그래서 그들이 자신의 마음에 온전히 부합하는 일은 좀처럼 일어나기 힘들다.

그들을 타인이라고 인식함에도 불구하고 우리는 때때로 그들에게 많은 기대를 한다. 그러나 이러한 기대가 이뤄지는 경우는 드물다. 그래서 우리는 그들을 변화시키려고 노력하고 그들이 변화되는 모습을 보고 싶어 하지만 대개 실망하고 좌절한다. 나름대로 그들을 위해 노력도 해본다. 때로는 먼저 자신이 양보하거나 희생하기도 하고 본을 보이기도 한다. 하지만 그럴수록 상처만 더 입는다. 때때로 과도한 기대는 내 마음에 상처가 되고 '독'이 되기도 한다.

나는 아내와 결혼 전에 4년간 연애를 했다. 대전과 진해 사이를 오가는 장거리 연애였다. 펜팔로 시작한 우리의 연애는 때로는 힘들었지만 모두 이겨내고 결혼에 골인할 수 있었다. 지금은 결혼 10주년도 지났을 정도로 많은 시간을 함께 했다. 긴 시간 동안 함께해온 만큼 사건들 또한 많았다.

아내와 나는 참 많은 부분이 다르다. 어떻게 보면 물과 불이라고도 할 만큼 비슷한 부분이 거의 없다. 나는 운동을 좋아하는 반면 아내는 운동과 아예 담을 쌓았다. 나는 먹거리에 관심이 없는 반면 아내는 맛에 매우 민감하고 맛없는 음식은 증오한다. 나는 감정을 쌓아두는 반면 아내는 그때그때 거침없이 쏟아낸다. 내향적이고 말이 별로 없는 나와는 달리 아내는 다른 사람들과 말도 잘 섞고 활발한 외향적인 성격을 지녔다.

어떻게 보면 오랜 기간 함께 살아온 것이 신기할 정도다. 하지만 사실 별다를 것도 없었다. 내가 부딪히지 않았기 때문이다. 아내가 보면 말도 안 된다고 할지 모르지만 현실이 그랬다. 유난히 자기주장이 강했던 아내는 결코 뒤로 물러설 줄 몰랐다. 그리고 툭툭 내뱉는 말들 또한 곧잘 나에게 상처가 되는 것들이 많았다.

여전히 아내는 그런 말들이 내게 상처가 되는지 잘 모를 수도 있다. 처음에는 나도 내 주장을 밝히고 설득하려 노력했다. 하지만 돌아오는 것은 갈등으로 인해 서먹해져버린 관계와 그로 인한 스트레스뿐이었다. 그래서 어느 순간부터는 내가 그냥 받아주기로 한 것이 점차 습관처럼 굳어져버렸다.

처음에는 아내가 변하기를, 나를 좀 더 존중하기를 바란 적도 많았다. 내가 강력하게 표현하는 것은 꺼리면서 상대방이 알아서 변하기를 기대했던 것이다. 하지만 그런 생각이 내게 상처만 더 가중시키는 결과를 불러왔다. 나중에는 더 큰 다툼으로 발전하기도 했다. 나만 참는다는 생각이 쌓여 한 번씩 폭발하고 마는 것이었다.

기대감을 버리면 보이지 않던 것들이 보인다. 상대방의 전체가 온전히 보이지 않게 가리고 있던 장애물들이 정리되기 때문이다. 상대에 대한 과도한 기대는 그 사람의 단점을 더 증폭시키는 효과도 갖고 있다. 계속해서 상대방의 변화를 바라면서 이런 생각도 든다.

'그 사람은 내가 무엇을 원하는지 알려고도 하지 않아. 그는 나를 이해해주지 않고 조금도 신경 쓰지 않아.'

그런 과정에서 객관적으로 상대방을 대하기 힘들어진다. 더불어 내 마음속에 상대에 대한 불만이 쌓이는 만큼 단점들은 더 크게 보인다. 하지만 상대를 타인으로 인정하고 기대감을 조금 낮추어 바라보면 많은 것들이 달라 보인다. 보다 차분한 시선으로 상대를 볼 수 있다. 장애물들이 사라지면서 상대의 온전한 모습을 바라볼 수 있는 여유가 생기는 것이다.

사람은 은연중에 상대에게 많은 기대를 한다. 특히 자신이 가깝다고 여기는 상대에게는 더욱 그렇다. 하지만 가까운 사이일수록 과도한 기대는 금물이다. 함께 사는 사이라고 해도 서로의 인생은 별개이기 때문이다. 그리고 많은 시간을 함께 한다고 해도 이미 한참 쌓아온 서로의 가치관은 결코 같아지기 힘들다.

이것은 부모 자식 간에도 마찬가지다. 때때로 부모들은 아이에게 자신의 욕망을 강제한다. 특히 학창시절, 공부나 성적에 대한 부분에서 이런 일들이 많이 발생한다. 학창시절은 모든 것이 명백한 숫자로 드러나는 만큼 부모의 욕심이 아이에게 투영되기 쉽기 때문이다.

물론 부모가 적극적으로 밀어붙인 결과, 성적 면에서는 효과를 보는 경우도 있을 것이다. 하지만 그 과정에서 아이들은 받지 않아도 될 상처를 받게 된다. 아이들은 기본적으로 약자이고 부모에 대한 사랑을 필요로 하기 때문에 부모의 지시를 마음대로 거부하지 못한다. 잠시 반항은 할지언정 결국은 수용하고 만다. 그리고 아이들의 이런 어쩔 수 없는 수긍에 부모들은 대부분 반가워하고 자신의 말을 잘 따른다며 좋아하고 칭찬해준다. 아름다운 그림으로 덧칠된 악순환의 시작이다. 그때부터 아이들은 타인의 기대에 부응하기 위해 자신을 누르기 시작한다.

이러한 어린 시절의 기억은 성인이 되어서도 사라지지 않고 그 사람의 성격을 형성하는 데 많은 영향을 미친다. 성실하고 성적도 좋고 직장생활도 안정적으로 하는 나름대로 성공한 사람들일수록 이런 경향이 크다. 부지런히 타인의 기대에 부응하기 위해 노력한 결과다. 무언가를 기대하는 상대는 바로 자신이 되기도 하기 때문이다. 타인의 기대에 자신이 부응하는가, 그렇지 못하는가에 따라 자신의 능력이나 성과를 평가절하하기도 한다. 그로 인한 스트레스는 온전히 자신의 몫이 되어버린다.

기대는 희망이나 바램, 행복과도 가까운 친구나 다름없는 사이다. 근본적으로는 우리에게 좋은 감정을 불러일으키는 긍정적 요소다. 기대감은 우리에게서 기적과 같은 일을 만들어내기 위한 필수요소이기도 하다. 어떤 사람도 자신의 긍정적인 변화와 미래에 대한 기대감 없이는 행복해지기 힘들다. 변화에 대한 기대가 없는 사람에게는 발전도 없는 법이다.

무엇인가를 기대하는 태도 그 자체를 부정하는 것은 좋지 않다. 다른 사람에게 거는 기대감 역시 무조건 없애려 하는 것은 좋은 생각이 아니다. 상대방의 긍정적 변화와 발전을 응원하는 태도 또한 우리에게 기쁨을 주는 요소 중 하나이기 때문이다.

하지만 타인에 대한 기대든, 자신에 대한 기대든 자신의 통제하에 두는 연습을 해야 한다. 내가 선택할 수 있을 정도의 건전한 기대감을 갖는 것이 올바른 선택이다. 감당하지 못할 만큼의 기대감은 오히려 상처만 불러오며 타인과의 관계에 도리어 악영향을 준다. 사람을 온전하게 보는 시야를 가려버리기 때문이다.

모든 치유나 개선의 실마리는 자신이 가진 문제점이 무엇인지 아는 것에서부터 시작된다. 내가 과도한 기대로 인한 역효과에 시달리고 있는 것은 아닌지 한번 점검해볼 필요가 있다. 타인의 평가에 너무나 민감하다면, 혹은 다른 사람의 행동에 많은 상처를 받는다면 한번쯤 자신의 기대수준을 낮추어보는 것도 좋은 해결책이다. 그 사람은 타인일 뿐이라고 가볍게 여기고 넘겨보면 어떨까?

 지금, 당신의 감정에게 말하기

다른 사람에게 굳이 기대할 필요 없어.

그 사람은 내가 바라든 바라지 않든

그저 스스로의 인생을 살아갈 뿐이니까.

그냥, 내가 먼저 나에게 가장 좋은 사람이 되자.

나를 지킬 수 있는 사람은 나뿐이니까.

06 : 주위 사람의 평가에 휘둘리지 마라

사실 누군가의 '뭔가'가 되는 것 자체가
그리 편하진 않아요.
전 제 자신으로 존재하고 싶어요.
– 영화 〈500일의 썸머〉

평가는 '다른 사람'의 생각일 뿐이다

우리 삶의 모든 것에는 항상 평가가 뒤따라온다. 태어난 이후로 부모님, 어린이집 선생님, 학교 선생님, 대학 교수님, 군대 선임, 직장 상사에 이르기까지 한순간도 평가로부터 자유롭지 못하다. 심지어는 결혼 후에도 배우자나 아이들로부터도 평가를 받는다. 아니라고 생각하는가? 물론 그럴 수 있다. 그런 사람들은 참 운이 좋은 편이다. 인생을 편하게 살고 있을 가능성이 상당히 높다. 하지만 주변 사람들이 다소 피곤해하고 있는 것은 아닌지 한번 살펴보기 바란다.

   평가에는 여러 가지 종류가 있다. 그중에는 학교 성적이나 시험점수와 같이 눈으로 보이는 정량적이고 객관적인 평가도 존재한다. 하지만 그보다 훨씬 더 많이 노출되는 것은 바로 즉흥적으로 이루어지는 타인으로부터의 주관적 평가다. 이러한 주관적인 평가는 꽤나 광범위한 부분에 걸쳐서 이루어지지만 대부분 수박 겉핥기식의 평가인 경우가 많다. 타인에 의한 평가가 진짜 평가가 될 수 없는 가장 근본적인 이유가 있다. 그것은 나 자신이 아닌 이상 어느 누구도 상대방의 내면을 꿰뚫어 볼 수 없기 때문이다. 하지만 그 주관적 평가의 결과는 알게 모르게 나의 사회생활이나 직장에서의 성공, 그리고 인간관계에 이르기까지 많은 부분에 영향을 미친다. 직장인들이 타인의 평가에 민감할 수밖에 없는 이유다. 분명 환경적인 요인은 존재한다.

   우리는 자신도 모르게 일상 속에서 타인을 평가하고 살아간다. 이것은 어찌 보면 인간의 본능과도 같다. 다만 다른 사람에 대한 평가의 정도가 서로 다르다고 느껴지는 것은 표현의 정도가 사람에 따라 다르기 때문이다. 즉 타인에 대한 평가가 머릿속에서만 이루어지고 그냥 삼켜지는가, 아니면 말로 내뱉는가. 이 두 선택지에 의해서 결정된다. 하지만 표현의 단계 이전까지의 과정은 대부분의 사람이 유사하다.

내가 그런 만큼 다른 사람도 똑같이 나를 평가하고 있다고 봐야 할 것이다. 물론 평가의 결과가 얼마나 기억에 남을지에 대한 부분은 사람에 따라 전혀 다를 수 있다. 어떤 경우에는 평가가 단지 눈치를 주거나 잔소리를 하는 것처럼 느껴질 때도 있을 것이다. 하지만 어떤 때는 직장에서의 생명에 직접적인 영향을 준다고 느껴질 때도 있다. 이처럼 평가에 의한 파급효과가 내 삶에 얼마나 직접적인 영향을 미치는가에 따라 체감되는 정도가 다를 뿐 누구나 알게 모르게 서로에 대한 평가를 주고받고 있다.

평가에 민감한 마음이 삶의 자유를 빼앗는다

여기서 중요한 포인트는 각자 사람마다 중요하게 여기는 기준이 다르다는 점이다. 그래서 다른 사람이 할 수 있는 평가는 대단히 한정된다. 그 사람의 주관적인 기준에 의한 나의 외면적 행동이나 성향에 대한 평가가 될 수밖에 없다. 그래서 정확도 높은 평가가 되기는 힘들다. 그렇기 때문에 개인의 노력과 포장 여하에 따라 평가는 얼마든지 달라질 수 있다.

여기에 바로 함정이 있다. 우리의 노력에 따라 타인의 평가를 어느 정도 조절할 수 있다는 사실 말이다. 바로 이것 때문에 우리는 타인의 평가에 목매고 삶의 자유를 잃어버리고 살아가게 된다. 그리고 그로 인한 스트레스는 고스란히 본인의 몫이 된다. 타인의 평가는 객관적이지 못한 부분이 많다. 하지만 우리는 타인의 평가에 무척 민감해져 있다. 그것은 일상이 타인의 평가에 노출되는 삶이 반복적으로 이루어지기 때문이다. 특히 직장생활을 하다 보면 상급자로부터 많은 지시를 받게 된다. 그 하나하나의 수행정도는 그 사람의 이미지에 많은 영향을 미친다. 정확히 고과표에 따라 이루어지든, 아니면 주관적으로 수첩에 쓰이고 기억에 남든 간에 말이다. 그리고 결정적으로 승진이나 진급, 쌓여서는 직장에서의 수명에도 영향을 미친다.

타인의 시선에서 자유로워질 수 있을까?

다른 사람의 시선으로부터 자유로울 수 있다면 얼마나 좋을까? 아마도 그런 삶을 꿈꾸는 사람들도 많이 있을 것이다. 하지만 현실에서 그런 삶은 찾아보기 힘들다. 신입사원이든, 중견 임원이든, 혹은 한 기업을 운영하는 CEO든 상관없이 모든 것은 평가되고 또 평가를 받는다. 조금도 평가로부터 자유로울 수 없는 것이다.

내가 초급장교 시절 나는 함장이나 선배장교들에 대해 막연한 환상이 있었다. '나도 저렇게 계급이 올라가면 얼마나 편할까? 마음대로 행동하고 스스로 결정할 수 있지 않은가.' 이와 같은 환상들 말이다. 하지만 이것은 말 그대로 '환상'이었다. 나만의 주관적인 환상에 불과했음을 중견장교에 올라와서 절실히 느꼈다.

내가 10여 년을 복무하면서 느낀 것은 그 어떤 직책이나 계급도 평가나 책임으로부터 자유로울 수는 없다는 사실이었다. 특히 실수나 실패에 대한 두려움이 강했던 나는 내가 모두 통제할 수 없는 상황에 많이 절망하곤 했었다. 그들의 실수가 곧 나의 무능으로 평가될 것이 두려웠던 것이다. 그때서야 알 수 있었다. 위로 올라갈수록 더 많이 노출되고 제약도 많이 생긴다는 것을. 나는 초급장교 시절 딱 내 입장에서 내 눈높이로 바라봤을 뿐이었다.

생각과 사고의 중심은 내게 있다

현실적으로 타인의 평가에서 자유로워질 수는 없다. 하지만 우리가 그 평가결과를 어떻게 대하는가에 대한 부분은 약간의 노력을 통해 스스로 선택해 나갈 수 있다. 타인의 평가에 대해 어느 정도로 민감한지를 보다 객관적으로 알 수 있는 방법이 있다. 자신이 평소 타인의 눈치를 얼마나 보는가를 생각해보면 된다. 눈치를 보는 것은 곧 그 사람의 평가에 민감하게 대응한다는 의미이기 때문이다.

나의 경우에는 다른 사람의 시선을 많이 의식하는 편이었다. 나 스스로에 대한 자신감이 많이 부족했기 때문이다. 내가 평가하기에 나는 참 결점이 많은 사람이었다. 놀기 좋아하고, 사명감도 부족하고, 어려운 일에 도전하기를 꺼리고 안정적인 삶을 꿈꾸는 한낱 인간에 불과했다. 그런 내가 여러 사람 앞에 서서 무언가를 관리하고 이끌어가는 삶 자체가 고역이었다. 특히 부족한 내면을 스스럼없이 드러내는 것은 있을 수 없는 일이었다. 그러니 사람들의 시선을 의식하고 항상 나를 단속할 수밖에 없었다.

나는 정말 친한 관계가 아니면 말을 함부로 꺼내지 않는 성격이다. 말을 많이 하다 보면 반드시 실수를 하게 되거나 책잡힐 말을 내뱉을지도 모른다는 걱정 때문이다. 그래서 한때는 술을 참 좋아하기도 했다. 내 유일한 주사가 말이 많아지는 것이기 때문이다. 한편으로는 사람들과 자연스럽게 말을 나눌 수 있기를 바랐던 나였다.

내 손을 떠난 일에 미련을 갖는 것은 스스로를 참 고통스럽게 하는 사고방식이다. 내가 충분히 노력하고 스스로의 삶에 충실했으면 그것으로 되었다고 생각하자. 다른 사람이 나를 어떻게 평가하는지까지 내가 어떻게 할 수 없는 부분인 것이다. 타인은 그저 타인일 뿐이다.

생각과 사고의 중심이 나로부터 타인에게로 넘어가는 일이 잦아져서는 안된다. 삶에 대한 주도권이 흔들리기 때문이다. 삶의 주도권이 흔들리면 일상생활이나 업무, 평가의 주도권 역시 타인의 의사에 따라가는 상황에 놓이게 된다. 그 결과 스스로의 선택을 후회하고 자괴감에 빠지는 악순환의 고리를 끊어내기가 힘들어진다.

성격적으로 어쩔 수 없다는 생각을 한다면 조금의 노력이 필요하다. 자신을 바꾸겠다는 굳은 의지와 습관을 다른 습관으로 덮을 실천적 노력이 바로 그것이다. 항상 그렇듯이 작은 변화에서부터 시작해야 오래 갈 수 있고 멀리 갈 수 있다. 우선 타인의 평가가 그리 정확하지 않다는 것부터 받아들이자. 우선 내가 그것을 인정할 수 있어야 한다. 자꾸만 그들의 평가를 진실로 '곡해'해서 받아들인다면 타인의 평가에 목매어 사는 삶이 될 수밖에 없다.

그리고 나에 대해서는 내가 가장 잘 알아야 한다. 나를 솔직하게 평가하자. 이를 자신을 비난하는 사고와 혼동해서는 안 된다. 껍데기가 아닌 내면의 본모습을 볼 수 있는 것은 자신 이외에는 아무도 없다. 있는 그대로, 잘하는 것은 잘하는 것으로, 못하는 것 또한 있는 그대로 받아들여야 문제를 정확히 인식하고 풀어갈 수 있다.

가장 좋은 방법은 자신의 하루를 되돌아보며 그날 일어났던 일들에 대해 하나씩 써보는 것이다. 구체적으로 어떤 일이 있었고, 그 일로부터 나는 어떤 평가를 받았고, 그 일과 상대방의 평가에 대한 나의 의견을 써보는 것이다. 말은 휘발성이 강하다. 무언가를 정리하는 데는 부적합하다. 정리하려고 하면 기억에서 80%가 사라져버리기 때문이다. 하지만 글로 쓰는 것은 조금 다르다. 자신이 쓴 것을 보면서 생각이 꼬리에 꼬리를 물고 이어지기 때문에 보다 많은 문제를 해결할 실마리를 찾을 수 있다.

항상 첫 걸음을 떼는 것이 힘들다. 막상 써보려고 하면 오늘 내게 어떤 일들이 일어났는지도 생각나지 않을 것이다. 그러니 다른 사람들이 대충

보고 내뱉는 평가들에 대해 반박할 근거가 없었던 것이다. 괜찮다. 지금부터라도 한 줄이라도 써보자. 그리고 자신을 솔직하게 평가해보자. 그과정에서 타인의 피드백이 많은 부분에서 그의 주관적 해석에 불과하다는 것도 깨닫게 될 것이고 어떤 경우에는 정말 받아들여야 할 부분이 있다는 것도 스스로 판단할 수 있을 것이다. 그러니 사고의 중심을 항상 나에게 단단히 묶어두자. 모든 것은 나로부터 시작된다. 타인의 평가에 휘둘리지 않는 삶 속에서 내가 바로 설 수 있다.

☂ 지금, 당신의 감정에게 말하기

나는 나만이 평가할 수 있다.

다른 사람의 눈치는 이제 그만 보자.

그들의 수박 겉핥기식 평가에 더 이상 휘둘리지 말자.

이제는 내가 온전한 나로 바로 설 때이다.

07 : 조금은 이기적이어도 괜찮다

바꿀 수 있는 건 다 바꿔볼 거야.
그럼 하루가 바뀔지도 몰라.
– 영화 〈하루〉

나부터 생각하면 안 되는 걸까?

세상을 살아가면서 나부터 생각하면 안 되는 걸까? 나만 알면 안 되는 걸까? 이 간단한 질문에는 사실 답이 없다. '그렇게 해. 너부터 생각하고 네 욕구에 충실해야 행복도 가질 수 있어.' 이렇게 누가 답을 해준다고 한들 쉽사리 실행에 옮기지 못한다. 무언가를 잃게 될까봐 두려운 것이다. 인생의 많은 것들이 'Give and Take'라는 것이 세상의 통념이다. 주는 만큼 받는다는 간단한 진리 앞에서 다른 사람에게 함부로 하지 못하는 나를 발견한다. "너 하고 싶은 대로 해! 그게 정답이야!" 이런 말을 주위에 참 쉽게 하곤 했다. 하지만 정작 나는 답이 없는 물음만 계속 하고 있었다.

나는 다른 사람의 부탁을 쉽게 거절하지 못한다. 그 사람에게 뭔가 폐를 끼치는 듯한 꺼림칙한 느낌 때문이다. 다른 이들에게 '착한 사람'이고 싶어서였다. 간단한 말도 함부로 하지 못할 때가 많았다. 그 사람이 혹시 불쾌할까봐, 혹은 상처 받을까봐 고민하다보면 말할 타이밍을 놓치는 일도 많았다. 그만큼 상대방의 반응이 두려운 것이었다.

나는 다른 사람과의 갈등을 꺼렸다. 한 번은 이런 일이 있었다. 분명히 내가 먼저 음식점에 도착했고 카운터에 줄을 서 있었는데 잠깐 한눈을 파는 사이 내 앞에는 다른 사람이 들어와 있었다. 내가 서 있던 위치가 조금 애매한 상황이었고 나는 기분이 나빴지만 그냥 넘어갔다. 그런데 그날 하루 종일 그 생각이 나서 화가 나곤 했다.

'내가 먼저 와 있었다고 말을 했어야 했는데. 왜 그냥 참고 말았을까?'

실제로 내가 그 사람에게 "제가 먼저 줄 서 있었는데요. 제 뒤로 오셔야 해요."라고 말을 했다고 한들 그 사람과 불편한 상황에 놓였을까? 사실 그것은 나의 기우에 불과했던 것이다. 그저 갈등이 일어날까봐 피했던 것이었다. 그런 사소한 것에도 나는 스스로를 옥죄고 불필요한 스트레스를 받고 말았던 것이다.

이기적이라는 말을 들으면 우리는 왠지 인생을 잘못 살고 있다는 느낌을 받곤 한다. '너는 참 너밖에 몰라. 다른 사람 생각은 조금도 안하는 것 같아.' 만약 이런 말을 주위 사람에게 듣게 된다면 무척 당황스러울 것이다. 오랜 시간 학습된 반응이다.

사실 사람은 누구보다도 자기 자신을 먼저 생각하게끔 되어 있다. 생존을 위한 기본적인 욕구이기 때문이다. 그런데 우리는 도대체 언제부터 다른 사람에게 친절해야만 한다고 최면을 걸어왔을까?

폭염이 계속되던 7월의 어느 날이었다. 가만히 있어도 숨이 막히는 듯했다. 온도계를 보니 30도였다. 그때 막내 아이가 내게 와서 부채질을 해주었다. 순간 참 시원해서 나는 아이 머리를 쓰다듬으며 말했다.

"우리 막둥이 참 착하네. 아빠 시원하게도 해줄 줄 알고."

이렇게 나는 아이들에게 은연중에 다른 사람을 행복하게 해줄 것을 주문하고 있었다.

내가 어릴 때도 마찬가지였다. 어머니는 다른 사람에게 불편한 말을 잘

못하시는 성격이었다. 어릴 때 어머니나 아버지가 다른 사람과 다투는 것을 거의 보지 못하고 자랐다. 어머니는 내게 이런 말씀을 많이 하셨다.

"네가 조금 참고 버티는 게 이기는 거야."

내가 초등학교 6학년 때 교통사고를 당했을 때도 마찬가지였다. 횡단보도에서 보행신호에 건너다가 오토바이에 치였는데 그 오토바이는 무면허에 보험도 들어 있지 않았다. 다른 사람들 같으면 합의도 해주지 않고 감옥 신세를 지게 했을 상황이었다. 하지만 부모님은 오토바이를 몰던 청년과 이야기를 해보고는 사정이 참 딱하다며 합의를 해주셨다. 나는 그런 모습을 보고 자랐다.

학창시절에도 마찬가지였다. 친구들과 참 사이좋게 지냈다. 남자아이들은 많이 싸우기도 하면서 크지만 나는 다른 친구들과 싸워본 적이 거의 없다. 항상 한 발자국 물러나 다른 사람의 입장을 먼저 생각해보는 태도가 습관처럼 내 마음에 자리 잡고 있었기 때문이었다.

조금 더 나만을 위해서 욕심을 가져보자

주위를 보면 소유욕이 강하고 자신이 원하는 것은 뭐든지 손에 넣어야 하는 사람이 있다. 그 사람들은 가장 앞에 서서 과자 하나라도 더 받아야만 하고 다른 사람보다 많은 것을 가져야 분이 풀린다. 이들은 경쟁심도 강하고 많은 것을 성취하고자 한다. 그리고 실제로도 자신의 행복을 위해 적극적으로 타인에게 영향을 미치며 삶을 살아간다. 가끔은 그런 사람들의 거침없는 태도가 부러웠다. 나도 저렇게 마음대로 살아봤으면 하고 아쉬울 때도 많았다. 하지만 결국 나는 실행에 옮기지는 못했다. 단지 마음속에 현실과 다른 그림을 그릴 뿐이었다.

세상의 재화가 한정되어 있다면, 누군가가 많이 가질 때 어떤 사람은 그만큼을 포기해야 한다. 사실 대부분의 실제 자원은 분명 그런 성격을 갖고 있기도 하다. 하지만 행복이란 자원은 그 성격이 조금 다르다. 내가 좀 더 행복해진다고 해서 다른 사람의 불행을 만드는 것은 아니다. 그래서 어떨 때는 나부터 위하는 태도가 절대 행복의 수치를 높일 수 있는 길이 되기도 한다.

이기적이라는 말의 함정에 빠지지 말자. 우리는 조금 더 이기적으로 살아도 된다. 이기적인 것이 나쁜 것은 아니다. 심각하게 나만 바라보면서 타인을 괴롭히고 그들의 자유를 빼앗는다면 그것은 문제가 될 것이다. 하지만 우리는 살아가면서 알게 모르게 많은 것을 양보하고 살아간다. 가정에서도 직장에서도 학교에서도, 내가 하고 싶지 않더라도 우리는 많은 것을 포기하면서 살아간다. 양보할 수밖에 없는 입장에 놓이는 경우도 많다. 그래서 우리는 적극적으로 자신이 원하는 것을 표현하고 갈구해야만 한다. 그래야 조금이라도 나의 욕구를 충족하는 삶을 살 수 있다.

아플 때 약을 먹지 않으면 그 고통은 지속되며 삶의 생기를 갉아먹고 만다. 열이 날 때는 해열제를 먹고 온몸이 아플 때는 진통제를 복용하는 것처럼 적극적으로 대응하고 우리 몸을 지켜내야 한다. 물론 때로는 우리 몸의 면역작용이 활발해지면서 병을 자연스럽게 치료하기도 한다. 하지만 보다 적극적인 방법을 통해 고통을 완화시킨다면 그것을 통해 다른 활동을 할 수 있는 에너지를 얻을 수 있는 셈이다.

우리가 갖고 싶어 하는 행복한 삶도 이와 마찬가지다. 적극적이고 능동적인 나만의 실천과 노력을 통해 우리의 행복을 쟁취해야만 한다. 그러기 위해서 조금의 이기심은 필수다.

나를 먼저 생각해도 아무 일도 일어나지 않는다

인간의 역사는 기본적으로 투쟁의 역사다. 다른 사람의 욕심으로부터 나를 지키는 것은 생존의 기본 요소다. 자신을 효과적으로 지켜내지 못한다면 사람은 도태되기 마련이다. 국가가 그런 경우에 처했을 경우에는 역사적으로 생명이 오래가지 못했다.

우리가 지금 살아가고 있는 현재에서도 모든 것은 마찬가지다. 비록 육체적인 위협으로부터는 많은 부분이 제도적으로 보호되고 있다. 하지만 우리의 내면을 지키는 것은 스스로만이 할 수 있는 영역이다. 나를 지키기 위한 첫걸음은 나를 먼저 우선적으로 생각하는 것에서 시작된다.

내가 충분히 행복하다는 전제 하에서 나의 선택에 의해 다른 사람에게 양보하는 것은 물론 따뜻하고 좋은 행동이다. 타인을 배려하는 것 자체는 아무런 문제가 되지 않는다. 하지만 내 뜻과 달리 그들로부터 자유롭지 못한 채, 타인에게 휘둘리듯 양보를 일삼는 것은 계속해서 마음에 생채기를 낸다. 그 상처들이 쌓이면 단순한 생채기로 끝나는 것이 아니라 공허함이나 배신감과 같은 부정적 감정에 휩싸이는 결과를 낳게 된다.

분명한 것은 나 자신을 위하는 것은 우리가 가진 당연한 권리라는 점이다. 스스로를 보호하고 아끼는 것에서부터 행복은 싹트기 시작한다. 우리는 당연히 행복을 누릴 자격이 있다. 누구도 우리에게 불행을 주문하지는 않는다. 하지만 때때로 모순된 '착각'과 '걱정'으로 인해 스스로를 힘들게 할 때가 많다.

타인은 고마움을 느끼지도 못하는 배려를 베풀면서 나의 불행을 자초하지 말자. 조금씩 의식적으로라도 나를 위하는 연습을 하자. 내가 얼마나 소중한 사람이고 가치 있는 존재인지 스스로 먼저 인정하자. 삶의 가장 첫 번째 순위에 나를 두고, 조금 이기적이라고 '이렇게 해도 되는 걸까?'라는 생각이 들 정도로 나를 위해보자. 내가 다른 사람에게 피해를 줄 만큼 이기적으로 행동한다면 분명히 타인으로부터 그런 내용의 피드백을 받게 될 것이다. 그러니 걱정 말고 나만을 위해 살아보자. 괜찮다. 아무 일도 일어나지 않을 테니.

나를 위해 사는 인생이 진짜 인생이다.

우선 나부터 세상에 바로 세운다.

모든 것은 그 다음의 문제다.

08 : 외모 성형보다 자존감 성형이 먼저다

스무 살 얼굴은 자연의 선물이고
쉰 살의 얼굴은 당신의 공적이다.
– 가브리엘 샤넬(프랑스의 패션 디자이너)

자존감 또한 아름답게 가꾸어야 한다

요즘 남녀노소 가릴 것 없이 외모에 많은 투자를 하는 것 같다. 이제는 사회적으로도 외모 성형이 자연스러운 삶의 일부로 여겨지는 분위기다. 성형도 자신에 대한 노력이고 투자라는 인식이 사회적으로 자리 잡았다. 선천적으로 갖지 못한 부분을 인위적으로 보완하는 것은 예전에는 부자연스러움의 일종으로 여겨졌다. 하지만 지금은 그런 인식들이 많은 부분 달라졌다. 이제는 성형에 대한 부정적인 편견이 거의 사라졌다. 그래서

인지 예전에 많이 쓰였던 '성형미인', '자연미인'이라는 단어가 거의 보이지 않는다. 이제는 그냥 아름다우면 그 자체로 '미인'이라는 타이틀을 얻는다.

　외모를 가꾸는 것만으로 행복한 삶을 살기는 부족하다. 바로 내면을 지키는 힘, 자존감이다. 실제로 우리 삶의 근간을 구성하는 것은 자존감이 90%다. 자존감이 무너지면 마음의 기세가 고개를 숙이고 만다. 아무리 목을 빳빳하게 세우고 싶어도 뭘 해도 안될 것 같다는 생각이 마음을 지배해버린다. 이럴 때는 작은 변화조차 시도하기 어렵다. 예를 들면 집밖으로 산책을 나가는 일조차 하루 종일 고민하게 된다. 그래서 감정으로 힘들어하는 사람들에게 필요한 것은 외모 성형뿐만 아니라 자존감 성형이 선행되어야 한다.

　자존감 성형을 위해서 가장 우선해야 할 것은 자신의 사고방식을 바꾸는 것이다. 아무리 노력해도 지금 겪고 있는 불행하고 괴로운 현실에서 벗어날 수 없다는 사고방식은 사람을 무기력하게 만든다. 한동안 어떤 특정한 상황에 노출되다 보면 그것이 곧 내 삶의 일부로 여겨진다. 부정적 사고에 익숙해져 지금의 불행한 현실을 당연한 것으로 여기게 되면 그 상황에서 벗어나기 위한 어떤 작은 시도도 할 수 없게 된다.
　부정적 사고를 계속 가지고 있는 한 우리의 자존감은 점점 바닥을 향하게 된다. 현실 속에서 아무리 행동으로 노력한다고 해도 사고방식이 바뀌지 않는 한 진정한 변화는 어렵다. 나를 부정하는 사고방식이 점점 우리의 마음을 지배하기 때문이다. 우리가 바라는 멋진 자존감의 모습은 저 멀리 사라져버린다. 자존감은 자신을 존중하는 마음인데 절망과 체념과 같은 것들을 마음속에 심으니 자존감이라는 열매는 결코 맺히지 않는다.

『2억 빚을 진 내게 우주님이 가르쳐준 운이 풀리는 말버릇』이라는 책에는 아래와 같은 내용이 나온다.

"사람들은 변화를 싫어하는 동물이다. 불행한 사람은 마음속으로 계속 불행하다고 생각해야 안심할 수 있고 행복한 사람은 계속 행복해야 안심한다. 그런 성질이 있다. 이것은 일종의 생존 본능이다. 익숙한 상황이 행복이건 불행이건 그것이 살아남기 위해 가장 안전하다고 뇌의 중추, 뇌간이 판단하는 것이다. 이른바 마음의 전제라는 것이다."

나는 자존감 또한 이와 비슷한 방식으로 작동한다고 본다. 나를 못났다고 여기면 계속해서 자신을 깎아내리기 마련이다. 그리고 작은 단점이나 실수를 극대화해서 아주 큰 잘못인 것처럼 여기게 된다. 이것은 또 다른 하강곡선을 촉발하고 만다. 이와 반대로 나를 가치 있게 바라보면 볼수록 나의 장점을 점차 극대화하면서 점점 실제로도 가치 있는 사람으로 변모되어갈 수 있다.

생각이 반복되면 일정한 사고방식으로 습관화되고 우리 내면의 자존감에도 영향을 미친다. 나를 바라보는 방식이 이렇게 중요한 것이다. 그래서 '자존감 성형'은 외모 성형과 달리 의사의 손을 빌릴 수 없는 영역이다. 코를 세워주고 쌍꺼풀은 예쁘게 만들어줄 수 있을지 몰라도 자존감을 형성하는 사고방식은 누가 대신 만들어줄 수 없기 때문이다.

가끔은 선풍기 바람 한 자락에도 시원함을 느낄 때가 있다. 중요한 것은 나의 자존감을 형성하는 몇 가지 기초적인 단서를 찾는 것이다. 내가 어떤 일에서 잘하고, 뿌듯한 감정을 느끼는지, 나의 어떤 부분에서 자신감이 뿜어져 나오는지. 이런 것들을 스스로 알아내야 한다. 그러면 굳이 값비싼 에어컨 바람이 아니더라도 내 자존감을 시원하게 드러내줄 방법을 알 수 있게 된다.

운동선수가 아니더라도 연습을 통해서 보통 사람들보다 멋진 모습을 보일 수도 있다. 가수가 아니더라도 노래를 잘 부를 수 있고, 작가나 칼럼니스트가 아니더라도 글을 맵시 있게 잘 쓸 수도 있다. 이처럼 일상 속에서 자신이 잘하는 것들을 발굴하고 계속 발전해나가는 것이다. 그것으로 맛보는 성취감과 다른 사람들의 부러움 섞인 시선, 이런 것들도 나의 자존감의 숨통을 틔어주고 무거운 어깨를 들썩이게 해주는 '박카스'와 같은 효과를 주기도 한다.

아주 작은 일이라도 시도해보기 바란다. 가끔 답답할 때가 있다면 창밖을 내다보고 하늘을 바라보는 것이다. 단 몇 걸음이라도 움직여 빛이 들어오는 창가로 가자. 시선을 돌려 칙칙한 집안에서 벗어나 태양과 하늘을 바라보자. 그러면 내가 생각했던 것보다 훨씬 눈부시고 밝은 세상을 맞이할 수 있다.

거울을 자주 보자. 내가 세상에 어떻게 투영되고 있는지 스스로 진단하는 것이다. 가끔은 시원한 쿨샴푸로 머리를 감고 쉐이빙 크림으로 깨끗하게 면도를 한 후 다시 거울을 보자. 그리고 가장 멋들어지게 보이는 '얼짱 각도'를 찾아보자. 표정을 좀 더 자연스럽고 톡톡 튀게 바꾸고 멋진 제스처도 연습해보자. 내가 노력한 만큼 나의 마음가짐 또한 단단해진다. 그리고 그것이 곧 자존감으로도 이어진다.

나를 변화시킬 수 있는 것은 '나'밖에 없다

나는 나만이 소중하게 여기고 가꾸어나갈 수 있다. 우리의 사고방식은 관성이 있어서 한 번 출발한 방향으로 계속 나아가려고 하는 성질이 있다. 그러니 나를 소중하게 여기도록 방향을 잡고 그러한 사고방식에 관성의 힘을 힘껏 실어주자. 어느 정도 궤도에 오르고 나면 언제부턴가는 내가 힘들어지는 순간에도 이러한 사고방식이 나를 이끌어주는 순간이 온다.

살아가다 보면 힘들고 괴로운 순간들이 분명히 찾아온다. 나를 무시하고 내가 쌓아온 과정과 성과들을 아무것도 아닌 것처럼 여기는 사람들도 많이 만나게 된다. 때로는 가족이나 친구들에게서도 그러한 배신감을 느끼는 경우가 많다. 아무렇지 않게 던지는 말 한마디에도 천근거석이 마음에 들어앉은 듯 마음이 무거워지고 내가 아무것도 아닌 것처럼 느껴지기도 한다. 그만큼 한편으로는 나약하고 흔들리기 쉬운 것이 우리의 내면이다.

그런 순간을 의연하게 버텨내고 나를 지켜내기 위해서는 반드시 단단한 자존감으로 무장해야 한다. 다른 사람에게 잘 보이기 위한 나를 만드는 것이 아니라 나로서 당당할 수 있는 삶의 자세와 확신, 신념을 갖추어야 하는 것이다. 이것은 경쟁사회에서 항상 경쟁자로부터 공격받기 쉽고 상처 받기 쉬운 현실을 살아가는 데 필수불가결한 요소이다. 만약 선천적으로 다른 사람의 의견에 쉽게 귀 기울이는 성향을 지녔다면 더더욱 의식적으로, 의도적으로 나를 바꾸어나가야 한다.

누구에게도 흔들리지 않는 단단한 뿌리를 가져야 한다. 단단하게 뻗은 뿌리가 나를 바로 세우고 에너지와 수분을 충분히 공급해줄 것이다. 이

자원들을 바탕으로 오랜 기간 한 방향으로 곧게 크고 넓은 잎사귀를 지닌 나무가 될 수 있다. 더불어 많은 열매를 맺을 수 있는 존재로 거듭날 수 있다.

성공한 사람의 대부분은 높은 자존감을 바탕으로 실패와 고비를 의연하게 극복하고 정점에 선 사람들이 많다. 그들에게는 당연히 남에게 자신이 영글어낸 열매를 베풀 줄 아는 아량도 있다. 이미 나를 충분히 세웠기 때문에 타인에게도 관대할 수 있는 것이다.

아픔은 달리 나에게서 비롯된다고 말하는 것이 아니다. 스스로 아픔을 자초하는 경우가 많기 때문이다. 나에 대해 제대로 알지도 못하는, 단지 스쳐 지나가는 사람들의 말 때문에 상처 받지 말자. 소나기를 만나면 잠시 피하면 그뿐이다. 우산도 없이 비를 맞으면서 옷이 젖었다고 축 처지지 말자. 우리의 인생은 수많은 변수를 만나기 마련이다. 그때마다 상처 받으면 아프고 지쳐서 오래가지 못한다. 그러니 단단한 자존감으로 무장하고 우리의 인생을 지켜내자. 우리의 외모와 함께 자존감도 바로 세우고 더 멋진 옷을 입혀주자.

나는 행복한 사람이다.

나는 누구보다 멋지고 아름답다.

나는 무엇이든 할 수 있고, 어떤 상황도 이겨낼 수 있다.

이제 그 사실을 믿기만 하면 된다.

4장

스스로 왜곡한 감정에서 자유로워지기

01 : 원하는 대로 될 거라고 생각하지 마라

02 : 자기 자신과 적극적으로 소통하라

03 : 지금 느끼는 감정에서 달아나지 마라

04 : 감정을 통제하기보다 변화시켜라

05 : 지금 느끼는 감정의 원인을 찾아라

06 : 감정을 조절하는 주체가 되라

07 : 우리 모두 스스로의 감정이 버겁다

선택의 순간들을 모아두면
그게 삶이고, 인생이 되는 거예요.
매 순간 어떤 선택을 하느냐
그게 바로 삶의 질을 결정지어요.
– 드라마 〈미생〉

01 : 원하는 대로 될 거라고 생각하지 마라

자신을 믿는 순간
어떻게 살아갈지 알게 된다.
– 요한 볼프강 폰 괴테(독일의 문학가)

누구도 나의 감정을 대신 바꿔줄 수 없다

사람은 희망을 먹고 산다. 희망이 없는 삶이란 지옥과도 같다. 내일이
오늘보다 나아질 거라는 희망이 없다면 그것만큼 힘 빠지는 일도 없을 것
이다. 그래서 그런지 유독 요즘 사람들은 희망을 노래하기를 좋아한다.
그것이 설사 그릇된 희망일지라도 없는 것보다는 낫기 때문이다. 항상 우
리는 희망을 향해 달려드는 불나방 같은 삶을 살아간다.

욕망이란 원하는 것을 얻고자 하는 갈망을 의미한다. 그것은 원하는 직업일수도 있고 행복한 삶일 수도 있고, 멋진 자동차나 집일 수도 있다. 이유야 어떻든 자신이 갈망하는 것을 얻기 위한 노력은 삶을 살아가는 데 있어서 큰 원동력이 된다. 그래서 우리는 원하는 것들을 종이에 쓰고 자주 보라는 조언을 많이 듣는다.

하지만 인간관계에 있어서는 이러한 희망이나 욕구가 항상 긍정적으로 작용하는 것만은 아니다. 사람 사이에서 발생하는 일들은 복잡하고 다양해서 때로는 과도한 기대가 독이 되어버리기 때문이다. 나의 잘못된 바람으로 인해 상대방과의 안정된 관계가 흔들릴 수도 있다. 더불어 그 사람이 변해주기를 갈망하는 나의 희망이 무너져 배신감을 느끼기도 한다. 이래저래 건전한 관계형성을 막는 결과를 가져오는 것이다.

분명 누군가를 긍정적으로 변화시키는 것은 참 매력적인 일이다. 사소하지만 큰 변화 하나가 때로는 그 사람의 인생을 바꾸는 기회가 되기도 한다. 하지만 사람은 기계와 다르다. 사람은 고장난 기계를 고치듯이 정해진 공구와 자재를 투입한다고 해서 변하는 존재가 아니다. 자유의지를 가진 동물이기 때문에 타인의 요구대로 고쳐지지도 않는다. 간혹 변화된 것처럼 보이더라도 피상적인 변화에 불과한 경우가 대부분이다. 내면의 변화는 스스로만이 가능한 영역이다. 사람의 변화는 온전히 당사자의 결심과 노력, 선택에 달린 것이다. 타인은 그 길을 알려주고 방향이나 방법

정도를 조언해줄 수 있을 뿐 변화에 마침표를 찍어주는 것은 불가능하다.

사랑은 쌍방통행이고, 인생은 주고받는 사건들의 연속이다. 그래서 우리는 흔히 먼저 베풀면 그만큼 돌려받을 것이라 생각한다. 은연중에 본전 생각을 하는 것이다. 내가 해준 만큼 상대도 해주기를 바란다. 그러나 받는 사람이 느끼는 소중함이나 가치는 그것을 주는 사람이 들이는 노력과 애정의 정도에 반드시 비례하는 것은 아니다. 때로는 부담스러울 때도 있다. 일방적인 사랑이 상처로 끝나거나 현실적으로 이루어지기 힘든 이유다.

내가 아프고 힘들 때도 마찬가지다. 내가 겪는 아픔을 그들이 먼저 알아줄 것이라고 생각하고 기다린다. 상대방에게 의존해서 내 상처를 치료받고 싶어 한다. 그러나 실제로 그 사람은 나에 대해 관심도 없을 뿐더러 내 고민이나 상처에 대해 모를 가능성이 더 높다. 하지만 우리는 부지불식간에 그 사람이 내 속내를 깊이 알고 이해해주기를 바란다.

"말하지 않아도 알아요."라는 어느 광고의 캐치프레이즈처럼 말하지 않아도 내 마음을 어루만져주기를 바랄 때도 있다. 특히 가까운 사이일수록 이런 상황이 많이 발생한다. 솔직하게 털어놓지도 않고 상대방이 먼저 배려하고 이해해주기를 바라는 것이다. 하지만 부모님도 배우자도 애인도 당신의 현재 속마음을 온전히 알아차리는 것은 불가능하다. 과거 방영된 〈소울메이트〉라는 드라마에서처럼 사랑하는 사람과 텔레파시라도 통한다면 모를까. 과한 기대를 내려놓는 것이 불필요한 상처를 덜어내는 방법이다.

다른 사람이 내게 맞춰줄 거라는 기대는 내려두자

내 마음조차도 제대로 알기 힘든 것이 현실이다. 그러니 타인의 속내를 온전히 아는 것은 더욱 힘들다. 특히 제대로 표현하지도 않고 나를 위해주리라 기대하는 것은 상대에게 신이 되어달라는 것이나 다름없다. 많은 시간 함께 한다고 해서 나를 더 위해주고 사랑해줄 것이라는 기대는 조금 내려놓자. 바라는 것이 많을수록 실망할 일들도 많아지고 결과적으로는 상처만 더 생긴다. 그런 상처들로 인해 점차 사이가 벌어지고 점점 쌓이는 실망감이 두 사람의 관계를 가로막는다.

상대방에게 바라는 것이 있다면 솔직하게 털어놓는 게 가장 좋은 방법이다. 눈빛만 봐도 무슨 생각인지 안다는 말은 새빨간 거짓말이다. 그 사람은 당신이 좋아할 만한 말을 선택적으로 내뱉고 있을 가능성이 크다. 그러니 그 사람에게 뭔가 기대하고 있는 부분이 있다면 먼저 속시원하게 털어놓자. 그게 오래 함께할 수 있는 가장 좋은 방법이다.

물론 사람에 따라 상대방의 작은 변화와 눈빛이나 손짓을 캐치해서 속

마음을 잘 알아차리는 경우도 있을 것이다. '말하지 않아도 아는' 사람을 만난다면 당신은 그 순간만큼은 정말 행복하다고 느낄 수도 있다. 하지만 팩트만 두고 말하자면 그런 사랑은 대부분 오래가기 힘들다. 그 사람이 얼마 가지 않아 느끼게 될 과도한 피로감 때문이다.

당신이 무엇을 원하는지, 그것을 알아차리고 맞춰주기 위해 노력하는 일은 굉장한 에너지가 필요하다. 더불어 완벽한 사랑을 받는 당신은 그 사람에게 계속해서 큰 기대를 하게 된다. 기대는 점점 불어나는 반면, 그 기대를 충족할 에너지는 점점 소진되니 작은 갈등 상황에서도 큰 상처를 받는 일이 생기고 만다.

"내가 너를 위해 그렇게 노력했는데 별것도 아닌 걸로 화를 내고 그래!"
"당신, 처음이랑 좀 변한 것 같아! 실망이야!"

이런 식의 문제가 일어나고 만다. 애초에 완벽한 사람은 없기 때문이다.

아무리 격한 감정도 시간이 지나면 작아진다

연애 초기에 활활 불타던 사랑이 식어간다고 느낀다면 그건 당연한 것이다. 사람의 감정은 자극에 반응하는 특성이 있다. 정말 운명 같은 사랑을 만나 눈이 뒤집혔을 시기인 연애 초기에는 사랑을 할 때 나오는 호르몬인 '도파민, 옥시토신, 엔돌핀' 등이 대량으로 쏟아져 나온다. 그래서 온통 그 사람만을 생각하고 모든 관심과 에너지를 상대방에게 쏟을 수 있다. 하지만 매번 사람이 새로울 수는 없다. 어느 정도 익숙해지고 시간이 지나면 '만나면 기분 좋은 사람' 정도가 된다. 사실 그때부터가 진짜 연애라고 할 수 있다. 그때까지도 처음 만났을 때처럼 엄청난 사랑을 표현할 거라고 기대하는 태도가 조금씩 관계를 엇나가게 만드는 것이다.

원하는 것이 있다면 더 늦기 전에 표현하자

상대방에게 기대하는 부분이 만족되지 않고 불편한 감정이 들 때가 있을 것이다. 그럴 때는 감정들이 쌓이고 쌓여서 곪아 터지기 전에 먼저 표현하자. 그것이 원활한 문제 해결에 도움이 된다. 내가 기분 좋은 때에 맞춰 시도하는 것이 좋다. 가장 좋은 방법은 상대방도 기분이 좋을 때를 찾아 대화하는 것이다. "좀 더 전화통화를 자주 했으면 좋겠어. 요즘 나만 자꾸 기다리는 기분이 드는데. 조금 더 빨리 와주면 안 될까?"라는 식으로 부드럽게 의사소통을 시도해보자. 의외로 괜찮은 합의점을 얻을 수 있을 것이다. 서로 기분이 상한 상태에서는 웬만하면 이런 이야기는 하지 않는 것이 좋다. 괜히 더 마음만 상할 뿐이다.

만약 표현하는 것 자체에서 부담을 느낀다면 그때는 상대방에 대한 기대치를 조금 내려놓기 바란다. 불도 지피지 않고 따뜻해지기를 바라는 것처럼 답 없는 희망도 없다. 내가 내 감정에 솔직해지고 나를 표현할 때 상대방도 나를 이해하려는 노력을 시작할 수 있다.

나는 무슨 연애심리상담가도 아니고 인간관계의 달인도 아니다. 미팅 한 번 해본 적 없고 고등학교 때 남녀합반을 하는 수업시간이면 여학생들과 눈도 제대로 마주치지 못하던 숙맥이었다. 다만 나는 동기가 소개해준 펜팔의 인연으로 4년의 연애 끝에 결혼해서 11년째 결혼생활을 하고 있는 경험이 있을 뿐이다. 내가 이렇게 오랜 기간 지금의 아내와 연애할 수 있었던 것은 과도한 기대를 하지 않았기 때문이다. 그리고 내가 무엇을 해줬는지, 얼마나 받았는지. 이런 부분에 민감하지 않았다. 그래서 가끔 다투기는 할지언정 크게 싸우거나 오랜 시간 냉전 상태에 들어간 적도 없었다. 물론 한 달에 한 번이나 2번 정도 겨우 만날까말까 한 장거리 연애라 서로 만나면 반가워하기 바빴던 것도 이유 중 하나가 될 수 있겠지만 말이다.

직장생활에서도 당연히 이 원칙은 이어진다. 적용되는 형태가 조금 다를 뿐이다. 요즘 트렌드가 변해가고 있기는 하지만 여전히 직장 인간관계의 대부분은 갑을관계. 사람의 에너지는 한정되어 있다. 그래서 모든 사람을 샅샅이 살펴보는 것은 불가능하다. 특히 직장에서의 시선은 위쪽을 향하지, 아래로 향하는 경우는 드물다. 관심의 정도가 다른 것이다.

공자나 맹자와 같이 '성인군자'가 아니고서야 자기가 맡은 일을 처리하기에도 바쁘다. 남는 시간에는 상사의 눈치를 보고 비위를 맞추기 위해 남는 에너지를 써야 한다. 그러니 아랫사람의 '사사로운' 감정 문제 따위에 눈을 돌릴 틈이 없다. 안타깝지만 이것이 포장할 수 없는 직장생활의 현실이다.

스스로 괜찮은 사람이라면 족하다

직장생활에서 우리는 더욱더 기대감을 낮추어야 한다. 상대방이 지금 내가 얼마나 힘든지, 괴로운지 먼저 알아줄 것이라는 '환상'에서 반드시 벗어나야 한다. 인정을 받고 싶다면 나의 업무성과에 대해 적극적으로 알려야 하고, 힘든 상황에 놓여 있다면 반드시 그 사람을 붙들고 현재 자신의 상태에 대해 이야기할 시간을 마련해달라고 해야 한다.

정말로 상사에게 요청하는 것이 힘들다면 옆에 있는 동료에게라도 털어놓길 바란다. 하지만 대부분의 경우 공감은 해줄 수 있을지라도 실질적으로 해결해주기는 힘들다. 동료도 보통 비슷한 상황에 처해 있기 때문이다. 그리고 동료들도 제대로 된 해답을 내지는 못한다.

상대방에 대한 기대를 낮추는 연습을 하자. 표현이 너무 냉소적으로 보이는가? '모든 사람들이 그렇게 차갑지만은 않잖아!' 이렇게 느껴졌다면 이 챕터에서 전하고 싶은 메시지가 제대로 전달된 것이다. 앞선 내용에서 나는 의도적으로 조금 과하게 표현했다. 가능한 현실을 차갑게 드러내려고 노력했다. 그만큼 느낌표를 찍고 강조하고 싶었기 때문이다.

당신의 말이 맞다. 세상은 당신이 생각하는 것보다 따뜻하다. 하지만 기대를 낮추면 그 사람을 오히려 편하게 대할 수 있다. 그리고 보이지 않던 사람의 장점들을 볼 수 있다. '이 정도도 이해 못 해줘?'에서 '어라. 생각보다 친절하네?'가 되는 것이다. 그러니 타인에 대한 기대를 조금 낮춰보자. 대신 당신 스스로가 괜찮은 사람이면 그것으로 족하다.

☂ **지금, 당신의 감정에게 말하기**

기대를 낮추자.

타인의 삶 또한 있는 그대로 인정하자.

그게 내가 바로 설 수 있는 방법이다.

02 : 자기 자신과 적극적으로 소통하라

사람들 속에서도 외롭긴 마찬가지야.
― 생텍쥐페리, 『어린왕자』

첫 번째 소통 대상은 바로 나 자신이다

소통, 공감. 요즘 들어 참 많이 회자되는 화두다. 인간관계에서든 가정에서든, 혹은 기업이나 조직윤리에서든. 소통과 공감은 필수요소로 자리잡고 있다. 소통을 통해 사람의 공감을 이끌어내는 것은 동기부여를 위한 밑바탕이 되기도 한다. 또한 이러한 과정을 통해 같은 목표를 달성할수 있는 단합된 힘을 이끌어내는 것이 최근 리더십의 트렌드이다.

이런 사회적 경향에 따라 수평적 리더십, 서번트 리더십 등 종류와 관계없이 대부분 리더십의 덕목에는 소통과 공감이 필수적으로 반영되어 있다. 특히 '밀레니얼 리더'라 불리는 신세대 CEO들은 기업을 이끌어가는 데 있어서 소통과 공감을 더욱 중요한 요소로 여긴다.

소통에도 여러 가지 종류가 있다. 기업 CEO의 경영철학이나 리더십의 필수 덕목이 소통인 것도 분명히 맞다. 그리고 가족이나 애인, 친구와 소통하는 것도 분명한 소통이다. 하지만 그 전에 가장 선행되어야 할 것은 바로 자신과의 소통이다. 내가 나와 '소통'하는 것이 감정을 이해하는 첫걸음이기 때문이다. 나를 제대로 이해하지 못한 채로 다른 사람들을 이끌어가는 리더가 되는 것은 쉽지 않다. 또한 다른 사람과 안정적인 관계를 맺는 것은 더 어렵다. 나를 제대로 알지 못하기 때문에 자꾸만 생각과 행동의 중심이 흔들리기 때문이다.

우리 삶이 항상 조용한 바다와 같이 평안하다면 얼마나 좋을까? 하지만 우리의 삶은 여러 가지 사건, 사고들로 인해 이상적인 상태로 유지되지 못한다. 그래서 우리의 내면세계는 여러 종류의 감정들이 섞이고 서로 소용돌이친다. 때로는 태풍이 몰아치듯이 굉장히 시끄럽고 격정적일 때도 많다. '속 시끄럽다.'라는 말이 괜히 생겨난 말이 아니다.

이러한 '속 시끄러움'을 잠재우는 데는 '경청'만 한 것이 없다. 사실 감정은 들어주는 것만으로도 많은 부분이 저절로 해소된다. '알아봐주는' 것이라는 말이 더 정확한 표현일 수도 있겠다. 내가 어디가, 얼마나, 왜, 아프고 복잡한지, 무슨 고민이 있는지 알아주는 것만으로도 큰 위안이 되는 것처럼 말이다.

자신과 소통하는 것은 서로 주고받는 형태로 이루어지는 타인과의 소통과는 판이하게 다르다. 그 이유는 소통의 99%가 경청으로 이루어지기 때문이다. 그래서 자신과의 소통에서는 잘 들어주기만 해도 성공한 것이라고 할 수 있다. 나를 이해하고 소통하기 위해서는 감정의 목소리에만 집중할 수 있는, 다른 사람에게 침범당하지 않는 개인적이고 조용한 시간이 반드시 필요하다. 물론 시간을 따로 확보하고 마음에 귀 기울여본다고 해서 모두 성공하는 것은 아니다. 처음에는 뜬구름 잡는 소리로 느껴질 것이다. 실제로 시도해보면 무엇을 어떻게 들어야 하는지도 모르기 때문이다. 그만큼 나를 이해하는 것은 어려운 숙제이기도 하다. 시작할 때는 모두 그렇다. 연습이 되지 않았기 때문이다. 나도 마찬가지였다.

혼자 있는 시간을 생산적으로 활용하라

나는 과거에 시간이 있어도 효과적으로 활용하지 못했다. 과거의 나는 외로움을 즐기는 편이었다. 사람 만나는 것도 그리 좋아하지 않았고 스마트폰을 만지거나 전화통화도 잘 하지 않았다. 외지를 떠돌 때 가족들과 떨어져 지내는 경우도 종종 있었다. 그때는 혼자 있는 시간도 많았다.

하지만 나는 이런 시간을 대부분 그다지 생산적이지 않은 곳에 썼다. 온라인 게임을 하거나 무협지를 읽으며 시간을 흘려보내는 경우가 다반사였다. 무슨 특별한 이유가 있어서는 아니었다. 다만 당시에는 그냥 시간이 빨리 지나갔으면 했다. 그 수단으로 게임과 무협지 탐독을 선택했을 뿐이었다. 그때만큼은 그 행위에 푹 빠져들어 다른 복잡한 생각들을 밀어낼 수 있었다. 더불어 시간을 죽이는 데도 그만한 것이 없다고 여겨졌다.

모 부대에서 근무할 때였다. 작은 배에 근무했는데 이미 오래되고 노후한 장비라 잠깐씩 부대 앞바다에 나갈 때 말고는 크게 바쁜 일은 없었다. 당시의 2년 정도의 기간이 내가 군생활을 하는 동안 시간적으로 가장 여유로웠던 시기였다. 퇴근하고 나면 다시 불려 들어갈 일도 거의 없었고 함께 근무하는 사람도 적어 퇴근 후에 사람을 만나는 일도 없었다. 가족들은 떨어져 있었고 나는 타지에서 혼자 살았기 때문에 저녁시간은 더 자유롭기도 했다.

근무여건 자체는 그리 좋지는 않았다. 워낙 오래된 장비를 운용하다 보니 자칫하면 위험에 노출되기 십상이었다. 고장도 잦았고 배를 운용하는 요원도 매우 소수라 당시 정장이었던 나는 신경이 이만저만 쓰이는 것이 아니었다. 퇴근해도 퇴근한 것 같지 않은 기분이었다. 항상 신경 쓰이고 노심초사했다.

자유로운 시간도 발전적이고 생산적인 일에 쓰지 못했다. 단지 괜히 불안한 감정으로부터 다른 곳으로 정신을 돌리기 위해 온라인 게임이나 하면서 시간을 보냈다. 당시에는 다른 취미에 비해 돈이 많이 들지 않고, 시간도 잘 가고, 불필요한 불안만 가중시키는 잡생각들을 잠시나마 던져둘 수 있다고 여겨졌기 때문이었다. 지금에 와서는 그때 그 시간들이 참 아쉽고 후회가 남는다.

그 아까운 시간에 나와 소통하고 감정에 대해 공부했다면 나는 분명히 우울증이라는 병에 지지 않았을 것이다. 지금에 와서야 아쉬움을 많이 느낀다. 그때는 나를 위한 공부나 자기계발 등에 대해 상당한 회의감을 느끼던 시기였다. 흔히 말하는 '가방끈' 긴 사람들이 행하는 일들이 내 마음을 불편하게 할 때가 많았기 때문이었다.

내가 무엇을 원하는지 알면 조금 더 행복해진다

나는 나와 소통해야 한다는 생각을 하지 못했다. 왜냐하면 그 일이 중요한 것인지도 몰랐고 나와 소통한다는 것이 무엇인지 개념조차 몰랐기 때문이었다. 사람은 딱 자신이 아는 만큼만 꿈꿀 수 있고 개선해나갈 수 있는 것임을 다시 한 번 느낀다. 이유야 어쨌든 나는 이 좋은 시기를 놓치고 말았다. 그리고 또 다시 내가 무엇을 원하는지, 무엇을 하고 싶은지도 모른 채 그저 주어지는 길을 따라 이곳저곳을 돌아다니며 영혼 없는 생활만 하고 있었다.

자신과의 소통을 통해 더 명확해지는 것이 또 하나 있다. 그것은 바로 자신이 무엇을 원하는가, 즉 꿈과 목표에 대한 부분이다. 나의 욕망을 자극하는 것이 무엇인지 찾는 과정에서 목표와 꿈이 보다 명확해진다. 목표의 중요성은 어디를 가도 빠지지 않는다. 특히 과거에 성공한 사람들은 누구보다도 명확한 목표를 가지고 과감한 결단력으로 행동했다. 명확한 목표지점을 보고 있었기에 많은 시련과 좌절에도 굴하지 않고 한 걸음, 한 걸음 나아갈 수 있었던 것이다.

나는 내 내면에 있는 녀석과는 담 쌓고 살았다. 가끔 내면의 녀석을 찾아가서 소통이라고 했던 것은 대부분 근거 없는 추측성 비방과 면박이었다.

'나는 도대체 왜 이럴까? 그리 특출나지도 않고, 끈기도 부족하고, 자주 아프고, 겁쟁이에다…. 에휴, 답이 없다. 정말!'

하고 싶은 말만 하고는 휙 사라졌었다. 내가 마구 쏟아낸 부정적 말들 때문에 내면에 있는 그 녀석은 상처만 잔뜩 입고 아무 말도 하지 못했다. 그 녀석이 목소리를 내어 뭐라고 말하려고 하면 이미 나는 거기 없었기 때문이다.

나는 완전 고집 '불통'에 '아집'덩어리였다. 나한테는 그렇게 당당하면서 다른 사람에게는 왜 그렇게 조심했을까? 안타깝지만 예전에 나는 분명히 그런 사람이었다. 물론 그 당시에는 내가 그런지도 몰랐다. 보려고 하지 않았기 때문이다. 지금 이것도 내가 감정에 대해 공부하면서 나와 진지하게 대화한 끝에 알게 된 사실이다. 한참을 불러도 대답하지 않던 내면의 녀석이 털어놓듯 알려준 것이다. '너 사실은 이랬어….' 라고 말이다. 지금은 끊임없이 대화를 시도하고 있으며 우리의 관계는 점점 좋아지고 있다.

이렇게 나는 자신과 소통하는 데 아주 '맹인'에 '귀머거리'였다. 내가 무엇을 좋아하는지도 몰랐다. 되고 싶은 것도 뚜렷이 없었고 무엇이 되고 싶은지에 대해 생각도 하지 않았다. 그런 상태로 여기저기 끌려다녔고 원치 않는 삶을 살아왔다. 시간이 지나면서 조금씩 괴롭고 지치기 시작했고 그로기 상태가 되었다. 종래에는 어디서 나타나는지도 모를 카운터 펀치를 맞고 녹다운 되고 말았다.

행복하게 살기에도 아쉬운 인생이다!

행복하게 살아가기에도 시간이 아쉬운 한 번 뿐인 인생이다. 나를 소중히 여기는 것은 나를 아는 것으로부터 시작된다. 내면의 나를 들여다보자. 아마 당장은 찾아봐도 보이지도 않을 것이다. 불러도 나오지 않을지도 모른다. 하도 봐주지 않아서 아예 희망을 잃고 저 구석에 처박혀 있을 것이다. 그래도 자꾸 불러보자. 그동안 무관심했던 것에 상처를 많이 받아 아마도 쉽게는 나타나지 않을 것이다. 내가 재미있게 읽은 책 『2억 빚을 진 내게 우주님이 가르쳐 준 운이 풀리는 말버릇』에는 다음과 같은 내용이 나온다.

"나는 신기한 꿈을 꾸었다. 내가 나를 향해 '감사합니다.', '사랑합니다.' 라는 말을 하고 있는 꿈이었다. 그 말을 듣고 있는 나는, 말을 거는 내게 등을 보이고 무릎을 끌어안은 상태로 앉아 있었다. 하지만 무릎을 끌어안고 있는 나는, '그런 말은 믿지 않아.' 라고 고개를 젓는다. 그래도 '감사합니다. 사랑합니다.' 라고 계속 중얼거리는 나. '하지만 지금까지 나를 무시해왔잖아.' 앉아 있는 나는 그렇게 말한다. 그래도 '감사합니다.'를 계속 중얼거리는 나. 그러던 중에 등을 돌리고 앉아 있던 내가 얼굴을 들더니 끊임없이 말을 건네고 있는 나를 돌아봤다. '정말이야? 이번에는 진심이야?' '정말? 진심으로?' 그때서야 얼굴도 보이지 않던 내가 또 한명의 나를 바라보고 눈을 빛내기 시작했다. 갑자기 쌓였던 감정이 폭발하듯 주르륵 눈물을 흘리더니 소리 내어 울기 시작했다. '나도 사랑해!' 앉아 있던 내가 눈물을 흘리면서 그렇게 말한 순간, 나와 나는 서로를 힘주어 끌어안았다."

이 내용은 내 안에 숨어 있는 '잠재의식'과 화해하는 것을 비유적으로 대화형식을 차용해 풀어둔 대목이다. 잠재의식은 유사한 뜻으로 '나의 가능성'이나 '내면의 자아' 등과도 통하는 말이다. 작가는 책에서 그동안 눌러오고 무시했던 잠재의식은 이미 우울증에 걸려 있다고 표현했다. 참 재미있지만 한편으로는 가슴 아프고 눈물이 흐르기도 했다. 나의 이야기와 너무나 흡사했기 때문이었다. 잠재의식과 화해하기 위해서는 그동안의 부정적 대화들을 덮을 만큼 '감사'와 '사랑'을 표현해야 한다는 것이 작가가 던지는 메시지였다. 나는 그 내용에 격하게 공감했다. 실제 우울증이 치유되어가면서 내가 겪었던 일과 너무나 유사했기 때문이었다.

지금부터라도 부지런하게 내 안에 있는 그 친구를 불러보자. 대답하지 않더라도 끊임없이 불러보자. 일단 닫혀버린 마음을 열어야 대화를 시작이라도 할 수 있다. 힘겹겠지만 일단 만났다면 나와 너무나 비슷하면서도 다른 모습에 더욱 놀랄 것이다. 하지만 마음을 다잡고 그동안 마음속에 쌓여있던 이야기들을 열심히 경청하자. 그리고 한번 꼬옥 안아주자. 상처에는 연고를 바르고 반창고도 붙여주자. 그렇게 나와의 소통은 내가 그동안 방치했던 시간을 극복하는 노력이 있어야 겨우 시작할 수 있다. 하지만 이 소통의 효과는 대단하다. 내면의 그 녀석과 하나가 되면서 나타나는 시너지는 엄청나다. 그 에너지를 바탕으로 우리는 삶이 변화할 그 무엇을 향해 또 다시 달릴 수 있게 될 것이다.

30살 평생 일정식으로 살아준 나에게 감사합니다.

누구보다도 아름다운 나를 꼬옥 안아주고 싶습니다.

감사하고 사랑하고 또 사랑합니다.

이제 더 이상 혼자두지 않을게요.

03 : 지금 느끼는 감정에서 달아나지 마라

커피의 쓴맛과 설탕의 단맛처럼
감정도 똑같지.
쓸모없는 감정이란 없어.
단지 조절해야 할 감정이 있을 뿐이지.
– 함규정, 『감정을 다스리는 사람, 감정에 휘둘리는 사람』

내가 지금 어떤 감정을 느끼는가에 집중하라

가끔 우리는 스스로를 객관적으로 보지 못하는 경우가 있다. 자신에 대한 부정적인 사고로 뒤덮여 있을 때 특히 그런 오류를 범하게 된다. 스스로를 올바른 시선으로 바라보지 못하고 끊임없이 비난하고 방치하는 것. 그것만큼 나의 가치를 스스로 무너트리는 일은 없다. 또한 이런 행위는 자신을 위해주는 사람들이나 자기 자신에 대한 예의가 아니다.

하지만 많은 사람들이 이와 같은 아픔을 자초하고 만다. 왜 그럴까? 그 이유는 자신이 어떤 감정을 느끼는지 제대로 보려는 시도조차 하지 않기 때문이다. 자신의 마음과 진정으로 마주 앉아 이야기해본 것은 과연 언제였을까? 한 번이라도 자신의 감정과 진솔한 대화를 나눠본 적이 있을까?

우리의 마음과 정면으로 마주한다는 것은 자신이 어떤 감정을 느끼고 있는지 알아차리는 것을 의미한다. 우리가 가장 중요하게 여겨야 할 것은 바로 '지금' 느껴지는 감정이다. 그동안 우리가 애써 무시했을 뿐, 감정은 우리에게 많은 신호를 보내왔을 것이다. 감정은 솔직해서 그때그때 '느낌'으로 우리에게 무언가 메시지를 던진다. 만약 지금 느끼는 감정이 '도망'과 '회피'를 향해 있다면 그것은 곧 감정에서 보내는 '적색신호'일 수 있다. 그동안 쌓여온 감정의 신호가 누적되어 폭발한 것임을 의미한다.

자신이 느끼는 감정은 수용하지 않으면서, 현실에 충실하고 매사에 성실하기만을 바란다면 그것은 분명히 이중적이고 잘못된 명령이다. 아무리 내가 나에게 내리는 명령이라고 하더라도 어느 정도의 균형은 필요하다. 안과 밖의 온도차가 커지면 상호 간의 신뢰가 무너진다. 사소한 내적 갈등이 쌓여 간극이 점점 더 넓어지다 보면 결국 비명을 지르는 것은 자기 자신이 된다.

직장생활을 하는 사람들은 대부분 이와 같은 명령이나 조언을 받는다.

"공과 사는 반드시 구분해야만 한다. 업무는 책임이고 자신이 맡은 분야는 스스로 책임지는 자세가 필요하다. 일을 하는 데 스트레스는 당연한 것이다. 누구나 그 정도 스트레스쯤은 받고 이겨내면서 살아간다. 때로는 하기 싫은 일이라 해도 완수하는 것이 직장인의 자세다. 그렇지 않으면 직장인으로서 '0점'으로 평가받는다. 그 이후로는 당신이 우려하는 대로의 현실이 다가온다."

대부분의 사람들은 현실적인 문제에서 자유롭지 못하다. 그리고 사회생활을 시작할 때쯤 위와 같은 말을 대부분 듣게 된다. 상황이나 직무에 따라 교육 내용은 상이하겠지만 받아들이는 메시지는 위와 유사하다.

사회생활을 시작할 때쯤 잘 아는 선배나 함께 일하는 상사로부터 비슷한 말을 들어본 경험이 있지 않은가? 자신이 선배의 입장에 있으면 아마 후배들에게 한 번쯤은 해봤을 법한 이야기들이다. 아마도 진심으로 당신을 위해서 조언하고 말을 해줬을 것이다. 당신이 성공하기를 바라는 마음에서 말이다. 사실 틀린 말은 아니다. 어디에나 스트레스는 도사리고 있고 지시하는 일마다 불만을 야기하거나 책임을 회피하는 사람은 환영받을 수 없다. 당연히 성공으로부터는 멀어져 간다.

한 가지 중요한 사실이 있다. 진심으로 즐기지 못하는 일에서는 결코 제대로 된 성과를 내기 힘들다는 점이다. 또한 의무감만 가득한 삶에서 일을 즐기는 것은 불가능하다. 그래서 더욱 중요한 것은 내가 하려는 일에 스스로 동기부여가 되어 가슴이 두근거리는 상태가 되는 것이다. 더불어 일은 함께하는 것이지 의욕을 앞세워서 혼자 독박 쓰는 것이 아니다. 현명하게 분배하고 조절함으로써 자신을 보호할 줄도 알아야 한다.

한 번 생각해보기 바란다. 지금 자신이 근무하는 곳에 대한 이미지가 어떤지 말이다. 혹시 그곳으로부터 도망치고 싶고, 아침에 출근하는 것이 두렵고 때로는 발걸음을 떼는 것마저도 어렵게 느껴지는가? 만약 그렇다면 그 상황은 스스로 자초했을 가능성이 높다.

지난 날을 회상해보기 바란다. 무의식적으로 혹은 내 의사와는 관계없이 분위기에 떠밀려서 "네, 알겠습니다.", "괜찮습니다. 저에게 맡겨주십시오.", "회사 일인데 부서를 가리는 게 무슨 의미 있겠습니까? 제가 하겠습니다." 이렇게 답하지는 않았는가? 한 번 자신을 진지하게 되돌아보기 바란다. 일에 사적인 감정이나 자신의 스트레스를 투영해서는 안 된다는 의미를 과도하게 받아들였을 수 있다. 나만의 해석을 덧붙이고 책임감에 스스로의 감정을 눌러오지는 않았는가? 글자 자체가 주는 가르침에 충실한 채 자신의 감정을 철저히 짓밟아오지는 않았는가? 지금의 괴로운 심정은 그러한 과정의 결과일 수 있다.

처음 몇 년은 괜찮을 수도 있다. 하지만 자신의 감정을 억누르거나 통제하는 것에 능해 자유자재로 할 수 있다고 하더라도 그런 방식으로는 오래 버티지 못한다. 길어야 5년에서 10년이다. 더불어 우리의 인생 속에는 위기가 많이 도사리고 있다. 아무리 '괜찮아. 이 정도는 아무것도 아냐. 사회생활 하다 보면 당연한 거지.' 하고 다스려나간다고 해도 부담은 계속해서 쌓이고 만다. 초기증상을 무시함으로써 작은 병을 큰 병으로 키우는 꼴이 되는 것이다. 어느 순간 고비가 닥치거나 위기가 찾아오면 자신도 깜짝 놀랄 정도로 사정없이 무너지는 자신을 발견할 수도 있다. 내게 다가오는 위협의 징조를 무시한 채 무작정 어둠속으로 걸어 들어가서는 안 된다.

우리의 이성은 배운 대로 생각하는 데 능하다. 하지만 우리의 무의식은 현재 흘러나오는 감정의 물줄기에 고스란히 노출되어 있다. 우리는 그 사실을 인지해야 한다. 그래서 그때그때 해소하지 않은 감정은 내면의 감정주머니에 소복소복 쌓여가고 있다. 그러다 언젠가는 폭발해서 이성을 마비시켜버릴 것이다.

그때는 모든 것이 두려워지고 도망치고 싶다는 생각밖에 들지 않는다. 내 통제를 벗어나 일종의 공황상태에 빠질 수도 있다. 하지만 그런 상황에 놓였을 때에도 이 시대 대부분의 직장인들은 한 번 더 눌러보려고 애쓴다. 어깨에 짊어진 짐들로 인해 막다른 골목에 서 있는 경우가 많기 때문이다. 이러지도 저러지도 못하는 막막한 상황 속에 오갈 데 없는 우리의 영혼은 곧잘 우울증으로 치달아버린다. 나는 그것을 여실히 경험했다.

감정에서 달아나려는 시도는 상처만 더 키울 뿐이다

감정에서 아무리 달아나려고 해도 그 바람은 이뤄지지 않는다. 우리 삶자체가 곧 감정의 문제들로 가득 차 있기 때문이다. 그러니 더 이상은 지금 느껴지는 감정들로부터 도망치지 말자. 그들과 진솔한 자세로 대면하고 왜 지금 나에게 신호를 보내는 것인지 대화를 나눠보자. 어떻게 해야할지 잘 모르겠는가? 하지만 생각보다 어렵지 않다. 그리고 방법도 무수히 많다. 어차피 나는 방법론의 전문가는 아니다. 다만 우울증으로 힘든시기를 보낸 나도 쉽게 할 수 있었던 최대한 간단한 방법을 한 가지 소개하고 싶다. 그것은 바로 혼자만의 시간을 갖는 것이다.

온전하게 자신만을 위한 시간을 가져보자. 시간은 그리 길지 않아도 좋다. 10분이어도 좋고 딱 자신이 편한 만큼만이어도 된다. 가족이 있는 사람이라면 가족들이 잠든 후나 새벽 시간을 이용하는 것이 좋다. 물론 가족은 소중하지만 친한 만큼 당신의 세상에 함부로 끼어들기도 쉽다. 사랑하는 마음도 좋지만 잠시 떨어져 있도록 하자.

이것은 명상이라고 이름 붙여도 좋고, 자아성찰이라고 불러도 좋다. 어차피 명칭은 그리 중요한 것이 아니다. 자신만의 시간이 생겼다면 편안한 자세로 잠시 눈을 감고 가슴속에서 심장이 뛰는 진동도 느껴보고 뱃속에서 장기들이 움직이는 꿈틀거림도 캐치해보자. 모든 관심을 내 안에 집중해보자. 그리고 지금 내가 느끼는 감정이 무엇인지, 오늘 언제 가장 기분이 좋았는지, 언제 가장 힘들다고 느꼈는지 떠올려보자.

모든 문제의 해결은 그 문제가 무엇인지를 정확히 파악하는 것에서 시작된다. 일단 문제를 알게 되면 해결할 여유가 생기고 더불어 해결 방법을 찾을 수 있게 된다. 감정의 문제도 이와 마찬가지다. 지금 느끼는 감정으로부터 도망치지 말자. 내가 어떤 감정을 느끼는지, 왜 그런 감정을 느꼈는지, 어떤 감정적 문제가 나를 가장 힘들게 했는지. 이런 부분들을 하나씩 진단해보자. 그러면 조금이라도 더 우리가 직면하는 감정의 문제들로부터 편안해질 것이다.

 지금, 당신의 감정에게 말하기

잠시 불을 끄고 문을 닫는다.
조용한 가운데 온전히 나만을 위한 시간을 가진다.
내 감정과 진솔한 자세로 대면한다.
나는 오늘 내 감정에 한 걸음 더 다가갔다.

04 : 감정을 통제하기보다 변화시켜라

두려운 생각이 들 때마다 엄마는
고개를 꼿꼿이 든 채 행복한 리듬의 휘파람을 분단다.
내가 두려워하고 있다는 사실을 아무도 모르게 말이야.
이 속임수는 참 이상하기도 하지. 내가 두려워하는
사람들뿐만 아니라 나까지도 속아 넘어가게 하거든.
– 뮤지컬 〈왕과 나〉

비구름이 있는 한 비는 내리기 마련이다

주위에서 항상 좋은 말이 들리고 사람들이 긍정적인 말들만 주고받는
다면 참 좋을 것 같다. 하지만 그런 삶은 생각보다 쉽게 이루어지지 않는
것 같다. 더불어 정작 우리가 필요로 하는 순간에는 진정으로 자신에게
도움을 줄 만한 좋은 사람이 곁에 없는 경우가 대부분이다. 그럴 때는 좋
은 글귀를 활용하는 것도 좋다. 나는 글 자체를 좋아해서 그로부터 위로
를 받거나 힘을 많이 얻곤 했다. 가슴 뛰는 글귀 한 줄은 때로는 사고방식

을 바꾸는 극적인 계기가 되기도 했다.

올 여름은 폭염으로 참 뜨겁다. 비가 절실한 요즘이다. 시원하게 한 바가지 쏟아지면 내 속도 시원해질 것 같은 느낌이다. 비가 오기를 바라는 마음으로 잠시 빗물에 빗대어 이야기를 시작하고자 한다.

비가 오면 물을 가둬두는 댐에는 점점 빗물이 차오른다. 비가 쉽사리 그칠 기미가 없는데 계속해서 수위가 올라가면 댐을 관리하는 부서에서는 준비를 해야 한다. 방류할 준비를 말이다. 점점 차오르기만 하는 빗물을 끝까지 막아둘 수는 없기 때문이다. 표기된 위험수위를 넘기 전, 적절한 순간 방류를 해서 수위를 조절해야 한다. 그렇지 않으면 더 큰 사고로 이어지고 만다.

감정은 자연스러운 것이고 항상 우리 마음속에서 생겨난다. 우울증 상태를 날씨에 빗대어 보면 마음속에 먹구름이 가득해서 1년 내내 비가 오는 것과도 같다. 그만큼 감정이라는 존재는 우리 삶에 언제나 함께하고 영향을 주고받는다.

감정을 통제한다는 것은 사실 있을 수 없는 일이다. 물론 훈련을 통해 내면에 발생한 감정들을 밖으로 드러내지 않도록 연습할 수는 있을 것이다. 요즘 흔히 볼 수 있는 말로 '감정노동'이 여기에 해당된다. 이것은 곧 감정을 죽이는 것이나 다름없다.

비구름이 있는 한 비는 언제고 계속해서 내리기 마련이다. 많이 오느냐, 적게 오느냐의 차이일 뿐 비는 멈추지 않는다. 부정적인 감정들도 이와 같다. 부정적 사고를 갖고 있는 한 끊임없이 부정적인 감정들이 생겨난다. 이때는 날씨를 바꿔야 한다. 흐린 날씨에서 화창한 날씨로 말이다. 그러면 비구름은 자연스럽게 햇살에 녹아 사라진다.

물론 나는 기상이나 자연과학에 대한 이야기를 하는 것은 아니다. 사고의 전환이 필요하다는 말을 하고 싶은 것이다. 사고방식은 우리가 생각해내는 모든 것들의 근원이다. 사고방식으로부터 파생되는 것이 곧 생각이고 그것이 어떤 때는 감정이 되기도 한다. 행복한 때를 상상하고 자신이 좋아하는 것을 생각하는 것만으로도 우리에게는 행복하고 설레고 두근거리는 감정들이 솟아난다. 하고 싶은 일, 먹거리, 혹은 취미생활이든 그 어떤 것도 관계없다. 나의 경우에는 20대 시절을 환하게 불태웠던 아내와의 연애에 관한 추억을 많이 떠올린다. 그때 나는 정말 열정적으로 사랑을 했다. 한 번은 이런 일도 있었다.

금요일 저녁 8시. 정신없이 달리던 군기훈련 중이었다. 왼쪽 정강이 부분의 감각이 점차 무뎌져갔다. 그날 오후, 체련장 모래바닥에서 축구시합을 하던 중 크게 넘어지며 왼쪽 다리 넓은 부위에 찰과상을 입었다. 피가 흘렀지만 얼마나 다친 줄도 모르고 다시 일어나 시합을 마무리했다.

경기가 끝난 후 군의관에게 진료를 받았다. 상처는 꽤나 심각했다. 10cm가 넘게 피부가 찢어져 있었고 주변으로 모래알이 박힌 듯 자잘한 상처가 잔뜩 나 있었다. 상처는 하필 군화목이 묶여질 그 부위와 만나고 있었다. 하지만 나는 그 다리로 저녁에 군기훈련을 참가했다. 5km 가까운 거리를 뛰면서 덮어두었던 거즈는 피범벅이 되었지만 나는 이를 악물고 끝까지 완주했다. 사실 내가 악착같이 군기훈련을 참가했던 것은 주말에 외박을 나가기 위함이었다. 당시 교제 중이었던 아내를 만나러 가고 싶다는 생각밖에 하지 못했다. 그때를 놓치면 또 다시 2주를 기다려야 했기 때문이었다. 그렇게 열정적으로 사랑을 향해 달리고 또 달렸다.

이때를 생각하면 가슴이 찡해지기도 하고 나도 참 열정적인 사람이었다는 것을 다시 떠올릴 수 있다. 더불어 그때 해냈던 것을 떠올리며 지금 다시 일어설 수 있다는 자신감도 생기곤 했다.

의도적으로 다른 생각을 떠올려보자

감정을 억지로 통제하려고 하다가는 더 힘든 결과로 이어질 수 있다. 감정이란 묘해서 비슷하게 생긴 친구들을 잔뜩 데리고 와서는 그 안에서 떠나지 않으려고 하는 성질이 있다. 통제하려고 한다는 것은 달리 말하면 거기에 대해 계속 생각한다는 것과도 같은 말이다. 불안하다고 느끼면 '불안해지지 말자.', 힘들 때는 '힘들어하지 말자.' 이런 식으로 진행된다. 그러면 계속 지금의 감정을 떨쳐버릴 수가 없다. 자꾸 거기에 붙들리게 되는 것이다.

정말로 내가 감당하기 힘들 정도로 답답하고 고통스럽고 앞이 캄캄하다고 느낄 때는 의도적으로 다른 생각을 하자. 다른 생각이라고 해서 별다른 건 없다. 신혼여행을 갔던 기억도 좋고, 집에 있는 아이들 생각도 좋다. 어제 지나가다가 본 길냥이를 생각해도 된다. 그냥 지금 솟아오르는 감정을 순간적으로 잊어버릴 수 있는 전혀 생뚱맞은 것을 생각하는 것이다. 다만 최대한 심각한 것들은 피하고 그냥 가볍게 즐길 수 있는 수준의 스케치 같은 것들을 생각하는 것이 좋다. 특히 밀린 업무나 내일 할 일들에 대한 생각은 최대한 하지 않는 것을 추천한다. 그것은 쉬는 것도 쉬는 것이 아니게 만들어버린다.

사람들은 누구나 불안할 때가 있다. 그럴 때 가장 어리석은 대응방법은 아무것도 하지 않는 것이다. 가만히 있으면 끝없이 불안해진다. 불안한 감정을 끌어들이는 것이다. 그럴 때는 무작정 아무 활동이라도 하는 것이 좋다. 우리가 불안함을 느끼는 이유는 편안하지 않은 상황에 있기 때문이다. 따라서 지금의 불편한 상황에서 벗어나기 위한 어떤 변화라도 시도해야 한다. 아무것도 하지 않으면 아무것도 변하지 않는다.

더불어 자신에 대한 확신이 부족할 때 우리는 미래에 대한 불확실성을 더 크게 보고 그에 더 민감해진다. 이 때 우리에게 내재된 불안요소들은 더욱 증폭된다. 이럴 때는 그냥 아무 생각 없이 천천히 산책을 한다거나 차가운 물에 세수라도 하기 바란다. 무엇이라도 하면 지금의 불안한 상태에서 조금이나마 벗어날 수 있다. 자연히 미래에 대한 막연한 불안감도 상쇄해준다.

아무리 열정이 강한 사람도 거듭되는 좌절 앞에서는 서서히 의욕이 꺾이기 마련이다. 계속되는 부정적인 피드백이나 비난, 언어폭력 등은 부정적인 사고가 머릿속에 조금씩 고이게 만든다. 계속해서 퍼내고 긍정적인 마인드로 채우지 않으면 우리는 금세 과거의 힘들었던 시절로 돌아가고 만다. 그래서 우리는 자신이 좋아하는 일을 찾아야 한다. 그리고 그 일을 해야만 한다. 사람은 무언가에 몰입할 때 더 에너지가 생기고 행복해진다. 좋아하는 일을 찾아서 몰입하면 그것이 발전되어 자신의 강점이 되고 자존감 역시 세워주는 선순환이 일어난다.

심장이 뛰지 않는 무감각하고 무의미한 느낌. 내가 이곳에 왜 있는지 모르겠고 무엇을 하는지 아무런 가치가 느껴지지 않는 하루를 살아본 적 있는가? 나는 언제부턴가 매일이 그랬다. 그런 상태를 알게 되었던 것은 3년 반 전이지만 이미 그 한참 전부터 마음속은 공허했다. 가슴이 죽은 채 살아간다는 것은 나의 인생에 커다란 멍에를 지우는 것이다.

나는 '한책협'에서 많은 경험을 통해 나를 발전시켜나갔다. 그 시스템에 녹아들어 책을 썼고 각종 성공학과 의식·사고를 바꾸는 책자들을 섭렵해나갔다. 그 과정에서 멈춰 있던 심장이 다시 뛰는 느낌을 받았다. '누구나 힘든 시절이 있었구나! 아니 저런 대단한 사람도 나와 비슷한 일을 겪었네?' 이런 것을 알게 되었다. 그와 더불어 '어쩌면 나도 지금 힘든 상황을 딛고 저렇게 성공할 수 있지 않을까?'하는 기대감이 생겨났다. 그때부터 나 자신에 대한 강한 확신이 조금씩 솟아나기 시작했다. 나도 제대로 한 번 살아보고 싶다는 생각이 들었다. 지금처럼 바닥까지 내려와 찌그러지고 무너진 채로 살고 싶지 않다는 욕망이 생겼다. 그 욕망은 아팠던 내가 회복하는 데 큰 역할을 했다.

감정을 통제하려는 잘못된 마음을 버리자

감정을 통제하려고 하지 말자. 감정은 통제한다고 해서 사라지는 것이 아니다. 지금 느끼는 감정을 일시적으로 누를 수는 있다. 하지만 눌러진 감정들은 결코 없어지지 않는다. 그 감정들은 자신도 모르는 마음 속 어딘가에 꾸준히 쌓여가고, 점점 내 마음을 무겁게 한다. 그래서 억누르는 것은 결국 상황을 악화시키는 결과를 낳을 뿐이다.

감정을 통제하려는 시도 대신, 불편한 감정을 바꿀 만한 다른 것을 생각하자. 행복한 기억, 좋았던 곳, 사랑하는 사람. 어떤 것이든 좋다. 자신이 떠올리기 편하고, 떠올리는 것만으로도 뭔가 기분이 들뜨는 것이면 된다. 행복한 기억을 떠올리는 것만으로도 괴롭고 힘든 감정이 많은 부분

소멸되어 감을 느낄 수 있을 것이다.

물론 가장 좋은 방법은 사고방식 자체를 긍정적으로 바꾸는 것이다. 그것을 통해 부정적인 감정이 생겨날 원인 자체를 없앨 수 있다. 하지만 사고방식을 바꾸는 것은 제대로 된 방법을 알고 체계적으로 노력할 때 가능한 일이다. 또한 어느 정도 감정에 대한 원인과 메커니즘을 이해한 상태에서 시도할 수 있다. 그 전에는 꾸준한 일상의 변화를 위한 노력을 통해 내 감정의 궤도를 어느 정도 상승시켜두는 것이 필요하다.

사고방식은 습관과 같다. 한 번 고착된 습관은 정말 고치기 힘들다. 어떤 이는 한 번 형성된 습관을 없애기는 불가능하다고도 말할 정도다. 따라서 하루아침에 그동안 쌓아온 부정적 사고방식이 바뀔 거라는 기대는 버려야 한다. 그런 기대는 오히려 나는 불가능하다는 절망감만 키울 뿐이다. 현실을 직시하고 부지런하게 그리고 여유를 갖고 노력해야 한다. 부정적 사고를 덮을 만한 새로운 사고의 메커니즘을 만들어서 다시 습관화 하는 과정이 필요하다. 그 시간은 생각보다 오래 걸리고 제대로 된 방법이 필요하다. 아무 노력 없이 저절로 바뀌거나 사라지지 않는다.

☂ 지금, 당신의 감정에게 말하기

나는 오늘 모든 면에서 조금 더 발전하고 있다.

매일 심장박동을 느끼며 사는 지금, 나는 행복하다.

05 : 지금 느끼는 감정의 원인을 찾아라

인간은 누구나 자신을 거울처럼 비춰주는 타인이 필요하다
– 하인즈 코헛(정신분석가)

모든 감정에는 분명한 원인이 있다

지금까지 살아오면서 화 한 번 내보지 않은 사람이 있을까? 아마 거의 없을 것이다. 나도 마음속에 많은 화를 갖고 살았던 사람 중 하나다. 그만큼 가장 대중적으로 알려지고 외부로 표출되는 방식이 격렬한 감정이 있다면 그것은 바로 '분노'일 것이다. 분노감 또한 대부분의 감정과 같이 누르면 누를수록 더 증폭되는 특징을 가진다. 하지만 워낙 표출되는 방식이 거칠다 보니 함부로 드러내기가 상당히 꺼려진다. 인간관계나 삶에 지

대한 영향을 미치는 경우가 많기 때문이다. 그래서 다른 감정보다도 분노는 누르고 쌓아두는 경우가 더 빈번하게 일어난다.

얼마나 화를 마음에 담아두고 사는 사람들이 많은지 '울화병'이라는 단어가 국어사전에 있을 정도다. '울화'의 뜻을 살펴보면 '속이 답답하여 나는 화'라는 의미를 갖는다. 즉 마음이 답답해서 생기는 화로 인해 병까지 생긴 것, 이것이 울화병이다. 이렇게 쌓아두기 쉬운 '화'는 우리가 통제할수 있는 범위를 벗어나면 대단히 부정적인 에너지로 변해서 밖으로 쏟아져나온다. 얼마나 버텼는지, 얼마나 쌓아왔는지에 따라 시기와 에너지의 정도가 차이 날 뿐 이러한 분노의 메커니즘을 피해갈 수 있는 사람은 거의 없다.

분노는 정말 쓸모없는 감정인가?

세상 곳곳에는 분노라는 감정을 피어오르게 하는 씨앗들이 퍼져 있다. 그중에서도 직장은 여러 가지 이유로 그 씨앗들이 많이 집중되어 있는 곳들 중 하나다. 도무지 받아들이기 힘든 직장상사의 히스테리도 그렇고 시키는 것을 제대로 해오지 못하는 부하직원, 부서 간의 업무알력이나 폭탄 넘기기 식의 신경전까지. 화가 나지 않을 수 없는 환경에 있다. 하지만 특히 직장인들은 그런 분노를 마음껏 표현하지 못한다.

결국 분노의 메커니즘에 따라 파괴력이 증폭되고 갑작스럽게 화가 폭발한다. 하지만 그 때문에 직장 내에서 상당히 난처한 상황에 처한다.

"가만히 있다가 갑자기 왜 저래? 요즘 ○ 대리 무슨 일 있나?"

이런 이상한 사람 취급을 받게 되는 것이다. 감정 중에서도 다루기 힘들고 난처한 감정이라 할 수 있겠다. 없앨 수만 있으면 진심으로 내 안에서 영원히 지워버리고 싶은 감정이기도 할 것이다.

분노는 타인에 의해 만들어지는 경우가 대부분이다. 누군가 나에게 나쁘게 대했거나, 내가 원하는 것을 하지 않을 때, 내가 원하지 않는 것을 억지로 할 때 주로 발생한다. 하지만 사람마다 제각각 생각이 다르고 가치관이 틀리기 때문에 타인과의 의견충돌이나 갈등 상황은 항상 일어난다. 이래서는 끊임없이 분노에 휩싸이게 될 수밖에 없다.

분노를 조금이라도 줄이기 위해서는 상대가 내가 원하는 것을 들어줄 것이라는 바람에 대한 기대치를 최대한 낮추는 것이 좋다. 즉, 상대방을 행동조절에 미숙한 어린아이 정도로 낮추어 바라보는 것이다. 나에게 직접적으로 피해만 입히지 않는다면 적정선까지는 그냥 신경을 끄는 것도 때로는 좋은 방법이다.

좋은 마음으로 다른 사람에게 조언하고 충고할 때가 있다. 그 사람의 긍정적인 변화를 기대하기 때문이다. 하지만 그렇더라도 상대방이 내 의도대로 올바른 방향으로 따라올 것이라는 기대는 내려놓는 것이 좋다.

그 '올바른 방향' 역시 상대방의 생각은 나와 다를 수 있기 때문이다. 그럴 때는 내 생각이 맞다고 아무리 몰아붙여도 그 사람은 변하지 않는다. 오히려 나의 노력과 정성에도 따라와주지 않는 상대방에 대한 분노만 양산될 뿐이다. 더불어 상대방 역시도 강요받는 지금의 상황에 좋지 않은 감정만 쌓이고 만다. 승자는 없는 최악의 게임이 되고 마는 것이다.

사람은 스스로 변하는 것이지 누가 억지로 변화시킬 수 없는 존재다. 때때로 한 사람이 어쩔 수 없이 변하는 '척' 하더라도 그것은 일시적인 변화일 가능성이 높다. 실제로 그 사람은 갈등 상황에 놓이기 싫어 그냥 받아주는 경우가 대부분이다. 하지만 이 경우에는 받아주는 사람에게 분노가 쌓인다. 이래저래 분노를 주고받는 격이 되어버린다. 그래서 상대방과 나와의 차이를 있는 그대로 인정할 때 분노에서 많이 자유로워질 수 있다.

불필요할 것 같은 분노라는 감정은 우리에게 왜 나타날까? 과연 나쁘게 여기고 부정해야만 할 대상일까? 감정도 에너지의 일종이다. 어떤 경우에는 분노라는 감정을 통해 평소에는 하기 힘들었던 어떤 일을 성취해 낼 수도 있다. 특정인에 대한 분노와 경쟁심으로 인해 자신의 평소 능력보다도 훨씬 더 큰일을 하는 경우도 있다. 에너지를 어떤 방향으로 발산하는가에 따라 생산적인 일을 가속화시키기도 하는 것이다.

분노 또한 자연스러운 감정이기에 정신적으로 건강한 사람임을 나타내는 지표가 될 수도 있다. 만약 누군가 내게 모욕적인 언사나 행동을 하는데 아무런 화도 나지 않는다면 그 사람이 과연 제대로 살아갈 수 있을까? 자신을 현명하게 보호할 수 있을까? 불가능할 것이다. 내가 우울증이 무척 심했던 시기에는 부조리하고 말도 안 되는 질책에도 화조차 내지 못했다. 이처럼 건강한 분노는 내 자신을 보호하기 위한 여러 가지 수단 중 하나다.

강한 감정일수록 원인을 파헤쳐야 해소된다

이처럼 우리가 어떤 감정을 느끼는 것에는 분명한 원인이 있다. 그런데 이 원인은 사람마다 조금씩 다르고 특정한 상황에 따라 증폭되는 감정도 조금씩 다르다. 때로는 특정인에게 계속해서 불편하고 화가 난다면 열등감이 원인일 수 있다. 그 사람보다 내가 못하다는 생각을 뒤틀어서 그 사람에 대한 분노로 돌리는 것이다. 영원히 그 사람을 이기지 못할 것 같은 불안과 시기심일 수도 있다. 이렇게 감정에는 다양한 원인들이 복합적으로 산재해 있다. 그것을 다른 사람이 찾아주는 것은 거의 불가능하다. 하지만 재미있는 것은 이러한 원인을 찾아보는 노력만으로도 나에 대해 많은 것을 알 수 있게 되고 감정에서 조금 더 자유로워진다는 점이다.

대부분의 감정은 내가 알아차려주는 것만으로도 많은 부분 해소가 된다. 그렇지만 강하게 각인된 감정적 문제들이 쉽게 해소되지는 않는다.

그러나 언제, 왜 그런 격한 감정이 일어났는지 일부 원인은 파악할 수 있을 것이다. 이런 문제들과 떠올랐던 생각들을 간단하게라도 기록하고 정리해보자. 그리고 곰곰이 생각해보자. 다음에도 또 내게 같은 상황이 발생한다면 어떻게 대응하는 게 내가 조금이라도 스트레스를 덜 받고, 더 행복해지는 데 도움이 될지에 대해서 말이다. 그리고 그것도 생각나는 대로 적어보자.

이렇게 하면 감정이 쌓이는 것을 상당 부분 완충해줄 수 있다. 그리고 내가 어떤 상황에서 더 감정적으로 예민해지고 힘들어하는지에 대해 알 수 있다. 더불어 그 상황에 닥쳤을 때 어떤 식으로 대응해야 할지에 대해 조금씩 구체화할 수 있다. 사람에 따라 차이는 있지만 통상적으로 우리는 어떻게 해야 할지 잘 모르는 상황에 놓이는 것을 두려워하는 경향이 있다. 이것을 거꾸로 말하면 대비책을 세워둠으로써 그러한 상황에 대한 공포를 상당 부분 경감시킬 수 있다는 것을 의미한다.

나는 이 과정을 반복하면서 조금 더 내 감정에 솔직하게 대면할 수 있었다. 그리고 내가 시끄러운 소리, 특히 사람이 내는 고함소리나 싸움이 일어나는 상황에서 많이 예민하게 반응한다는 것을 알게 되었다. 그리고 내가 비난받는 상황, 특히 글 솜씨에 대한 비난에 대해 대단히 불쾌감을 느낀다는 것도 알 수 있었다. 그것은 나의 객관적인 글쓰기 수준과는 별개의 문제였다. 나 스스로 글 쓰는 것에 자신감을 가졌다는 '착각'만으로도 그에 대한 질책은 불쾌감을 준다는 것도 알 수 있었다. 더불어 내가 가장 행복한 순간은 누가 뭐래도 맡은 일을 성공적으로 마쳤을 때였다는 것도 알게 되었다. 가장 뿌듯함을 느끼는 말은 "수고했다."는 말이었다. 이처럼 내 감정을 읽고 대응할 몇 가지 열쇠를 얻을 수 있었다.

지금 당신이 느끼는 감정에는 분명한 원인이 있다. 그 원인을 알면 감정을 효과적으로 다스리는 방법을 찾을 수 있다. 지금부터 꾸준하게 노력해보자. 내가 감정과의 관계에서 '을'이 아닌 '갑'이 되는 방법. 그 비결은 감정이 발생하는 원인을 파악하는 것에 있다.

☂ 지금, 당신의 감정에게 말하기

행복할 때, 기분 나쁠 때, 예민해질 때.
어떤 상황에서도 감정을 선택하는 것은 나 자신이다.
감정은 더 이상 내 삶을 흔들지 못한다.

06 : 감정을 조절하는 주체가 되라

인생을 사는 방법은 두 가지다.
하나는 아무 기적도 없는 것처럼 사는 것이요.
다른 하나는 모든 일이 기적인 것처럼 사는 것이다.
– 알버트 아인슈타인(독일의 물리학자)

감정이란 녀석은 참 단순하다

집에서 딸아이가 다니는 학교까지는 그리 먼 거리는 아니었다. 하지만 지방 국도를 따라 가야 하고 인도가 변변치 않아 걸어서 등교할 수 있는 환경은 아니었다. 그래서 아침마다 딸아이를 학교에 데려다주곤 했다. 그날도 딸아이를 학교에 데려다주고 오는 길이었다. 집 앞의 소로에서 국도로 이어지는 삼거리에는 신호등이 있었다. 하지만 우리 집을 향하는 방향은 평소에 교통량이 많지 않은 방향이었다. 그래서 항상 딸아이를 데려다주고 오는 길에는 좌회전 신호를 오래 기다려야만 했다. 그런데 그날따라 우연히 신호가 금세 바뀌는 것이 아닌가! 왠지 기분이 좋고 뭔가 축복을 받은 느낌이 들었다.

사실 그날은 아침부터 별로 기분이 좋지 않았다. 아이들이 학교나 어린이집에 갈 준비도 제대로 하지 않고 놀기만 했기 때문이었다. 나만 바쁘고 답답해 괜히 아이들에게 짜증도 냈고 그 이후로 기분이 가라앉은 상태였다. 하지만 나름대로 다시 기분을 띄워보기 위해 혼자서 말했다.

"괜찮아! 잘 보냈으면 됐지!"

그러고 있는데 오래 걸리던 신호가 갑자기 뿅 하고 바뀌는 것이 아닌가! 그 신호와 함께 나의 울적했던 기분도 전환되었다. 그때부터 왠지 기분이 좋고 신의 선물을 받은 느낌이 들었다. 가라앉았던 기분이 많은 부분 해소되고 하루 종일 행복감을 느끼며 모든 일이 술술 풀리는 것 같았다.

일상적인 내 사례에서도 알 수 있는 것처럼 감정은 어떤 면에서는 참 단순하다. 사람이 단순하다고 해야 하나? 아무튼 감정은 바람 부는 방향에 따라 이리저리 휩쓸리는 갈대와도 같고 풍랑에 떠밀려 다니는 작은 조각배와도 같다. 수시로 변하기도 하고 작은 사건에 불과한 일에도 수많은 감정변화가 생긴다. 화가 나기도 하고 답답해지기도 하고 짜증스럽기도 하는 모든 감정적인 변화가 바로 그것이다. 반면에 우연한 일에도 기분이 좋아지거나 앞으로도 뭔가 좋은 일이 일어날 것 같은 희망에 붕 뜨기도 한다.

감사하다는 말이 하루의 감정을 바꾼다

'감사하다.', '고맙다.'라는 말은 그 자체로 감정을 조절하는 효과를 가지고 있다. 분노, 증오와 같은 부정적인 감정이 느껴질 때 "감사합니다."라고 중얼거리면 부정적인 감정들이 눈 녹듯 사라지는 것을 느낄 수 있다. 평정을 유지하는 가장 쉬운 방법에는 감사만 한 것이 없다. '감사합니다.'라는 말을 입에 달고 살면 인간관계에서도 많은 윤활유가 된다. 그러면 자연스럽게 타인에 대한 갈등이 줄어들고 관계에서 오는 상처와 두려움도 소멸된다. 어떻게 보면 감사하다는 말은 마법의 주문과도 같다.

나는 이 '감사합니다.'라는 말을 주문처럼 외우고 다녔다. 그리고 그 효과를 체감할 수 있었다. 처음 감사하다는 말을 내뱉을 때는 약간 가슴에 열기가 느껴질 정도로 신기했다. 이상하게 그 순간 마음이 잠시나마 편해지는 것을 느꼈다. 이 말을 계속 반복하자 신기하게도 감사한 일들이 눈에 보이고 또 새로 생겨나기 시작했다. 택배를 배달하는 배달원에게도 감사함을 느꼈고 아이들이 혼자서 옷을 입을 때도 감사함을 느꼈다. 글이 잘 써질 때도, 갑자기 책에서 좋은 문구를 발견할 때도, 아침에 일어나서 눈이 떠지는 것만으로도 감사함을 느낄 수 있었다. 내가 얼마나 "감사합니다."를 중얼거리고 다녔는지 어느 날 아내가 나를 심각한 눈으로 바라보며 말할 때도 있었다. "당신 지금 뭐라고 중얼거리는 거야? 뭐 헛것 보이는 건 아니지?" 하긴 그렇게 보일 수도 있겠다는 생각이 들어 그냥 피식 웃고 말았다.

당신은 오늘 몇 번이나 감사하다는 말을 했는가? 말이 나온 김에 한 번 떠올려보고 세어보길 바란다. 기억도 잘 안 나겠지만 보통 감사하다는 말이 가진 힘을 모르는 사람은 하루에 이 말을 10번도 채 못하는 경우가 대부분이다. 하지만 정말 간단한 방법이지 않은가? 손해볼 것도 없으니 즉시 실천에 옮겨보기 바란다. 하루가 달라짐을 느낄 것이다.

나의 기분을 좋게 만드는 사소한 장치들을 만들어라

이 외에도 방법은 정말 많다. 일종의 응급처치나 다름없지만 말이다. 자신이 일하는 책상을 깨끗하게 정리하는 것만으로도 아침을 시작하는 기분을 한결 밝게 할 수 있다. 모니터 위에 먼지가 수북이 쌓여있고 키보드 사이사이에 이물질들이 잔뜩 끼어있다면 일을 시작하기도 전부터 뭔가 불쾌한 기분이 든다. 하지만 간단하게 물티슈라도 들고 먼지들을 털어내고 책상을 한번 싹 훑기라도 하면 기분이 상당히 상쾌해진다.

집을 청소하는 것도 마찬가지다. 아침에 일어나면 이불부터 깨끗하게 정리하는 것이다. 그러면 다시 이불로 들어갈 수 있는 가능성도 낮출 수 있을 뿐 아니라 방이 깨끗해 보여 기분이 좋아진다. 때로는 쌓여 있는 설거지를 보면 음식을 할 생각이 사라지기도 한다. 에너지가 소진되는 것이다. 하지만 깔끔하게 정리된 그릇들을 보면 괜스레 기분도 좋고 뭔가 해볼 마음이 생긴다. 방향제를 하나 배치해보는 것도 기분전환에 많은 영향을 미친다. 맑고 쾌적한 느낌을 주는 향기는 심신을 차분하게 해준다. 커피 향도 좋고 헤이즐넛 향도 좋다. 자신이 조금이라도 편하고 마음에 드는 향기를 고르면 된다. 사진첩을 펼쳐보거나 아름다운 그림을 보는 것도 좋다. 좋은 음악도 좋다. 이렇게 방법은 나열하자면 끝도 없다. 그 중에서 자신에게 가장 편하고 맞는 방법을 고르면 된다. 나의 경우에는 책을 펼치는 것이었다. 물론 이것이 가능할 수 있기 위한 전제는 자신의 정신건강이 어느 정도 정상궤도에 올라와야 한다는 것이다. 우울증에 이미 걸려있거나 그와 유사하게 무력감과 피로감을 느낄 때는 우선 자신의 컨디션부터 어느 정도 끌어올릴 방법부터 찾아야 한다.

이런 모든 것들은 사실 응급처치에 불과하다. 이유는 마찬가지로 감정은 허수아비에 불과하기 때문이다. 이런 일시적인 감정의 회복은 다른 부정적인 상황이나 약간의 고비에 몰리는 순간 와르르 무너지고 만다. 그리 견고하지 못하다. 따라서 최종적으로는 사고방식을 바꿔야 한다. 하지만 사고방식을 바꾸는 것은 당장 실천 가능한 쉬운 일은 아니다.

작은 변화에서 시작해야만 한다. 특히 많이 쳐져 있을 때는 새로운 뭔가를 시작할 에너지가 많이 부족하다. 그럴 때 어려운 목표를 세워버리면 시작도 힘들다. 시작하더라도 금세 지쳐버려서 끝까지 하기가 힘들어진다. 그래서 우리는 최대한 쉬운 목표를 세우고 당장 하나씩 완료해나가야 한다. 쉬운 것이라도 찾아내서 내가 언제, 어떤 성과를 거두었는지 체크해야 한다. 이런 과정을 반복하면서 점점 더 크고 궁극적인 목표에 도달해가는 것이다.

이런 일시적인 기분변화가 우리 감정의 전부는 아니다. 하지만 이런 단편적인 감정들이 점차 누적되면서 우리 일상을 서서히 지배한다. 따라서 우리는 사소하지만 자신을 즐겁게 하는 작은 장치들을 찾아 일상 곳곳에 배치하고 습관화해야 한다. 가끔씩 물건배치도 바꾸는 것이 좋다. 이 또한 환경의 변화를 부르고 내가 사는 공간에 대한 이미지를 변화시키기 때문이다. 고인 물이 썩는 것처럼 우리 인생도 한 곳에 변화 없이 머물면 점점 정체되고 삶의 생기가 메말라버린다. 감정은 자극에 민감하다. 슬픈 영화를 보면 눈물이 나오고 큰 소리를 들으면 심장박동이 빨라진다. 날카로운 소리에는 머리끝이 쭈뼛 서는 듯하고 온몸에 소름이 돋는다. 갑자기 깜깜해지면 공포를 느끼는 것처럼 말이다. 이런 신체변화나 증상들이 모두 우리의 감정주머니를 채우는 요소들에 영향을 미친다.

'미 국립과학재단National Science Foundation'에 따르면, 사람들은 하루에 최대 5만 가지 생각을 한다고 한다. 그런데 그 가운데 10%만 쓸모 있는 것이고, 나머지 90% 이상은 부정적인 생각이라고 한다. 우리가 일상 속에서 하는 생각들이 곧 감정으로 연결될 때가 많다. 그 감정들이 부정적이고 쓸데없는 생각들에서 비롯된 것이라면? 불필요한 곳에 에너지를 낭비하는 걱정과 고민에 빠지지 말아야 한다. 그렇게 하기 위해서는 자신이 어떤 감정을 느끼는지, 무슨 생각을 하는지 한 번쯤 되돌아보는 시간이 반드시 필요하다.

감정은 허수아비와 같다. 상황에 따라 쉽게 흔들리기도 하고 생각과 사고방식에 따라 같은 상황에서 생성되는 감정도 그때그때 다르다. 같은 사건이나 환경 속에서도 사람마다 다른 감정을 느끼는 것도 바로 이 때문이다.

흔들리기 쉬운 감정이라는 허수아비 때문에 우리 삶이 함께 흔들려서는 안 된다. 흔들리지 않도록 나를 바로 세우고 뿌리를 깊게 내리자. 아직 늦지 않았다. 우리 삶의 변화에 있어서 '이미 늦은' 때란 없다. 변화를 위한 시도를 생각하게 된 바로 지금이 최적의 시기다. 지금부터 감정에 흔들리지 말고 우리가 감정을 조절하는 주체가 되기 위해 노력해보기 바란다.

변화에 대한 욕망을 갖자.

변화를 두려워하는 마음을 버리자.

나는 반드시 변화할 것이고

내일 나는 더욱 아름다워질 것이다.

07 : 우리 모두 스스로의 감정이 버겁다

인간의 마음속에 흘러나온 소리는
어떤 것이든 절대로 무시해서는 안 돼.
– 히가시노 게이고, 『나미야 잡화점의 기적』

감정을 조절하는 것도 노동이 되어버린 시대

'감정 노동자'는 고객의 기분만 생각하고 내 감정은 억누를 수밖에 없는 노동자를 뜻한다. 한 뉴스기사를 보면 국내 임금노동자 10명 중 4명은 '감정노동자'라고 한다. 설문조사 결과 감정노동자들 중 96%는 "고객에게 부정적 감정을 표현하지 않는다."고 답했고 3명 중 2명은 "지난 1년간 고객에게 괴롭힘을 당한 적이 있었다."고 응답했다. 괴롭힘의 종류에는 폭언이 39%로 가장 많았고 심지어 성희롱까지 있었다. 감정노동의 강도가 가장 센 직업은 텔레마케터로 꼽혔다. 상담센터나 콜센터에서 응대를 담당하는 사람들이다. 이 중 85%는 "언어폭력을 경험했다."고 답했다. 특히, 감정노동자 4명 중 1명은 우울증 증세를 겪고 있다고 한다. 실제, 산업재해로 인정된 정신질환도 10년 새, 5배 넘게 증가했다고 할 정도로 많은 사람들이 '감정노동'으로 고통 받고 있다.

그렇다. 현대의 모든 사람들이 감정 때문에 힘들어한다. 위 기사에서 보여주듯이 사회적으로 큰 이슈가 될 정도로 감정노동은 이미 만연한 문제가 되어버렸다. 하지만 위 기사내용은 단지 직장인들을 대상으로 한 것일 뿐이다. 실제로는 훨씬 더 많은 사람들이 감정노동에 시달리고 있다. 직장에서만 그럴까? 가정이라고 해서 감정노동에서 자유로운 것이 결코 아니다.

요즘 부모의 올바른 육아법에 대한 관심이 높아지면서 그에 관해 다루는 서적들 역시 많이 출간되고 있다. 나 역시도 육아법에 관한 책을 많이 살펴본다. 3명이나 되는 아이들의 아빠이기 때문이다. 읽어보면 참 많은 것들을 느낀다. 내가 아이들에게 참 잘못하고 있는 부분이 많구나 하는 깨달음도 얻게 된다. 하지만 한편으로는 이런 생각도 든다.

'이대로 실천하려면 나는 공자나 노자쯤 되어야 하겠구나….'

아이들의 건강한 자아형성이나 올바른 성장발달을 위해 부모들의 노력이 필요한 것엔 충분히 공감을 한다. 하지만 이상과 현실은 정말 차이가 크다. 아이들을 상대하는 것은 정말로 만만한 일이 아니다. 잠시만 내버려두면 집안을 쑥대밭으로 만들기 일쑤고 정리는 당연히 하지 않는다. 시시때때로 짜증을 내고 싸우며 불평불만을 늘어놓는다. 가끔씩 아침에 일어나자마자 다투는 것을 보면 하루의 기분이 엉망진창이 되기도 한다.

도를 닦는다는 기분으로 치밀어 오르는 화를 가라앉히고 조금 대화를 나누어보려고 하면 콧방귀를 뀌고 오지도 않는다. 결국 화가 폭발하고 아이들이 울고 혼나면서 상황이 끝난다. 그리고 화를 낸 내 마음은 무척 불편하고 답답하고 모든 것이 뒤섞인 감정들로 소용돌이친다. '감정노동'에 정확히 부합하는 일들이 일상 속에서도 끊임없이 일어난다. 이런 상황, 익숙하지 않은가? 많은 부모들은 격하게 공감할 것이다.

감정이 버거울수록 더욱 감정에 솔직해져야 한다

이런 상황이니 우리는 더욱 더 감정에 솔직해지고, 자연스럽게 표현하는 법을 익혀야 한다. 표현하지 않는 것은 부정적인 감정의 탑만 더 높이 쌓아갈 뿐이다. 상대방에게는 내 상태를 전달하지 않아 제대로 된 배려를 하지 못하게 할 수 있다. 나로서는 내가 이렇게 참는데 나를 조금도 신경 쓰지 않는다는 배신감이 들 수도 있다. '제로 썸Zero-sum'도 못 되는 마이너스 게임이 되고 마는 것이다. 여기서 한 사람의 이야기를 보면서 심장을 조금이라도 뜨겁게 데워보자.

우리가 친근하게 알고 있는 치킨 브랜드, KFC의 문 앞에는 항상 검정색 정장을 입은 후덕한 할아버지가 서 있다. 바로 미국에서 '패스트푸드의 아버지'라고도 불리는 KFC 창업주 '커넬 샌더스'이다. 이 사람은 66세에 모든 것을 잃고도 단돈 105달러와 자신만의 특수한 치킨 레시피 하나로 재기에 성공한 인물이다. 그는 처음 자신의 레시피를 계약하기까지 1천 곳이 넘는 식당에서 거절을 당해야 했다. 보통 사람들의 66세라 하면 손주들 재롱이나 보고 연금 타먹으며 노년을 보낼 시기일 것이다. 하지만 샌더스는 달랐다. 끝없이 두드린 끝에 길을 찾았고 결국 전 세계 1만여 점포를 냈다. 지금 1년간 KFC 매장에서 판매되는 치킨을 한 줄로 늘어놓으면 지구를 11바퀴나 돌 수 있다고 한다. 이처럼 큰 성공을 이룬 사람이다. 과연 그는 힘들지 않았을까? 나 같으면 죽고 싶다는 생각을 수십 번도 더 했을 것 같다. 그가 후대에 남긴 말을 들어보자.

"우리가 어떤 일을 시작하든 맨 처음에서 출발하는 것이 아니다. 실패와 좌절의 경험은 인생을 살아가면서 온몸으로 겪는 공부이기 때문이다. 당신이 이제까지 걸어온 길은 그게 어떤 것이든 결코 하찮지 않다."

그는 66세라는 나이까지 고생이란 고생은 다했는데 일궈오던 사업이

망하고 파산까지 하고 말았다. 객관적으로 봤을 때 분명한 비극의 주인공이 될 가능성이 컸다. 하지만 그는 결코 포기하지 않았고 결국 엄청난 성공을 이루어냈다.

성공학 서적도 아닌데 왜 이런 이야기를 꺼내는지 조금 의아할 수도 있을 것이다. 이유가 있다. 성공한 사람들의 이야기는 우리의 마음을 달아오르게 하는 효과가 있기 때문이다. 나는 3년간 지긋지긋한 우울증에 시달렸고 결국 버텨내지 못하고 휴직까지 신청하게 되었다. 그때의 나는 이제 정말 끝이구나, 앞으로 어떻게 살아야 할까? 이런 절망적인 생각을 했다. 고작 30대 중반의 나이에 말이다. 당연히 마음속에는 불신감과 패배감만 남아 있었다.

하지만 60세 넘은 노인도 결코 자신을, 자신의 인생경험을 하찮게 여기지 않고 뚝심 있게 밀고나갔다는 사실은 내게 커다란 위안이 되었다. 더군다나 1천 번이 넘게 문을 두드리고 들어갈 수 있었다니. 그 용기가 놀랍지 않은가? 더불어 강조하고 싶은 것은 자신이 극한 상황에 놓여 있음에도 결코 자신을 비난하지 않고 툴툴 털고 일어났다는 점이다. 그가 실패할 때마다 자신을 비난했으면 어떻게 되었을까? 십중팔구는 마음이 약해져 포기하고 쓸쓸한 죽음을 맞이할 수밖에 없었을 것이다.

이 이야기가 다른 나라에서 있었던 타인의 기적일 뿐이라고 여기는 순간 다시 우리는 어깨가 처진 채 주저앉고 말 것이다. 자신도 충분히 이 기적의 주인공이 될 수 있다는 믿음과 희망을 가져야 한다. 감정에 휘둘리는 일상도, 때로는 우울증이라는 마음의 병도 결코 포기하지 않는다면 이겨낼 수 있다. 나 역시도 끝없는 감정노동을 겪어봤다. 참고 버틴 결과 나에게 찾아온 것은 우울증이었다. 기대하던 국외연수도 당연히 갈 수 없었고 나에게 남은 것은 패배감과 절망감뿐이었다.

'나는 지금까지 무엇을 해온 걸까? 내 노력의 결과가 고작 이것이란 말인가?'

이런 생각들만 머릿속에 맴돌았다. 감정으로 힘들고 언어폭력에 휘둘리다 보면 마치 내 삶이 아무것도 아닌 것처럼 하찮게 여겨진다. 허무한 감정이 마음을 덮을 때일수록 뭐라도 하는 것이 특히 중요하다. 어떻게든, 무슨 수를 써서든 마음속에는 내가 변화할 수 있고 성공할 것이라는 믿음을 놓지 말아야 한다.

우리 모두 스스로의 감정이 버겁다. 하지만 사고방식을 바꾸지 않는 이상 우리는 감정의 늪에서 영원히 빠져나오기 힘들다. 직장에서도, 일상에서도, 집에서도, 학교에서도 인간관계는 형성되어 있고 우리는 필연적으로 크든 작든 감정노동을 강요받는다. 아무리 단단한 바위도 계속해서 떨어지는 물방울에 구멍이 나고 마는 법이다.

상처 받고 구멍이 뚫리는 바위가 되지 않기 위해서는 떨어지는 물줄기를 다른 곳으로 돌리거나 구멍을 메워야 한다. 이 작업을 위해서는 사고방식을 긍정적으로 변화시키는 것은 선택이 아니라 필수다. 절대! 절대 자신의 인생을 포기하지 말자. 감정이 버겁고 힘들어도 나를 보호하고자 하는 노력을 멈추어서는 안 된다. 멈추는 순간 세상이 어두워지고 내 인생에도 먹구름이 잔뜩 끼고 만다. 그러니 '나'를 위해 샌더스 노인의 경우처럼 끝없이 문을 두드리자. 끊임없이 자신에게 기회를 주자. 자신에게 기회를 주는 삶 속에서 변화도 일어난다.

☂ 지금, 당신의 감정에게 말하기

나는 나의 가능성을 믿는다.
스스로에게 기회를 주는 삶을 산다.
평범함을 뛰어넘어 나의 삶은 반드시 변화한다.

5장

감정은 더 이상 나를 힘들게 할 수 없다

01 : 분노, 우울감은 나의 선택일 뿐이다

02 : 감정의 감옥에서 벗어나라

03 : 지금 느끼는 감정에도 끝이 있다

04 : 힘든 순간이 바로 터닝포인트다

05 : 내게 중요한 감정에만 집중하라

06 : 다른 사람보다 나 자신에게 집중하라

07 : 당신은 이미 충분히 아름답다

평범한 사람은 자기 자신이 가지고 있는
잠재능력의 단 10%만 활용하고 있을 뿐이다.
– 앤서니 라빈스(미국의 작가)

01 : 분노, 우울감은 나의 선택일 뿐이다

> 그러나 '없다'라는 이유로 포기해서는 아무 것도 시작할 수 없다.
> 없다면 만들어내면 된다.
> 사람들은 그런 나를 보고 "그런 꿈 같은 일을…"하며 비웃었다.
> 그런데 가만히 생각해보면 그런 비난이 더 우습다.
> 사실은 '꿈만이 실현되기 때문'이다.
> – 마스다 무네아키, 『지적자본론』

감정은 내 선택에 따라 하이라이트된다

사람은 어떤 면에서 참 단순하다. 사소한 것 하나로도 기쁨을 느낄 수 있고 말 한마디로도 불쾌해질 수 있다. 그래서 우리의 일상은 행복한 보물찾기이기도 하고 살벌한 지뢰밭을 걷는 것과 같기도 하다. 주위 곳곳에 기쁨, 슬픔, 행복, 따뜻함, 차가움, 분노, 절망, 우울, 사랑과 같은 여러 가지 감정들이 숨겨져 있다. 우리의 관심에 따라 보이는 것이 달라진다. 선택할 수 있다는 것이다. 좋고 긍정적인 감정들에 관심을 보이면 기뜸이나 행복, 사랑과 같은 좋은 녀석들이 나타난다. 하지만 관심에 따라 다른 녀석들이 얼굴을 내민다.

『고마워, 우울증』의 저자 미야지마 겐지는 약을 처방하지 않는 정신과 의사로 유명하다. 그가 우울증을 치료하는 데 약을 쓰지 않는 것에는 이유가 있다. 그 역시도 과거에 무려 7년 동안 우울증에 시달렸지만 약을 아무리 처방받아 복용해도 증상은 좋아졌다가 나빠지기를 반복할 뿐 완전히 치유되지 않았기 때문이다. 그는 우울증에 걸리는 사람에게는 보편적인 사고방식이 있다고 말한다. 그것은 바로 '자신을 탓하는 사고방식'과 '내가 이렇게 최선을 다하는데 왜 잘되지 않을까?'라는 생각이다. 이러한 사고방식은 더 자신을 괴롭힐 뿐이고 약으로는 고칠 수 없다고 말한다. 사고방식을 '우울증에 걸리지 않는 사고방식'으로 바꾸지 않는 이상 완치가 어렵다고 역설한다.

나는 미야지마 겐지 씨의 의견에 전적으로 동의한다. 나 역시도 3년 넘게 약을 복용했다. 하지만 가끔 호전될 기미를 보이다가도 어김없이 원래의 상태로 돌아가곤 했다. 그러면 '나는 안 되나봐. 영원히 치료하지 못하면 어쩌지?' 이런 생각과 함께 더 패배감과 절망에 빠지게 되었다. 세상을 살면서 괴롭고 힘든 순간은 항상 찾아오게 마련이다. 그래서 어떤 감정을 촉발하는 상황을 어김없이 맞이하게 된다. 그때는 다시 나쁜 녀

석들이 얼굴을 들이밀면서 스스로를 힘들게 하기 때문에 근본적인 해결
책을 찾지 않는 이상 완전히 치유되는 일은 요원하다.

매일 만나는 사람, 함께 일하는 사람, 나에게 지지와 응원을 보내주는
사람들에게 감사를 자주 전하자. 감사하다, 고맙다는 말을 달고 사는 사
람을 싫어하는 사람은 없다. 마음에 드는 물건을 고를 수 있는 것 또한 여
러 사람이 노력해준 덕분이다. 정당한 대가를 주고 사는 물건이라고 해
서 그 사람에게 감사하지 않아야 할 것은 아니다. 같은 돈을 주고도 마음
에 들지 않는 것을 얻거나 기대에 차지 않는 경우가 허다하다. 그래서 세
상에는 고마워해야 할 일들이 정말 많다. 감사하는 마음가짐에서 새로운
가능성이 열리기도 한다. 아예 습관화하면 가장 좋다. 인생이 바뀌는 가
장 간단한 방법이다.

감정을 내 것으로 만들어 효과적으로 활용하고, 다른 사람에게 공감을
얻어내는 능력은 타고나는 것이 아니라 노력을 통해서 얻는 것이다. 복잡
한 감정을 주고받는 인간관계를 맺는 데는 언제나 많은 어려움이 따른다.
다양한 사람들과 원만하게 관계를 맺고 유지하는 사람들이라고 해서 처
음부터 그랬던 것은 아니다. 그들도 상대방을 솔직하고 편안하게 대하고
자신의 감정과 상태를 적절하게 표현하는 법을 익힐 때까지는 부단한 노
력이 필요했다.

원만한 인간관계를 형성하는 능력은 타고난 성격에 달린 것은 아니다. 내성적인 성격이라고 해서 다른 사람과 원만하게 관계 맺는 것이 불가능하진 않다. 더불어 타고난 성격이 외향적이라고 해서 아무 노력도 없이 인간관계의 달인이 되는 것도 아니다. '나는 감정 때문에 항상 힘들다.', '나는 안 된다.' 라고 생각하는 것은 스스로에게서 기회를 빼앗는 아주 위험한 생각이다. 감정을 끊임없이 공부하고 자연스럽게 표현하는 법을 연구하자. 시련은 누구에게나 찾아오고 사람은 누구에게나 어렵다. 감정도 마찬가지다.

우리는 자신에게 유리한 감정을 선택할 수 있다

어제 상사에게 들었던 험한 소리만 자꾸 생각하고 내일 있을 일이 잘 풀리지 않을 거라는 생각만 하고 있다면 금세 불안하고 허탈해진다. 여기서 차라리 '화'가 난다면 아직까지 괜찮은 상태일 수 있다. 자신의 상태를 알고 노력하면 어쩌면 다시 원래의 '나'를 찾을 수도 있을 것이다. 하지만 만약 '화'조차도 나지 않는다면? 빨리 자신의 상태를 점검하고 대비책을 찾아야 한다. 내가 우울증에 걸렸던 시기가 정확히 그랬다. 당시를 회고하면, 자존감은 온데간데없고 일의 잘잘못에 대해 묻고 따질 기력도 없었다. 내면의 모든 것들이 바닥을 치던 시기에 나는 내게 퍼부어지는 비난어린 말들을 모두 '진짜'로 받아들였다. 화조차 낼 수 없었다. 완벽한 패배였다.

누구나 감정으로부터 자유롭고 자신에게 유리한 감정을 선택할 수 있다. 그것은 나는 반드시 감정을 이해하고 친해지고 싶다는 열망과 감사하는 마음과 표현의 습관화, 나를 바꾸고자 하는 강력한 의지를 필요로한다. 누구도 내면의 자존감을 키워줄 수 없다. 그것은 부모님이라고 해도 어려운 일이다. 하지만 감정에 대한 인식과 사고방식만 바꾼다면 얼마든지 자존감을 강화할 수 있다.

한 번은 아이들이 다니는 어린이집 선생님들께 스타벅스 커피와 베이글, 샌드위치 등을 아침선물로 넣어드린 적이 있었다. 아이들을 친절하게 잘 돌봐주시는데 마음을 전할 기회가 잘 없었기 때문이었다. 선생님들은 나의 별것 아닌 선물에도 너무나 감사하다며 고마움을 표현하셨다. 덩달아 나도 무척 행복했다. 깜짝 놀랄 일은 또 있었다. 아이들도 선생님들 덕분에 그날 더 재밌게 놀았다고 했다. 그리고 돌아오는 버스 안에는 천도복숭아와 수박도 있었다. 아이들이 돌아와 흥분해서 이야기를 했다.

"아빠, 최고야. 선생님들이 너무 맛있게 먹었대!"

행복하게 시작해서 감사한 일로 끝나는 하루가 되었다. 일종의 선순환이었다.

이런 일을 '주니까 받는 거지.'라고 대수롭지 않게 생각한다면 우리는 계속해서 부정적인 감정만을 느끼게 될 뿐이다. 힘들고 괴로운 삶들이 자꾸 나타나고 만다. 나는 선생님들께 진심을 담은 선물을 드렸다. 아침에 힘을 내시고 기분 좋게 하루를 시작하셨으면 하는 마음에서 말이다. 그리고 나름대로 맛있는 것을 넣어드리고 싶었다. 결과는 생각하지도 않았고 그 이상은 아무것도 바라지 않았다. 뭔가 대가를 바라고 베푸는 것만큼 스스로를 외롭게 만드는 것도 없다. 대가를 바라는 편협한 마음은 진심의 가치를 떨어트리고 마음을 삭막하게 하기 때문이다.

이미 그 전에도 선생님들은 아이들에게 너무나 잘해주고 계셨다. 그래서 감사의 마음을 전하고 싶었을 뿐이었다. 그런데 더불어 감사하고 고마운 에너지를 듬뿍 받은 것도 모자라 아이들이 행복해하는 하루가 생긴 것이다. 맛있는 과일들은 너무나 소중한 '덤'이었다. 이런 행복한 일들에 가슴 뛰고 들뜨지 않는다면 우리는 그 어디에서도 행복을 찾기 어려울 것이다.

분노나 우울감은 나의 선택일 뿐이다. 감정은 단순해서 쉽게 휘둘리기도 한다. 하지만 단순한 만큼, 우리가 알고 활용하는 만큼 얼마든지 조절할 수 있다. 우리의 의도대로 감정을 조절하는 것과 이미 발생하고 있는 감정을 누르는 것은 완전히 다른 것이다. 감정을 선택하고 조절한다는 것은 곧 불필요하고 내게 도움이 되지 않는 감정들이 만들어지는 것 자체를 컨트롤하는 것을 의미한다. 그리고 나에게 도움이 되는 감정들을 최대한 많이 생산해내서 나의 통제에서 벗어난 부정적 감정들을 덮어버리는 것이다. 단순히 감정을 누르는 것과는 다르다. 누차 강조했듯이 감정을 눌러서는 상황만 악화될 뿐이다. 내가 느끼는 감정을 알고 그것을 해소할 수단을 찾아야 한다. 이 과정은 부단한 노력을 통해 가능해진다.

용기를 내자.
그동안 나를 사로잡았던 불안과 공포를 딛고
다른 사람까지 집어서킬 수 있는 용기를 내자.

02 : 감정의 감옥에서 벗어나라

하루에 3시간을 걸으면
7년 후에 지구를 한 바퀴 돌 수 있다.
– 새뮤얼 존슨(영국의 시인, 평론가)

감정도 반복에 의해 만들어진 습관이다

찰스 두히그의 저서 『습관의 힘』에는 다음과 같은 내용이 나온다.

'어떻게 하면 습관을 바꿀 수 있을까? 안타깝게도 모든 사람에게 효과 있는 특별한 방법은 없다. 습관을 근절할 수는 없지만 습관을 바꿀 수는 있다. 또 '동일한 신호와 동일한 보상을 유지하면서 새로운 반복 행동을 더하라.'는 습관 변화의 황금률을 사용하면 습관을 쉽게 바꿀 수 있다는 것도 사실이다. 그러나 그것만으로는 충분하지 않다. 습관을 영구적으로 바꾸기 위해서는 변할 수 있다는 믿음이 필요하다. 여기에 필요한 믿음은 같은 목적을 지닌 사람들의 모임에서 도움을 받을 때 상대적으로 쉽게 구할 수 있다.'

감정도 습관이다. 내가 부정적인 사고와 감정에 민감하고 자주 노출된다면 긍정적인 사고를 하는 곳으로 가야 한다. 행복이 충만한 사람들이 많은 곳으로 환경을 바꿔야 한다. 그리고 그곳에서 나도 저렇게 변할 수 있다는 믿음을 얻어야 한다. 즉 자극을 받아야 한다는 것이다. 다른 사람들은 저런 생각을 갖고 사는구나. 나도 저렇게 행복하게 살고 싶다. 이런 열망들 말이다. 의외로 지금 행복한 삶을 누리는 사람들이 처음부터 행복했는가 하면, 그렇지 않다는 것도 알게 된다. 그들도 혹독한 시련을 거치고 많은 시험의 순간을 넘기고서야 비로소 행복해질 수 있었다는 사실을 알게 된다.

내가 그런 장소에 갈 수 있을까 하는 두려움은 가질 필요도 없다. 그런 사람들과 에너지가 가득한 곳으로 가면 나도 모르게 조금 들뜨고 에너지를 얻게 된다. 나의 경우에는 '한책협'을 만남으로써 내 사고방식을 크게 개선하고 결과적으로는 우울증도 극복할 수 있었다.

'한책협'의 김태광 대표는 힘든 과거를 딛고 자수성가한 백만장자다. 집안도 찢어지게 가난했고 흔히 말하는 스펙도 없었지만, 책 쓰기 하나만으로 자신의 브랜드를 만들고 '대한민국 1등 책 쓰기 코치'라는 타이틀도 거머쥔 인물이었다. 그는 자신이 성공한 경험을 바탕으로 다른 사람들의 인생을 바꾸기 위해 동분서주하는 메신저이자 1인 기업가로 당당한 자부심을 갖고 있었다. 무엇보다도 2백여 권의 저서를 내는 동안 다양한 분야를 섭렵해서 넓은 스펙트럼을 바탕으로 다른 사람의 장단점을 정확히 짚어내는 능력을 가진 사람이었다.

처음 '한책협'의 문을 두드렸던 날이 생각난다. 휴직 후 실의에 빠진 채 잠만 자던 나는 평소에 좋아했던 책이나 읽자는 생각으로 도서관에 갔다. 이 책, 저 책 뒤적거리다가 기욤 뮈소의 소설을 읽던 중에 '나도 소설이나 한번 써볼까?' 하는 생각이 들었다. 곧장 집으로 와서 한글 프로그램을 열고 키보드를 마구 두드리기 시작했다. 생각나는 대로 쓰다가 멈춘 것이 3장쯤 썼을 때였다. 더 이상 뭐라고 써야 할지 막막했다. 그래서 무작정 네이버에서 '책 쓰기'를 검색했다. 그것이 내가 '한책협'을 알게 된 계기였다.

의식이 향상되면 감정도 바뀐다

'한책협'은 이미 많은 작가들을 배출한 곳이라고 소개되어 있었기에 일말의 관심은 갔다. 하지만 당시의 내 마음은 불안과 불신감으로 가득했기 때문에 그저 남의 이야기로 보일 뿐이었다. 인생을 바꾼다는 묘한 이끌림에 혹해서 서울까지 갔고 일일특강에도 참가했지만 그 안에서 나는 외톨이일 뿐이었다. 하지만 계속된 강의를 들으며 나도 지금의 인생을 바꾸고 싶다는 생각을 하게 되었고 김태광 대표와 잠시 이야기를 나눌 기회를 갖게 되었다. 내 이야기를 듣고 난 후 김태광 대표는 내게 말했다.

"소설은 지금 단계에서 쓸 것이 아니다. 감정에 대한 책을 써야 한다. 감정을 공부하면 자연스럽게 우울증은 극복될 수 있다. 걱정하지 말고 따라오기만 하면 된다."

왠지 그 눈빛과 말에는 힘이 있었고 뭔가에 이끌리듯 나는 운명의 책 쓰기를 시작하게 되었다. 물론 중간 과정에서 고비도 많았다. 아무것도 모르는 분야를 새로 공부하고 그 내용을 내 것으로 만들어 책을 쓴다는 것. 결코 쉽지 않았고 어디서부터 시작해야 할지도 몰랐다. 비어 있는 페이지를 보며 뜬눈으로 밤을 지새우는 날도 많았다. 많은 책을 뒤적였고 사례들을 찾아 헤맸다. 더불어 나의 과거사를 들추고 내가 얼마나 안타깝게 소중한 인생을 버려왔는지 스스로 인정하면서 눈물도 많이 흘렸다. 체력적으로 당연히 부담이 되었고 건강상태는 수시로 나빠졌다. 3개월 사이에 2번의 슬럼프와 폐렴이 찾아왔던 것이다. 그러나 참으로 고무적인 것은 그 슬럼프에도 좌절하지 않고 끝까지, 끝까지 써나갔다는 점이다. 원고 마지막 꼭지의 최종 문장을 쓰고 난 후 방점을 찍었을 때, 나는 화장실로 달려가 속에 있는 것들을 모두 게워내고 말았다. 그만큼 혼이 빠질 정도로 어지럽고 힘든 시간이기도 했다. 하지만 결국 내가 목표로 했던 일은 현실로 나타날 수 있었다. 이 일을 통해 나의 인생은 180도 바뀔 수 있었다.

불과 얼마 전까지 우울증 환자였던 나는 이제 다른 사람의 감정치유를 돕는 코치이자 작가로 거듭날 수 있었다. 나를 힘들게 했던 감정으로부터 자유로워질 수 있었기 때문이었다. '한책협'에는 책 쓰기와 더불어 성공학과 의식향상에 관한 많은 프로그램이 있었다. 그중 가장 도움이 된 것이 의식향상 프로그램이었다.

의식향상 프로그램을 통해 나는 패배자의 방식에서 성공자의 방식으로 사고방식을 바꿀 수 있었다. 감정에 대해 알게 되면서 감정으로부터 자유로워졌고 의식·사고가 바뀌면서 우울증을 부르는 사고방식에서 벗어날 수 있었다. 그리고 책을 쓰는 몰입과 집중, 그리고 성취감으로 우울증은 완벽히 치유되었다. 나의 의식이 저 밑바닥으로부터 변화해온 결과이다.

정확히 책 쓰기를 시작한 후 한 달 반 만에 그동안 먹던 우울증 약을 절반으로 줄였고 지금은 완전히 복용을 중단했다. 중간에 힘든 시기도 찾아왔지만 끊임없는 동기부여와 단단한 의식·사고를 바탕으로 결국 우울증을 극복할 수 있었다. 내가 3년 동안 해결하지 못했던 문제가 단 3개월 만에 완벽하게 극복된 것이다.

감정의 감옥에서 벗어나는 순간 세상이 달라 보인다

이제는 더 이상 세상이 회색빛으로 보이지 않고 나를 비난하지도 않는다. 매일 아침 간단히 산책하며 머리를 깨우고 감사일기로 하루를 시작한다. 그 후 의식도서를 한 챕터씩 읽고 나의 생각을 적으며 내면을 더 단단하게 한다. 그리고 '100권 플랜' 도서를 읽으며 세상에 적용할 많은 깨달음을 얻는다.

의식 수준이 높아지면서 자존감은 원래의 자리를 찾았고 성공한 사람의 모습을 상상하며 하루하루 행복한 노력을 기울인다. 과거의 나에게서는 찾아보기 힘든 모습이었다. 시간 날 때마다 하던 게임들도, 무언가를 잊기 위해, 순간적인 쾌감을 느끼기 위해 하던 건담이나 레고 같은 취미들도 지금은 자연스럽게 내 삶에서 멀어졌다. 그곳까지 쏟을 시간과 에너지가 없기 때문이다. 지금의 나는 행복한 책 더미 속에서 아이디어를 찾기에도 하루가 바쁘다. 끊임없이 공부하고 나만의 콘텐츠를 완성하기 위해 나의 모든 에너지를 쏟는다. 어느덧 우울증이라는 단어는 내 삶에서 사라진 지 오래다.

감정의 감옥에서 벗어나고 싶다면 자신의 사고방식을 바꿔야 한다. 스스로를 함부로 재단하고 한계를 짓지 말자. 당신은 충분히 감정을 지배할 수 있고 선택할 수 있다. 모든 열쇠는 이미 내 안에 있음을 느끼고 변화에 대한 가능성과 믿음을 받아들이자.

꿈꾸는 사람들의 곁으로 가자. 세상에 불가능한 것은 없다는 믿음으로 무장된 긍정적인 사람들과 함께 그동안 가둬뒀던 나의 꿈을 활짝 꺼내주자. 사람에게서 얻는 에너지와 자극이야말로 내 안에 숨어 있는 욕망을 일깨우는 가장 좋은 촉매이다.

자신이 조금이라도 관심이 있는 분야에 대한 세미나를 가보는 것도 무척 좋은 방법이다. 다양한 면모를 가진 사람들과 교류함으로써 나는 더욱 가치 있는 사람으로 깨어날 수 있다. 무엇보다도 그들을 보며 자연스럽게 동기부여가 된다.

이제 당신도 감정의 감옥에서 벗어나라. 벗어날 수 있다. 당신은 무엇이든 할 수 있고 그 어떤 시련도 이겨낼 수 있는 저평가된 우량주다. 당신이 곧 우주이고 세상이다. 그리고 당신이 기적이다. 기적을 다른 곳에서 찾지 말자. 모든 기적은 내 안에 잠재되어 있다. 그것을 꺼내느냐 못 꺼내느냐에 따라 현재의 삶과 미래의 모습이 달라진다.

사고방식을 선택하는 것은 나 자신이다.

스스로 그것을 선택했다면 언제든 다시 선택할 수 있다.

나를 바꾸는 데 있어 '이미 늦은' 시간은 없다.

03 : 지금 느끼는 감정에도 끝이 있다

가치 있는 일을 함에 있어서 늦었다는 것은 없단다.
이게 아니다 싶을 땐 언제든 다시 시작할 수 있는
강인함을 갖길 바란다.
– 영화 〈벤자민 버튼의 시간은 거꾸로 간다〉

감정에 지쳐 나 자신을 버려서는 안 된다

우리 삶에는 언제나 시련의 순간이 찾아온다. 자신이 전혀 예상하지 못했던 상황에 놓이면 무언가 해결할 방법을 찾기에 앞서 '왜 이런 일이 생기는 거야! 나는 항상 열심히 살아왔는데!'라는 생각에 빠지기 쉽다. 그래서는 아무것도 달라지지 않는다. 불안과 분노, 공포와 좌절은 꼬리에 꼬리를 물고 나타나기 때문이다.

'불안하고 괴로운 날들만 계속 될 것 같다. 이 생활이 과연 끝은 있을까? 답답하다. 숨이 막힐 것 같다. 나는 언제까지 이렇게 고통 속에 살아야 하나……'

점차 이와 같은 부정적인 감정들이 가슴속을 가득 채우고 만다.

'무엇이 내 마음을 무겁게 하고 고민에 빠지게 만들었을까?'에 대해 생각해보면 좋겠다. 나를 폄하고 나의 진심을 무시하는 사람들로 인한 상처 때문이었을까? 아니면 내가 믿었던 사람에 대한 배신감? 나의 모든 에너지를 던져 달려오던 일과 직장에서 자리가 없어질 수 있다는 좌절감? 아니면 점점 열정이 사라져가는 내 자신에 대한 참담함일까? 아무리 힘든 과정에 있더라도 나 자신을 버려서는 안 된다. 나조차도 나를 인정하지 못하는 순간 모든 의지는 모래성처럼 흔적도 없이 무너져버린다.

과거의 나는 정말 많이 힘들었다. 내가 그동안 쌓아온 것이 송두리째 무너진 것 같았고 더 이상은 어떤 것도 할 기력이 없었다. 점점 작아져가는 내 자신에 대한 원망과 앞으로 어떻게 살아가야 하는가에 대한 불안감. 이런 부정적인 감정들로 가득했다. 세상 모든 것들이 회색빛으로 보였고 하늘은 노랗기만 했다.

죽고 싶었던 날이 하루 이틀이 아니었다. 하지만 그 와중에도 나는 가장이었다. 무려 3명의 아이를 길러야 하는 가장. 내가 쓰러지면 가족의 생계도 보살필 수 없고 그것은 더 나를 비참하게 만들 것 같았다. 그래서 버티고 또 버텼지만 현실의 문제들은 결코 녹록치 않았다.

나의 사고력과 집중력은 현저하게 떨어져갔고 쉽게 하던 일도 정말 어렵게만 느껴졌다. 상사의 질책은 끊임없이 이어졌다. 나 스스로 만드는 자기부정적 사고에 더해 타인의 부정적인 피드백까지 더해졌다. 그런 나머지 어느 순간부터는 상사의 질책과 평가가 마치 진실이고 내 모든 것을 결정하는 것처럼 받아들여졌다.

나를 향해 '너 좀 이상하다.'라고 하면 나는 이상한 사람으로 여겨졌다. '이것도 제대로 못해?'라는 말을 들으면 간단한 일도 제대로 하지 못하는 무능한 인간으로 여겨졌다. 이미 자존감은 온데간데없었고 나의 절망의 깊이는 점점 더 깊어졌다. 아마 그때쯤 우울증이 발견되고 내가 약이라도 먹지 않았다면 나는 분명히 최악의 선택을 하고야 말았을 것이다.

시련에는 분명한 끝이 있다

지금의 나는 알고 있다. 그때 내가 왜 그렇게 힘들었는지를 말이다. 끊임없는 자기부정이 쌓여 스스로 만들어낸 '인재人災'였다. 그토록 고통스럽고 힘들어서 무너질 때까지 왜 나는 나를 전혀 돌보지 않았을까? 세상에서 가장 가치 있고 반짝반짝 빛나는 나를 왜 내가 몰라줬을까? 가장 큰 이유는 스스로 자신을 부정하고 있다는 사실을 '인지'하지 못했기 때문이었다. 원인도 제대로 모른 채 스스로를 감정의 감옥에 가두고 끊임없이 질책만 쏟아 붓는 꼴이었다.

'나는 너무 겁이 많아. 의지력도 약하고. 도대체 제대로 하는 게 있기나 한가…'

나의 내면을 돌볼 수 있는 사람은 나뿐인데 나도 그걸 해주지 않으니 얼마나 힘들고 괴롭고 외로웠을까?

우리가 맞이하는 시련은 분명히 끝이 있다. 내게 찾아왔던 우울증이라는 시련도 분명히 끝이 있었다. 인생의 멘토를 만나 책을 쓰고 감정을 공부하며 성공마인드와 의식 수준을 높이면서 자연스럽게 극복되었다. 과거에 나는 우울증 치료를 위해 약물을 3년 넘게 복용했다. 하지만 약을 먹어도 어느 정도 증상만 가라앉을 뿐 완전한 치유는 어려웠다. 자신을 힘들게 만드는 부정적인 감정을 양산해내는 사고의 씨앗을 근원적으로 제거하지 않는 이상 같은 불행이 반복되었던 것이다.

무작정 쉰다고만 해서 회복되지도 않는다. 아무리 쉬어도 두려움은 극복되지 않는다. 처음 며칠은 당장 자신에게 괴로움을 주는 환경으로부터 멀어졌다는 안도감에 마음이 편안하다고 느낄 수도 있다. 하지만 시간은 흐르기 마련이다. 서서히 다시 복귀하는 날이 다가올수록 공포는 더 증폭된다. 다시 그곳에 가면 뭔가 공포스러운 일들이 생길 것 같은 두려움과 불안감 때문이다. 제대로 된 생활을 할 수 있을지 확신이 서지 않는다. 과거의 아픈 기억들이 다시 수면 위로 떠오른다. 뚜렷해지는 공포는 이성적인 사고를 마비시킬 정도로 강력하다.

끝을 예정하고 쉬고, 치유하라

만약에 휴식기간을 두고 쉬고 싶다면 분명한 목표를 정해두고 쉬기 바란다. 그동안 쌓인 피로로 인해 건강이나 체력적인 면이 많이 나빠졌다면 당연히 휴식을 취해야 한다. 아무 생각 하지 말고 푹 쉬는 것이 맞다. 하지만 그저 뭔가 이유도 모르겠는데 몸도 마음도 축 처지고, 머리가 무겁다고 해서 자리에 눕거나 아무것도 하지 않는다면 상황은 오히려 악화될 뿐이다.

쉽고 분명한 목표'들'이 필요하다. '우울증 극복', '사고방식 전환' 등 이런 추상적이고 먼 이야기는 목표를 세우지 않는 것만 못하다. 지금 당신이 세워야 할 목표는 '아침에 눈 뜨면 즉시 일어나서 세수하기, 이불 정리하기, 하루 한 번 거울보기, 5분간 산책하기, 창밖을 쳐다보기, 내가 좋아하는 것이 무엇이었는지 떠올려보고 말로 표현해보고 적어보기' 등 대단히 간단하고 단순하며 실천하기 쉬운 것들이어야 한다.

주어진 시간 동안 상담이나 치유프로그램을 찾아보거나 심리치료 전문가들을 만나보는 것도 물론 권장하는 바다. 혼자의 힘만으로 우울증을 치유하고 감정을 극복하는 것은 거의 불가능하다. 만약 혼자 치유하고 극복하는 것이 가능할 정도로 사고방식이 잘 형성되어 있고 감정을 정리하는데 능했다면 당신에게 지금의 아픔은 찾아오지 않았을 것이다. 가족도 마찬가지다. 그들은 당신에게 잠깐의 위안은 줄 수 있겠지만 결정적으로 당신을 찾아온 재난에서 벗어나게 해줄 수는 없다.

감정의 문제에도 반드시 끝이 있고 답이 있다

시련은 분명한 축복이다. 나는 그것을 이제야 느낀다. 내가 우울증을 겪지 않았고 감정과 심리에 대해 공부하지 않았다면 감정으로 힘들어하는 사람들이 지금 어떤 상태인지, 어떤 식으로 자신을 아프게 만들고 있는지 알 수 있었을까? 직접 겪어보지 않고 단지 추측만으로는 이런 상황을 제대로 인지할 수 없다.

나는 실제로 괴로운 시간을 3년 넘게 경험했고 어떻게 하면 실패하는지도 몸소 겪어봤다. 내가 잘못된 방법으로 많은 실패를 경험한 산 증인이기 때문이었다. 그래서 실패했을 때 느끼는 절망감이 얼마나 큰지도 충분히 안다. '더 이상 지금의 굴레에서 벗어날 방법이 없다는 암담한 절망감' 때문에 스스로를 더 비참하게 만들고 만다는 사실도 말이다. 또 다른 지독한 하강곡선의 시작이었다.

이제 나는 그 문제들로부터 완전히 벗어났다. 더불어 문제를 극복하는 방법을 체험적으로 알게 되었다. 책을 쓰면서 그 방법들은 점점 더 명확해졌고 이제는 다른 사람에게 그 방법을 알려주고 싶은 열망으로 바뀌어가고 있다.

지금 느끼는 감정의 문제에도 반드시 끝이 있다. 감정은 분명히 극복할 수 있는 것이다. 그러니 나를 더 이상 감정의 노예로 만들지 말자. 내게 지금 닥친 상황이 끝이 없으리라는 생각만큼 나를 절망적으로 만드는 것은 없다. 희망 자체를 말살해버리고 자신에게 기회를 주지 않는데 어떻게 문제를 해결할 수 있겠는가. 해결에 대한 생각을 바꿔야 한다. 더불어 모든 문제에는 반드시 답이 있다는 것을 믿어야 한다. 내가 지금의 시련을 극복할 것이라는 강한 확신과 믿음이 모든 문제를 해결할 열쇠다.

우리가 지구별에 올 때는 분명한 계획을 갖고 왔다. 그리고 지금의 시련도 그 계획 안에 있었다. 자신의 밝은 미래를 더욱 값지게 하고 가치 있게 할 준비된 시련들이다. 더 이상 피하고 돌아서지 말자. 도망갈수록 더 절망의 깊이는 깊어지고 내 삶은 괴로워진다. 나를 더 단단하게 만들어주고 지혜와 깨달음으로 나를 더 성장시켜줄 축복임을 깨닫자. 그러면 거기서 절망하기보다 그 시련을 어떻게 극복할지에 대한 방법을 찾게 된다. 이것이 시작에 불과하지만 당신은 방법을 찾기 시작함으로써 이미 그 시련을 극복할 충분한 가능성을 얻게 된 것이다. 지금이라도 크게 외치고 선언하자.

'나는 내 감정의 주인이 될 수 있다! 나는 지금의 시련을 극복하고 새로 태어난다! 세상에 나의 가치를 환하게 밝힐 것이다!'

지금, 당신의 감정에게 말하기

지금의 시련은 나를 위한 것이다.
나는 한계를 넘고 더 크게 성장한다.
내 인생의 주인은 바로 나 자신이다.
누구도 그것을 부정할 수 없다.

04 : 힘든 순간이 바로 터닝포인트다

우리는 오래 살기 위해서가 아니라
옳게 살기 위해 노력해야 한다.
– 세네카(고대 로마의 철학자)

더 늦기 전에 내 감정에 대해 공부하자

감정에 대해 공부하면 할수록 부정적 사고가 얼마나 무서운 것인지 느끼게 된다. 더불어 내가 예전에 얼마나 위험한 줄타기를 계속했는지도 알 수 있었다. 지금까지 살아있다는 것이 신기할 정도였다.

부정적인 사고는 인생 전체를 갉아먹는 독거미와 같다. 차곡차곡 거미줄을 쳐서 우리의 사고를 옴짝달싹하지 못하게 만든다. 그리고는 감정주머니를 부정적인 감정이라는 '독'으로 마비시켜버린다. 우리의 내면은 좋은 에너지를 공급받지 못한 채 점점 더 빈사 상태가 되어간다.

어떻게 하면 이 부정적인 감정을 줄일 수 있을까? 방법을 꾸준히 찾아 보게 되었다. 얼마나 위험한 것인지 알게 되었으니 이제 그 위험으로부터 벗어날 방법을 찾아야 할 때라는 것을 느꼈다.

내게 정말 많은 깨달음을 준 책 『2억 빚을 진 내게 우주님이 가르쳐준 운이 풀리는 말버릇』에는 좌절감이라는 나쁜 감정으로부터 멀어지는 방법이 잘 소개되어 있다.

"시간차를 받아들이면 좌절하지 않는다. 내가 바라는 것을 확정형의 말로 우주에 주문하면 잠재의식은 그것을 이루기 위해 부지런히 움직인다. 하지만 새로운 말버릇을 갖추고 잠재의식이 새로운 전제를 받아들이려면 시간이 필요하다. 여기에 시간차나 수정 현상이 발생한다. 지금까지의 주문이 눈앞에 나타나면서 상황이 바뀌고 이전의 주문과 새로운 주문 사이에 놓이는 시기가 찾아오는 것이다. 그때 비로소 새로운 주문이 실현된다. 많은 사람들이 그 사이에 좌절을 한다. 바꾸어 말하면, 그것이 승부처라는 뜻이다. 이 시간차에 무릎을 꿇고 '이것 봐, 어차피 안 될 거야. 말도 안 되는 것이었어.'라고 말한다면 절대 주문은 이뤄지지 않는다. 이것이 우주의 진리다. '주문을 했으니까 그 시기는 반드시 찾아올 거야. 나는 계속 그 결과 쪽으로 다가가고 있어.'라고 믿고 시간차를 소화할 수 있어야 한다.”

참 재미있는 내용이지 않은가? 진짜 우주님이 있는지 잠재의식이 뭔지 잘 모르는 사람도 시간차를 받아들여야 한다는 부분에서 모두 공감할 것이다. “나는 지금 우울증이 모두 치료되었다. 더 이상 감정 따위에 휘둘리지 않는다.”라고 말한다고 당장 우울증이 치유되거나 사고방식이 극적으로 바뀌는 것은 아니다.

그렇지만 내가 원하는 이상적인 상태를 선포하고 그곳에 도착하리라는 것을 굳게 믿고 시간차를 버티면 반드시 우주는 그 주문을 이뤄준다는 사실. 그것이 참 신기하고 재미있게 느껴졌다.

처음에는 이 말을 곧이곧대로 믿지는 않았다. 그냥 '재밌는 이야기네?' 정도 생각하고 웃으며 넘겼다. 하지만 책을 2번, 3번 반복해서 보는 동안 조금씩 공감대가 형성되었다. 다른 여러 가지 활동을 통해 내 의식 수준이 조금씩 높아지면서 위의 말들을 믿게 되었고 이제는 말 그대로 이뤄지는 현실을 경험했다.

내가 정한 일들이 이루어질 것임을 결코 의심하지 말자
내가 우울증을 극복하고 부정적인 사고로부터 벗어난다고 우주에 주문을 걸었던 것은 정확히 3개월 전이다. 그때 나는 마음속으로 조용히 주문을 외웠다. '나는 우울증을 극복하고 싶다. 나를 그만 미워하고 싶다.' 이렇게 말이다. 그렇게 시작된 나의 인생변화는 3개월 만에 현실로 나타났다.

수년 동안 쌓아온 부정적인 감정을 씻어내고 사고방식을 개선하는 데 걸린 시간은 고작 3개월이었다. 나는 그 사실이 지금도 가끔 믿기지 않고 놀라울 때가 많다. 더불어 나는 그동안 3백 페이지 분량에 달하는 원고를 완성했고, 출판계약에도 무사히 성공했다. 이제 출간만을 기다리고 있는 상황이다. 상처만 치유된 것이 아니라 새로운 꿈을 달성해 진짜 작가가 된 것이다. 나에게 정말 기적 같은 일이 일어났다.

원고를 작성하고 아픔을 극복하는 과정에서도 많은 부정적 사고의 유혹이 다가왔다. 한참을 젖어 있던 과거로 회귀하려는 현상이었다. 부정적인 사고방식에 오랜 시간 길들여져 있었던 나의 뇌가, 이런 현실에 익숙해진 나의 몸이 원래의 자리로 돌아가려는 끝없는 몸부림과의 싸움이었다. 그때 '내가 왜 이러지? 뭔가 잘못되고 있는 것은 아닐까?' 이렇게 불안해하고 좌절하거나 '역시, 나는 안 돼.'라는 주문을 걸었다면 나는 영원히 회복되지 못했을지도 모른다.

누구든지 힘든 시간을 이겨내는 과정에는 수많은 고비를 맞이한다. 그때가 바로 우주에서 나를 시험하는 순간이라고 생각해야 한다. 그런 생각이 들 때는 어떤 곳이든 긍정적인 에너지가 넘치는 곳으로 가서 아직까지 자신에게 부족한 부분을 수혈받아야 한다. 혼자 집안에 틀어박혀 '지금의 힘든 순간'을 곱씹고 있어서는 안 된다. 자신에게 자극을 줄 만한 곳을 찾아가서 에너지를 전달받아야 한다.

그 에너지를 바탕으로 변화되어가는 '과정'을 버텨야 한다. 정말 자신을 변화시키고 싶다면 목숨을 걸고 버티고 또 버텨야 한다. 지금 버텨내는 순간은 과거에 당신이 감정을 누르고 버티던 상황과는 본질적으로 다르다. 과거에는 다른 사람에게 못 이겨 자신을 눌러왔다. 하지만 지금은 나를 살리고 변화시키기 위해 버티는 100억짜리 인고의 과정이다. 어차피 당신은 지금 죽을 만큼 힘들다고 생각해오지 않았던가? 어쩌면 이렇게 사느니 차라리 죽고 싶다고 생각했을지도 모른다. 그렇게 하찮게 생각하고 던져버리려 했던 목숨, 미련 없이 나를 위한 변화에 걸어버린다는 심정으로 임하면 된다.

힘든 순간이 찾아왔을 때 단순히 친구들과 술 한 잔 하는 자리는 권장하지 않는다. 친구들이 좋고 나쁘고, 성공했고 실패했고를 떠나서 친구들 또한 현재 또는 과거의 당신과 사고방식에 큰 차이가 없기 때문이다.

그들은 당신의 상태도 제대로 이해하지 못할 것이고 오히려 '뭐 그 정도 일로 그래? 그렇게 힘들면 그냥 그만둬. 괜찮아. 술 한 잔 하고 자고 일어 나면 별일 없을 거야.' 이런 말로 당신의 꿈을 죽이는 '드림킬러'가 될 가 능성이 높다. 드림킬러는 차라리 만나지 않는 것만 못하다.

에너지가 있는 곳으로 가야한다. 나는 필사적으로 의식 변화에 대한 도 서들을 읽고, 쉴 때는 의식 콘텐츠가 담긴 CD를 들으며 나를 달랬다. 이 고독한 싸움을 나만 알 뿐이었다. 가장 가까이 있는 가족들도 나의 실체 를 몰랐다. 하지만 실망하지 않았다. 어차피 이 싸움은 나와의 것이었기 때문이다. 누구도 내 문제를 대신 해결해줄 수 없다. 누군가 방법을 제시 해 줄 수는 있어도 나를 끌고 갈 수는 없다. 방법을 실행하는 것은 온전히 자신의 몫이다. 스스로 방법을 찾고 실행하고 마침내 해결했을 때 비로 소 진정한 '끝'이 난다.

감정을 공부하면 나쁜 감정이 줄어들고 행복해진다. 정말 그렇게 된다. 나는 감정을 공부하면서 점점 자존감을 되찾았고 행복한 감정과 친해졌 으며 결국 내 인생을 망가뜨린 우울증으로부터 벗어날 수 있었다. 당신도 지금 감정 때문에 힘들어하고 있다면 꼭 방법을 찾기 바란다. 방법을 찾 을 에너지마저 없다면 내게 조언을 구하기 바란다. 분명 함께 길을 찾을 수 있을 것이다.

과거에 어떤 일을 겪었는지 떠올리지 말자.

지금 어떤 환경에 처해 있는지 고민하지 말자.

그냥 믿고 확신하자. 미래는 이미 이루어져 있다.

이루어진 그 미래를 향해 모든 에너지를 담아 힘껏 나를 던지자.

05 : 내게 중요한 감정에만 집중하라

넌 못 할 거라고 하는 말, 절대 귀담아 듣지 마!
그게 아빠 말이라도, 꿈이 있다면 지켜야 해!
– 영화 〈행복을 찾아서〉

중요한 감정이 무엇인지 정하고 그 감정을 얻는 데 집중하라

중요한 감정을 정해야 하는 이유는 다음과 같다.

1. 목표, 명확한 타겟을 설정함으로써 그것을 얻는 데 집중할 수 있다.

2. 감정의 종류를 살펴보면서 내게 필요한 감정이 무엇인지 알 수 있다.

3. 중요한 감정에 집중하면서 자연스럽게 다른 불필요한 감정과는 멀어질 수 있다.

우리는 감정을 선택할 수 있다. 내게 정말 도움이 되는 감정들로 나를 가득 채울 수 있다. 그 방법은 다음과 같이 4단계로 구성된다.

1단계 : 의식 수준을 높이고 사고방식을 긍정적으로 바꾼다.

2단계 : 내게 일어나는 감정의 원인들을 파악한다.

3단계 : 내가 감정의 주인이 될 수 있다고 생각한다.

4단계 : 나에게 중요한 감정이 무엇인지 선택하고 그것을 얻는 데 집중한다.

* 그 이후 다른 감정들은 우주 끝까지 던져버린다.

모든 것은 의식·사고가 결정한다. 의식 수준이 높아지면 자연스럽게 내면이 단단해지고 사고방식을 긍정적으로 바꾸어 나갈 수 있는 발판이 마련된다. 사실 의식 수준을 높이는 것은 자신이 변화를 시작하는 데 필요한 '처음이자 끝'이라고도 볼 수 있다. 자신이 의식하는 만큼 볼 수 있고 딱 그만큼만 꿈을 꿀 수 있기 때문이다. 더불어 사고방식을 긍정적으로 바꾸는 과정을 통해 내게 일어나는 감정의 원인들을 더 정확하게 파악할 수 있다. 다음 단계는 '확신'을 갖는 것이다. 내가 감정의 주인이 될 수 있다는 확신! 이렇게 하면 기본적인 마인드 작업은 끝난 것이다. 나머지는 시간이 해결해준다.

중요한 것은 이러한 작업은 1회성으로 끝나서는 안 된다. 1~3단계는 평생을 반복해야 한다. 우리에게 망각의 주기가 있는 것처럼 마인드를 다시 구성하는 것도 마찬가지다. 사람인 이상 처음의 각오와 정신은 시간이 지날수록 조금씩 무뎌지게 되어 있다. 그럴 때마다 반드시 새로운 자극을 주면서 마인드를 재정립해야 한다.

중요한 감정이란 내가 나의 꿈과 목표를 이루는 데 보조동력이자 동행자의 역할을 하는 감정을 말한다. 사람에 따라 다르지만 내가 생각하는 중요한 감정은 다음과 같다.

'기쁨, 감동, 열정, 기대, 즐거움, 부러움, 신남, 오기, 사명감, 사랑, 경이로움'

이렇게 선택한 이유는 다음과 같다.

▶ 어떤 일을 할 때 '기쁨'을 느끼면 진정으로 몰입할 수 있다.
▶ 누군가에게 '감동'을 받으면 가슴이 뛴다. 나도 누군가에게 감동을 주고 싶다는 욕망이 생긴다.
▶ '열정'은 우리의 꿈을 빠르게 이루는 데 도움이 된다. 더 빨리 달릴 수 있게 해준다.

▶ 미래에 대한 '기대'는 우리를 꿈꾸게 만드는 가장 강력한 감정이다.

▶ '즐거움'은 힘든 시기를 극복하게 해준다. 시련도 즐길 수 있게 된다.

▶ 타인에 대한 '부러움'은 내가 더 큰 꿈을 꾸도록 만드는 자극제다.

▶ '오냐! 오늘 네가 이기나, 내가 이기나 한번 해보자!' 이런 '오기'로 똘똘 뭉치면 해내지 못할 것 같던 일도 해낼 수 있다.

▶ 자신이 하는 일에 '사명감'을 불어넣으면 일에 더욱 집중할 수 있다.

▶ 자신을 '사랑'하고 꿈을 사랑하는 것만큼 위대한 에너지는 없다.

▶ 누군가를 '경이롭다'고 느껴지면 그 사람을 따라가게 된다. 그런 사람이 곁에 있다면 그것은 축복이다.

이것은 내가 긴 아픔을 이겨내면서 정했던 중요한 감정들이다. 참고는 하되 스스로의 상황에 맞게 적용하면 된다. 한 가지 조언하고 싶은 것은 그러한 감정을 왜 중요하다고 생각하는지 본인 스스로 논리를 만들고 적용하는 게 중요하다는 점이다. 그냥 중요하다고 생각하는 것도 나쁘지는 않다. 하지만 왜 그것이 필요한지 생각해보는 것만으로도 자신에게 무엇이 부족하고 더 채워야 할 부분인지 파악할 수 있기 때문이다.

나를 괴롭히는 감정들을 선별하고 의도적으로 그 상황에서 멀어지자

버려야 할 감정들의 리스트는 다음과 같다.

'불안, 허탈함, 시큰둥함, 무서움, 실망, 절망, 귀찮음, 무력감, 자괴감, 불신.'

선정한 이유는 다음과 같다.

▶ '불안'은 아무것도 시작할 수 없게 만든다. 버려야 할 가장 첫 번째 감정이다.

▶ 일에서 '허탈함'을 느끼면 더 진도를 나가는 것이 무의미하다고 생각하게 된다.

▶ 매사에 '시큰둥'하면 어떤 것에서도 매력을 느끼지 못한다. 점점 욕망이 사라져간다.

▶ '무서움'은 나를 작게 만든다. 어떤 것에 공포를 느끼면 손발이 굳고 사고가 정지되고 만다. 그러면 극복할 방법을 찾을 수 없게 된다.

▶ 아무리 실패해도 '실망'을 느끼지 말자. 모든 것은 반드시 경험으로 돌아온다.

▶ 실망이 쌓이면 '절망'에 빠진다. 절망하면 모든 희망이 사라진다.

▶ 꿈을 꾸고 일을 하는 것이 '귀찮다'고 여겨지면 어떤 일에도 몰입할 수 없게 된다. 만사가 귀찮아진다.

▶ 허탈감에서 발전되면 '무력감'으로 이어진다. 아무것도 할 수 없다는 생각으로 가득 차게 된다.

▶ '자괴감'은 나를 비난하게 만들어 내가 가진 장점들을 볼 수 없게 만든다. 더불어 단점들을 극대화시켜버린다.

▶ '불신', 꿈이든 자신이든 믿지 못하면 내가 원하는 모든 것은 이루어지지 않는다.

이러한 감정들은 우주 끝까지 날려버린다는 생각으로 강력하게 밀어붙여야 한다. 그래도 우리가 조금만 약한 마음을 먹으면 어디선가 스멀스멀 기어 나온다. 그것을 덮어버릴 다른 생각을 하고 항상 중요한 감정들에 귀를 기울여야 하는 이유다.

마찬가지로 버려야 할 감정도 사람에 따라 얼마든지 달라질 수 있다. 나를 가장 취약하게 만드는 감정이 무엇이었는지 곰곰이 떠올려보자. 그리고 왜 그런 감정들에 내가 힘들었는지 분석적으로 짚어볼 것을 권한다. 그 과정에서 버려야 할 감정들이 내게 다시 나타날 요소들을 조금 더 알아가고 제거할 수 있다.

중요한 감정만 남김으로써 나의 인생항로에 순풍이 불게 하자. 감정으로 속앓이하며 인생을 써버리기에는 한 번뿐인 인생이 너무 아깝지 않은가? 저대로만 하면 세상에 두려울 것이 없게 된다. 물론 나도 아직 많은 부분을 더 공부해야 하지만 이것은 사실 확신의 문제다. 내가 중요한 감

정만을 선택해서 내 것으로 만들 수 있다는 확신! 그 확신만 있다면 모든

것은 노력과 시간이 해결해준다. 자신을 믿고 감정을 내 것으로 만들자.

☂ 지금, 당신의 감정에게 말하기

아픈 기억과 감정 속으로 들어가지 않으면

내 근본적인 문제를 파악할 수 없다.

그래서는 기쁨과 행복 또한 다가오지 못한다.

조금 더 내 자신에 대해 솔직하게 인정하고 다가가자.

06 : 다른 사람보다 나 자신에게 집중하라

나는 도박을 좋아하지 않는다.
하지만 내가 기꺼이 믿고 베팅하고 싶은
단 한 가지가 있다면, 그것은 나 자신이다.
— 비욘세(미국의 가수)

우리는 지금 자신의 역사를 써가고 있다

'네가 살아가는 하루하루가 네 역사의 한 장 한 장이다.'

어느 시인의 말이다. 우리는 지금 자신의 역사를 써나가고 있는 것이다.
역사책에는 밝고 행복한 일들만 있는 경우는 거의 없다. 모든 자서전의
주요 화두는 인생의 시련과 그에 대한 극복사이다. 성공이든 실패든 모두
경험으로 귀결된다는 단순한 진리를 받아들이면 시련을 대하는 태도가

완전히 달라진다.

위기를 기회로 바꾸자. 위기를 기회로 바꾸는 가장 좋은 방법은 자기 자신에게 집중하는 것이다. 인생에는 항상 위기가 찾아오게 마련이다. 지금 당신이 겪고 있는 어려운 상황은 뒤집어보면 지금까지 살아온 인생을 되돌아보고 점검할 기회가 될 수 있다. 나 역시 그랬다. 나는 인생의 가장 절박한 순간에 놓였었다. 지금은 왜 그랬는지 안타까울 뿐이지만 당시의 나는 모든 것이 너무 힘들고 괴로웠다. 하지만 지금 극복하고 보니 내게 찾아왔던 우울증은 나에게 축복이었다. 덕분에 나는 내가 가야 할 길을 찾았고 앞으로 살아갈 완벽한 마스터 플랜도 머릿속에 구상할 수 있었다.

의식이 변화하면 자연스럽게 행동이 바뀌고 행동이 변하면 우리가 겪는 현실이 변한다. 감정은 자연스럽게 그 변화된 일상을 따라가게 되어 있다. 나를 일깨우기 위한 주문들은 너무나도 많다. 책들을 읽으면서 내가 조금씩 메모해둔 문구들이다. '

나는 나날이 점점 더 좋아진다. 나는 운이 좋은 사람이다. 내게는 넘치는 에너지와 열정이 있다. 나는 언제나 감사하는 마음을 잊지 않는다. 나는 인내심과 충실함, 그리고 지속력이 있다.'

당신도 이런 문구들을 찾아내서 보이는 곳에 두고 항상 시각화하기 바란다. 시각화는 엄청난 힘을 발휘한다. 작은 실천이지만 자신의 잠재력을 일깨우는 기적 같은 일들이 일어나기 시작한다.

'재미 삼아서'라도 버킷리스트를 작성하라

버킷리스트를 만들어본 적이 있는가? 자신이 무엇을 바라는지도 모른다면 어디로 가야할지, 에너지를 어떤 일에 쏟아야 할지도 결정할 수 없다. 반드시 구체적인 목표가 필요하다. 처음에 버킷리스트를 만들라고 하면 10가지도 채 채우지 못할 것이다. 그만큼 자신의 갈망에 무감각한 채로 살아왔기 때문이다. 업무수첩에 오늘 지시받은 일을 잔뜩 적어봤을지언정 내가 정말로 원하는 것은 적어보지 못했던 것이다.

나도 버킷리스트를 처음 쓸 때 3시간을 고민해서 13가지를 쓸 수 있었다. 그때 나는 아래와 같은 내용을 썼다.

'우울증 극복하기, 감정치유 코치로 거듭나기, 베스트셀러 작가 되기, 1천 명 직장인에게 우울증·자존감 멘토 되기, 내 명의로 된 집 갖기, 어머니 부동산 사무소 개업해드리기, 내 이름으로 된 저서 10권 갖기, 와이프에게 어디 가서도 꿀리지 않을 옷 선물하기, 외제 차 사기, 아이들이 원하는 만큼 마트에서 1일 프리쇼핑 시켜주기, 집에 가사도우미 들이기, 방 5개 있는 아파트 갖기….'

이런 생각을 하는 것만으로도 나는 아주 행복해지는 것을 느꼈다. 버킷 리스트가 이루어질 미래를 상상하면 당장 하루도 허투루 쓸 수 없게 된다. 자연스럽게 우울한 감정 따위는 사라져간다. 열정과 에너지로 가득 차버리기 때문이다. '저게 가능해? 어떻게 하지?' 이런 생각은 하지 않아도 된다. 그냥 그 순간을 즐기고 상상하면서 무조건 자신에 대한 강한 확신과 믿음으로 할 수 있는 것을 하면 된다. 안 되는 것을 바꿔나가고, 환경을 조성하고, 부족한 부분은 채우기 위해 노력하는 나를 발견하게 된다.

이후부터는 일이 잘 풀리지 않을 때 절망감이 생기는 것이 아니라 오기가 솟아오른다. '네가 이기나, 내가 이기나 한 번 해보자!'가 되는 것이다. 그러면 왜 잘 안 풀리는지 문제점을 찾고 고쳐나갈 수 있다. 그러면서 성공에서는 성취감을 얻고 실패에서는 경험과 깨달음을 얻게 된다. 이런 과정이 반복되면 내면은 단단해지고 자존감은 몰라볼 정도로 높아진다. 버킷리스트가 있는 것만으로 숱한 시련을 이겨낼 힘이 생기는 것이다.

이제 나는 새로운 꿈을 찾았다. '메신저'라는 꿈을 말이다. 그것이 이루어질 미래를 향해 끊임없이 전진할 수 있는 무기인 '단단한 의식'을 갖추었다. 더불어 내가 계속 전진할 수 있는 이유는 내가 꿈꾸는 것과 온전히 하나가 되고 있기 때문이다. 여러분도 자신이 사랑하는 무언가를 찾기 바란다. 특히 자신만의 온전한 꿈을 꼭 찾기 바란다. 사랑하는 사람도 중요하지만 내가 어떤 가치 있는 일은 했는가 또한 당신의 역사를 장식하는 보석이 된다.

행복은 인생의 만족감에서 파생된다. 얼마나 가치 있는 삶을 살고 있는가도 인생의 만족감을 형성하는 데 대단히 큰 부분을 차지한다. 인생의 만족감을 얻는 데 가장 좋은 방법은 바로 자신이 진정으로 가치 있다고 여기는 일을 하는 것이다. 그런 일들이야말로 자신이 진정으로 사랑하고 몰입할 수 있는 일이고 결과적으로는 자신의 자존감을 극대화할 수 있는 방법이다.

나는 우울증으로 인해 내가 꿈을 키워가던 잠수함 부대에서 나올 수밖에 없었다. 비록 그곳에서 근무하면서 우울증 진단을 받았지만 잠수함 때문은 아니었다. 그래서 내가 열정을 바쳤던 그곳을 미워하지는 않는다. 이제는 내 인생의 한 장으로 추억할 뿐이다. 그 곳에서 목숨 바쳐 일했던 기억들은 앞으로도 내 삶을 살아가는 데 있어 소중한 자양분이 될 것이다.

이제는 다른 꿈이 생겼다. 바로 나와 같은 아픔을 겪는 사람들에게 자존감을 선물하고 감정 회복을 돕는 메신저의 삶이다. 특히 나는 조직생활 속에서 겪는 아픔을 누구보다 잘 이해하고 공감해줄 수 있다. 그를 통해 바쁜 일상 속에서 자신을 서서히 잃어가는 직장인과 군인들을 도우면서 살 것이다.

그들에게 의식과 사고를 바꾸는 방법을 코칭하면서 자신의 감정을 읽고 지금의 시련을 지혜롭게 극복해나가는 것이 나의 비전이자 목표다. 그들이 나와 같은 '번 아웃' 증상이나 직무염증, 언어폭력 등으로 서서히 지쳐가다 파멸의 길로 다다르지 않도록 할 것이다. 그를 위한 방향과 방법을 제시하고 공감과 이해를 통해 문제점을 짚어줄 것이다. 이런 과정을 통해 함께 해결책을 찾아갈 수 있도록 돕는 것이 코치로서 해야 할 일이라고 생각한다. 더불어 나의 도움으로 그들이 인생의 전환점을 맞이한다면 나로서는 그것보다 더 보람찬 일은 없을 것이다. 지금의 이 저서는 그 길을 출발하는 신호탄이 될 것이다.

이제는 다른 사람보다 내 자신의 꿈을 위해 집중하겠다. 목숨 걸고 지금 가진 꿈과 떨어지지 않고 온전히 하나가 될 것이다. 가슴 뛰는 삶을 살아갈 것이며 더 멋진 인생을 꿈꾸고 끝없이 진화하고 도전할 것이다. 나와 내 가족에게 자유를 선물하고 한 명의 당당한 인간, 든든한 군인, 멋진 남편, 자랑스러운 아빠로서 당당하게 세상 앞에 설 것이다. 당신도 반드시 꿈을 가져라. 그 꿈이 있는 한 아무리 넘어져도 다시 일어설 수 있다. 자신에게 집중하고 자신의 삶을 사는 데 온 힘을 쏟길 바란다.

내 꿈을 위해 집중한다.

가슴 뛰는 삶을 살기 위해 더 멋지고 아름답고 위대한 꿈을 꾼다.

그래서 꿈꾸는 이의 미래는 언제나 아름답다.

07 : 당신은 이미 충분히 아름답다

성공하는 방법은 성공할 때까지 포기하지 않는 것이다.
– 앤드류 카네기(영국의 기업인)

욕망이 있는 삶이 건강한 삶이다

사람의 욕망은 원래 끝이 없다. 하나를 가지면 또 다른 것을 원하게 되고 이 순환은 계속된다. 달리 말하면, 욕망이 있다는 것은 곧 건강함을 의미한다. 건강하지 못한 사람은 욕망조차 갖지 못한다. 특히 부정적 감정에 빠져 있거나 우울증으로 고통 받는 경우에는 더욱 그렇다. 삶의 생기를 잃고 아무런 희망이 없기 때문에 뭔가를 갖고 싶다는 생각도 못하는 것이다. 만약 진실로 자신이 원하는 것이 아무것도 없다고 느껴질 때는 욕심이 생기는 것을 간절하게 원해보기라도 하길 바란다. 그것이 죽어있던 심장을 다시 뛰게 할 수도 있다.

김태광 대표의 저서 『가장 빨리 작가되는 법』에 나오는 다음 구절은 나의 인생에서 큰 전환점이 되었다.

"나의 소망 가운데 하나는 한 번뿐인 인생 후회 없이 눈부시게 살다가 가는 것이다. 그러기 위해선 세상에 '김태광'이라는 이름 석 자를 확실히 알려야 한다. 세상에 자신의 존재감을 알리기 위해선 당신이나 나와 같이 평범한 사람은 책 쓰기밖에 방법이 없다. 지금처럼 내가 일 년에 많은 책을 쓰고, 강연을 다니고, 칼럼을 쓰고, 책 쓰기 코칭까지 하며 사람 구실을 할 수 있게 된 것 역시 책 쓰기 덕분이다."

그랬다. 이 구절을 보면서 나는 깨달았다. 나도 특별해지고 싶었고 사실은 나는 누구보다도 성공을 꿈꾸던 사람이었다는 것을 말이다. 비록 사관학교를 들어간 동기는 명확치 않았지만 그 안에서 나는 다른 누구보다도 나를 많이 변화시키려 노력했다. 겁 많은 내가 용기 있는 사람이 되려 했고, 수영도 못하는 맥주병이 4km 바다수영을 하고, 배라곤 한 번 타 본 적도 없던 내가 목에서 피를 쏟으면서도 기를 쓰고 멀미를 버텼던 것은 바로 그 안에서 성공하고 싶었기 때문이었다. 비록 다리가 조금 불편해서 처음엔 고생했지만 대신 나는 팔굽혀펴기는 정자세로 150개를 쉬지 않고 할 수 있을 정도로 연습하면서 내 약점을 메우기 위해 노력했었다. 기왕에 들어온 해군생활에서 내 이름 석 자를 박고 뭔가 의미 있는 일을 한 사람으로 남고 싶었다. 그래서 욕심이 많았다. 다 잘하고 싶었고, 인정받고 싶었고, 더 높이 올라가고 싶었다.

내 인생의 역사를 되돌아보고 다시 써라

나는 책을 쓰면서 지나온 나의 인생을 철저히 되돌아볼 수 있었다. 재미있는 것은 나의 사고방식이 변하고 우울한 구름의 그림자가 서서히 걷혀가면서 내가 그동안 기억하던 나의 과거들이 부정적 사고에 의해 철저히 각색되어 있었다는 것을 알게 되었다는 점이다. 내 기억 속에서 온갖 모순과 허위로 둘러싸여 목적도 없이 표류하던 나의 지난 인생은 나의 사고방식과 우울한 감정들로 조작된 모습이었다.

지금 훨씬 더 선명하게 떠오르는 나의 과거모습은 그렇게 모순덩어리도 아니었고 남한테 무시당하고 괄시받기만 하던 사람이 아니다. 부모님의 지극한 사랑을 12년 동안 혼자 독차지한 행복한 외동아들이었고 친구들과 활발하게 뛰어놀고 노래 부르고 책 읽기를 좋아했던 불타는 청춘이었다. 고등학교 2학년 때까지 제대로 공부도 안하고 빈둥거렸지만 고등학교 3학년 1년 동안 악착같이 공부해서 전교 3등까지 성적을 올렸던 끈기와 열정이 있던 사람이었다.

사관학교에서도 마찬가지였다. 1학년 시절 반년 가까이를 환자로 지내면서 바닥이었던 성적을 졸업할 때는 절반까지 끌어올렸고, 춤에 매력을 느껴 학교 축제 때 마이클 잭슨의 춤을 추기도 했던 열정적인 사람이었다. 임관 후에는 부족한 졸업성적을 조금이라도 메꿔보기 위해 노력했고 남다른 경쟁력을 지니기 위해 남들이 기피하는 잠수함 부대를 자원했던 도전정신이 있는 청년이었다.

이렇게 소중하고 가치 있는 나를 쓸모가 없고 의지도 약하고 겁에 질려 있고 목표의식도 없는 사람으로 평가절하하고 철저히 무시해왔던 사람은 그 누구도 아닌 바로 나였다. 어느 순간부터 조금씩 쌓아온 부정적인 생각과 그로부터 파생되는 부정적인 감정들이 철저히 나를 짓밟았고 내 인생을 무가치한 것으로 오염시켰던 것이다.

우리는 모두 기적의 주인공이다

나는 기적적으로 되살아났다. 우울증으로 시름하던 오랜 인고의 시간을 딛고 일어섰다. 무너질 대로 무너졌던 진창길에서 일어나 세상에 나를 당당하게 세울 수 있게 되었다. 다시 보지 못할 줄 알았던 푸른 하늘을 볼 수 있는 영광을 맞이했다. 실패한 군인에 우울증 환자, 볼품없는 인생에서 작가이자 자존감 코치, 동기부여가로서 세상에 선한 영향력을 미칠 메신저로 새로 태어났다.

내게 도저히 나타나지 않을 것 같았던 일이었다. 나의 미래는 깜깜했고 앞으로 무엇을 어떻게 하면서 살아야 할지 막막했다. 가족들이 있어 죽지 못해 사는 인생이었다. 무엇보다도 내가 나를 인정하고 보듬지 못했다. 그대로 살았다면 나는 끝끝내 나빠졌다 괜찮아졌다를 반복하며 절망 속에 시름시름 앓으며 아무 존재감 없는 인생을 살았을 것이다.

지금의 행복이 내게는 곧 기적이다. 이제는 나를 믿고 확신하며 살고 있다. 내면의 잠재의식을 일깨우고 그것을 활용하는 법을 배우고 있다. 의식과 사고를 바꾸고 성공자의 삶을 꿈꾸게 되었다. 자연스럽게 나의 삶은 활기가 넘쳐나게 되었고, 나를 힘들게 하던 감정들을 자리를 잃어버렸다. 이제는 나에게 필요한 감정들만 남기고 그 감정들을 내가 성장할 수 있는 동력이자 엔진으로 활용하고 있다. 더 이상 힘들어할 이유도 없고 힘들어하고 있을 시간도 없다. 지금의 나는 하루하루가 열정으로 가득하다. 하고 싶고, 이루어야 할 일들로 하루를 다 채워도 모자랄 정도다. 그리고 무엇보다도 에너지가 끝없이 솟아오른다. 이런 행복. 당신도 누릴 수 있다.

『당신이 살아온 기적이 누군가에겐 살아갈 기적이 된다』는 이미화 작가의 저서이다. 제목만으로도 큰 감명을 받았다. 내 삶의 스토리가 누군가에게 도움이 되고 삶에 희망이 되어줄 것을 나는 믿어 의심치 않는다. 나의 기적이 다른 사람의 기적으로 이어지도록 만들고 싶다. 그런 의미 있는 삶을 살고 싶다.

당신은 이미 충분히 아름답다. 당신은 모든 것을 이미 갖추고 있고 세상 사람들에게 사랑받고 찬사를 받아 마땅한 존재다. 그런 당신을 이제 그만 괴롭히자. 더 이상 자기 부정과 사람과의 관계 속에서 상처 받은 당신을 홀로 두지 말자. 찬란하게 꽃피울 자신의 인생을 상상하고 미래를 희망으로 채우자. 나는 언제든 당신을 도울 준비가 되어 있다.

다시 한 번 강력하게 말하고 싶다.

"당신은 이미 충분히 아름답다!"

지나간 과거는 바꾸지 못한다.

바꾸지 못할 것에 대한 미련은 버리자.

그냥 있는 그대로 받아들이고 인정하자.

다만 나의 미래는 내가 써나간다는 확신을 갖자.

나의 '끝'은 내가 지금 어떤 노력을 기울이느냐에 따라 달라진다.

당신은 이미 충분히 아름답고, 행복할 자격이 있다.
그런 당신의 삶을 격하게 응원한다.

에필로그

감정에서 자유로워져야 진정 행복이 온다

이미 지난날을 자책하지 말고 지금 시작하라

아무것도 하지 않으면 아무 일도 일어나지 않는다. 지금의 상태를 바꾸려는 어떤 노력도 하지 않은 채 불안과 미지의 세계에 대한 공포로 떨고 있다면 언제까지나 지금 그 자리, 그 모습 그대로 시간만 죽이는 인생을 살게 될 뿐이다. 그런 삶에 행복을 바란다는 것은 사치다. 씨앗도 뿌리지 않고 물도 주지 않으면서 열매를 얻고자 하는 것은 단순한 망상에 불과하다. 당신의 삶을 변화시킬 열쇠는 바로 감정으로부터 자유로워지는 것에 있다. 내가 지금의 행복한 삶을 되찾을 수 있었던 가장 큰 원인은 바로 감정을 만들어내는 사고방식을 바꾼 것이었다.

　과거는 바꾸지 못해도 미래는 바꿀 수 있다. 과거의 아팠던 날들은 있는 그대로 인정하면 된다. 누구나 아픔과 시련 속에서 고통스러운 시간을 겪는다. 그때 제대로 대처하지 못하고 어려운 시간을 보냈다고 자책하지 않기를 바란다. 그것은 이미 지난 일이다. 자꾸 그때를 곱씹으며 나는 실패한 인생이라고 스스로 비하할 필요 없다. 아픔이 있었다면 이제 그 아픔을 극복할 일만 남았다.

　참으로 재미있는 사실은 아픔이라는 것은 극복하고 나면 오히려 나에게 커다란 자산이 된다는 사실이다. 나는 우울증을 극복하면서 얻은 지혜와 깨달음을 바탕으로 이렇게 책을 펴낼 수 있었다. 더불어 나는 사고방식을 완벽하게 전환할 수 있었다. 이것은 내게 그 어떤 것보다 크고 값진 자산이 되었다.

　이제 나는 내가 느끼는 감정을 적절하게 조절하고, 이름 붙이고 표현하며 내 삶에 유리한 방향으로 이끌어갈 수 있는 진정한 '감정의 주인'이 되었다. 과거에 감정에 휘둘리고 나를 망가트리며 결국 괴로운 길로 가고 말았던 '감정의 노예'에서 완벽하게 상황을 역전시켰다. 이것은 나에게 있어 엄청난 자부심이 되었고 나를 빛내는 부동의 가치로 자리 잡고 있다.

물론 힘든 시간은 우리가 지금의 아픔을 극복하고자 하는 이 순간에도 끊임없이 문을 두드리고 있을 것이다. 인생은 결코 우리가 막연하게 바라는 대로 되는 것이 아니기 때문이다. 하지만 과정 자체에서 얻는 깨달음을 소중하게 여기고 포기하지만 않는다면 분명히 우리는 한 단계 더 성장하게 되어 있다. 시련을 대하는 태도, 그것이 곧 우리 인생을 변화시킬 하나의 열쇠가 된다.

회색빛 과거도, 가짜 감정도 뒤로 하고 진짜 인생을 선택하라

나의 과거는 얼마 전까지만 해도 모두 회색빛으로 채색되어 있었다. 하지만 지금은 아니다. 과거는 분명 바뀔 수 없는 어제의 현실이다. 하지만 그 또한 내가 어떤 의미를 부여하고 어떤 색깔의 선글라스를 끼고 바라보는가에 따라 지금의 나에게 비춰지는 모습은 달라진다. 우리가 기억하고 떠올리는 과거는 분명히 선택적이기 때문이다.

과거에 일어났던 사실은 변하지 않는다. 하지만 내게 의미가 부여된 과거는 내가 생각하는 사고방식에 따라 확연히 달라진다. 나의 선택에 따라 행복한 일들로 가득한 과거일 수도 있고 웃을 일 하나 없고 큰소리만 가득했던 불행한 과거일 수도 있다. 모든 것은 내가 선택하기 나름이다. 지금 과거의 일을 떠올리는 나의 생각과 관점이 긍정적으로 변하면 앞으로 나에게 영향을 미치는 과거의 파편들 또한 행복한 기억들로 채워질 수 있는 것이다.

내가 변할 수 있다는 확신과 용기, 누구도 나를 흔들 수 없다는 강한 자신감, 세상에 나를 바로 세우는 굳은 자존감, 그리고 불안을 내려놓은 편안한 마음. 이런 것들이 모여 내 현실을 바꾸고 행복을 새로 써나갈 수 있도록 나를 인도한다. 그러니 결과를 모른다고 해서 미리 걱정하지 말자. 걱정만 해서는 내 삶은 아무것도 바뀌지 않는다. 일단 나를 꺼내고 변화시킬 수 있다는 용기 있는 한 걸음이 나를 감정의 주인으로 만드는 초석이 된다.

용기는 내 안에 있다. 기적 또한 내 안에 있다. 내가 그 기적을 꺼낼 용기만 있다면 우리의 삶은 얼마든지 달라질 수 있다. 자신을 믿고 내가 그동안 살아온 인생을 믿고 앞으로 펼쳐질 미래를 확신하자. 내가 바라는 것은 반드시 이루어지고 나는 어떤 어려움이 있더라도 결코 과정에 지지 않겠다는 단단한 믿음으로 무장하자.

이제 나는 내가 얻은 용기와 사고방식, 에너지를 바탕으로 다른 사람의 기적을 위해 노력하려고 한다. 감정 때문에 힘든 사람들과 함께 어려움을 같이 해결하며 자존감과 행복을 선물하려 한다. 그것을 통해 세상에 선한 영향력을 전파하는 메신저의 삶을 사는 것이 나의 비전이자 목표, 꿈이다. 비전은 내 미래에 대한 신의 예언이다. 나의 비전은 반드시 이루어질 것이며 내가 포기하지 않는 한 분명히 이미 이루어져 있는 미래의 현실이다.

나는 과거에 이런 생각에 사로잡혀 있었다.

'나는 가난하고 약하다. 내가 뭔가를 이루는 일은 불가능하다. 내게는 단점들만 가득하다. 나는 성공할 재목이 아니다. 세상은 나에게 기회를 주지 않는다.'

내 삶은 결핍되고 부정적인 사고들로 뒤덮여 있었다. 이런 사고방식들은 나의 가능성을 막고 내 미래를 허무는 나쁜 습관들이었다. 하지만 내가 변화할 수 있다는 확신과 마음가짐으로 살아간다면, 그리고 그 확신에 찬 느낌을 생생하게 유지한다면 반드시 우리의 현실은 달라지기 마련이다.

그러니 이제부터는 이렇게 외쳐보자.

'나는 감정의 주인이 될 수 있다. 나는 행복하다. 내가 이루지 못할 것은 없다. 나는 너무나 매력적인 사람이다. 나는 성공하기 위해 태어났다. 세상은 내가 가고자 하는 곳으로 길을 열어준다.'

매일 습관적으로 이렇게 생각하고, 말하고, 외치자. 반드시 이대로 살아가게 될 것이다. 말, 즉 선포하는 것에는 우리도 모르는 엄청난 힘이 있기 때문이다.

당신은 이미 충분히 아름답고, 행복해질 수 있다!

우리가 지구별에 태어난 데는 분명한 소명과 목적이 있다. 내가 그 목적한 곳에 다다르기까지는 수많은 시련이 존재한다. 하지만 성공은 사건이 아니라 과정이다. 어떤 성공자도 한순간에 그만한 성공을 이루지 않았다. 그들은 황금으로 지은 성 앞에 도착하기까지 수많은 시련과 역경을 헤쳐온 사람들이다. 그들이 한순간이라도 포기하고 돌아섰다면 황금으로 지어져가던 성은 모래성이 되어 산산이 부서졌을 것이다.

행복은 내가 아닌 '그들'만의 축복이나 딴 세상의 기적이 아니다. 행복한 영화의 주인공은 바로 나 자신이다. 기적은 내 안에 이미 존재한다. 내가 나의 가능성을 알아보고 기회를 줄 때 비로소 행복한 삶으로 가는 문이 열리기 시작한다. 용기를 내어 그 문 안으로 한 발짝 걸어 들어가는 것만이 우리가 해야 할 노력이다.

운명은 결코 정해져 있지 않다. 나의 운명은 내가 정하는 것이다. 내가 정하는 주도적인 결과물이 운명인 만큼 최종상태는 얼마든지 내가 다시 써내려갈 수 있다. 얼마나 스스로를 믿고 꿈을 믿고 비전을 생생하게 그리는가에 따라 우리의 '끝'은 얼마든지 달라질 수 있다. 당신은 소중하다. 이 세상 그 무엇보다도 더 찬란하고 아름다운 보석이다. 그러니 먼지가 쌓이도록 내팽개치지 말자. 항상 소중하게 광내고 닦아 견고한 보관함에 넣어주자. 아직 세상은 당신이라는 보석이 있다는 것을 모른다. 하지만 나를 드러내고 용기 있는 도전을 계속하다 보면 세상을 관통하는 당신의 빛이 많은 이들의 마음속에 꽃을 피울 것이다. 반드시 그때가 온다.

지금 당신이 할 것은 스스로가 얼마나 소중한 존재인지 깨닫고 감정에 휘둘리지 않도록 자신을 바로 세우는 것이다. 단단한 자존감이라는 방패를 쥐어주고 세상의 풍파에 힘껏 맞서 싸워라. 당신은 지금 이 여로에 쓰러져 인생을 낭비하기 위해 태어난 것이 아니다. 당장 자신의 꿈을 찾고 감정을 회복하고 아픈 나를 일으켜 세우자. 당신은 이미 충분히 아름답고, 행복할 자격이 있다. 그런 당신의 삶을 격하게 응원한다.